배지윤의 아테나

유아교육과정 연도별 변형 기출문제집

'연도별 변형 기출문제집'을 출간하며

이 책은 공립유치원 임용시험을 대비하고자 하는 수험생들이 그동안의 기출문제를 연도별로 실전 감각에 맞게 풀어보면서 실력을 향상할 수 있도록 마련한 교원 임용시험 대비서입니다.

「배지윤의 아테나 유아교육과정」 시리즈는 총론편과 각론편의 이론 교재 및 워크북, 영역별 기출문제집, 2019 개정 누리과정 총정리 문제집, 그리고 본책인 연도별 변형 기출문제집으로 구성되어 있습니다.

'연도별 변형 기출문제집'의 변형된 문제의 구체적 내용은 다음과 같습니다.

첫째, 2012 개정 유치원 교육과정, 2015 개정 유치원 교육과정의 문제를 최신 교육과정인 2019 개정 유치원 교육과정 문제로 변형했습니다.

둘째, 내용 배점이 10점이었던 2013학년도~2016학년도 1교시 교직논술 문제를 최신 경향에 맞게 15점으로 변형했습니다.

셋째, 과거 법령을 최신 법령의 문제로 변형했습니다.

넷째, 과거 출제 유형인 단답식 위주의 문제를 최신 기출 경향인 서술식 위주의 문제로 변형했습니다.

다섯째, 유치원 평가 등 최신 경향과는 전혀 다른 문제는 완전히 삭제하고 출제 가능성 있는 다른 내용의 문제로 교체했습니다.

그러나 한국교육과정평가원이 출제한 기출문제를 경험해야 하는 취지에서 변형하지 않은 문제도 있습니다.

첫째, 기존 기출문제가 최신 기출 경향과 유사하고 서술식 문제인 경우 변형하지 않았습니다.

둘째, 2017학년도부터는 교직논술 문제를 변형 없이 수록했습니다.

셋째, 최신 경향과 유사한 2021학년도 교육과정 문제는 약간의 변형만 있고, 2022학년도 교육과정 문제는 변형 없이 수록했습니다.

이 책은 이론의 내용을 전반적으로 학습한 이후 실전 연습용으로 사용하는 것이 가장 좋습니다. 9~10월 모의고사에 더해 좀 더 많은 실전 연습이 필요한 수험생분들이 활용하셔도 좋습니다.

아무쪼록 이 책이 공립유치원 임용시험에 도전하는 수험생 여러분의 합격으로 가는 길에 든든한 지원자의 역할을 하였으면 합니다. 끝으로 이 책이 나오기까지 긴 시간 동안 수고해 주신 민지용, 오세미, 오승현 선생님과 출판사 관계자 여러분께 진심으로 감사의 인사를 드립니다.

유아교육 연구소 배지윤 씀

'연도별 변형 기출문제집' 활용 방법

「배지윤의 아테나 유아교육과정」에는 다음과 같은 2가지 스타일의 기출문제집이 있습니다. 각 공부 단계에 맞게 선택하여 합격으로 가는 튼튼한 징검다리로 활용하기 바랍니다.

영역별 기출문제집

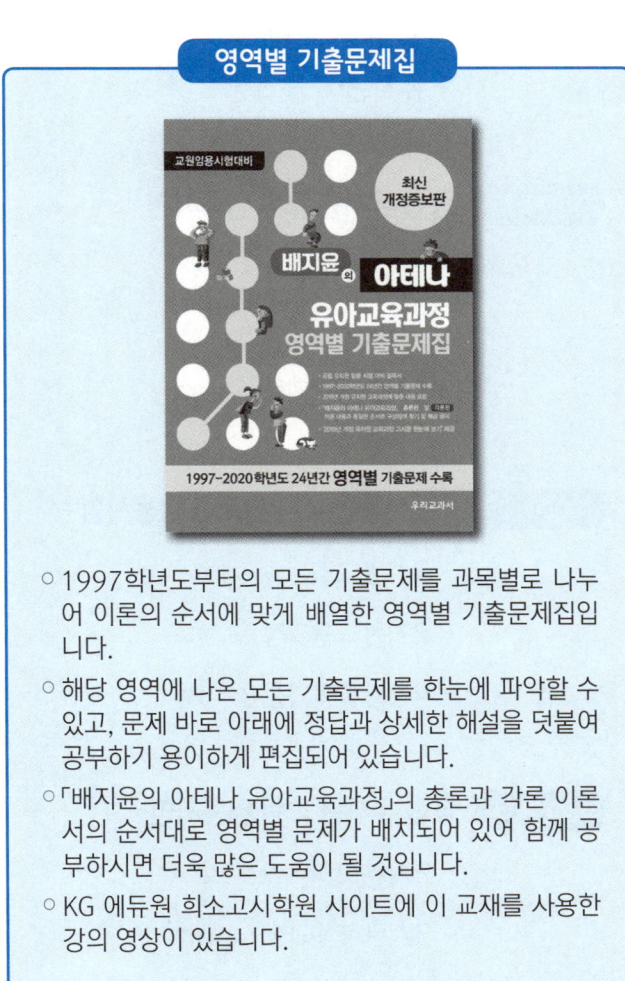

- 1997학년도부터의 모든 기출문제를 과목별로 나누어 이론의 순서에 맞게 배열한 영역별 기출문제집입니다.
- 해당 영역에 나온 모든 기출문제를 한눈에 파악할 수 있고, 문제 바로 아래에 정답과 상세한 해설을 덧붙여 공부하기 용이하게 편집되어 있습니다.
- 「배지윤의 아테나 유아교육과정」의 총론과 각론 이론서의 순서대로 영역별 문제가 배치되어 있어 함께 공부하시면 더욱 많은 도움이 될 것입니다.
- KG 에듀원 희소고시학원 사이트에 이 교재를 사용한 강의 영상이 있습니다.

연도별 변형 기출문제집

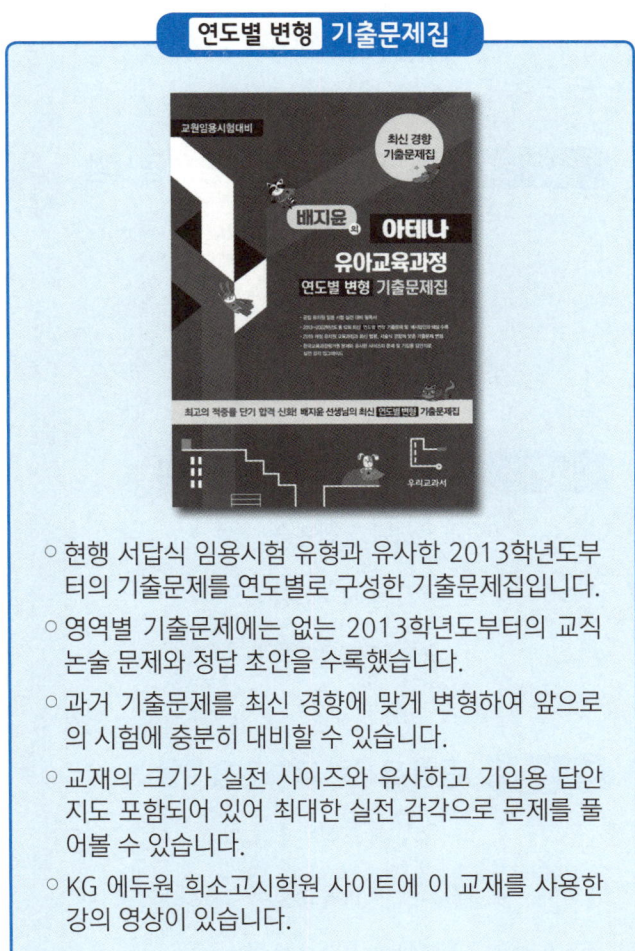

- 현행 서답식 임용시험 유형과 유사한 2013학년도부터의 기출문제를 연도별로 구성한 기출문제집입니다.
- 영역별 기출문제에는 없는 2013학년도부터의 교직논술 문제와 정답 초안을 수록했습니다.
- 과거 기출문제를 최신 경향에 맞게 변형하여 앞으로의 시험에 충분히 대비할 수 있습니다.
- 교재의 크기가 실전 사이즈와 유사하고 기입용 답안지도 포함되어 있어 최대한 실전 감각으로 문제를 풀어볼 수 있습니다.
- KG 에듀원 희소고시학원 사이트에 이 교재를 사용한 강의 영상이 있습니다.

또한 실전 연습을 하고자 하는 수험생은 다음 사항에 따라 교재를 활용하십시오.

❶ 다음의 실전 시간에 맞게 문제를 풀어보세요.

구분	시험 과목	시험 시간
1교시	교직논술	09:00~10:00(60분)
2교시	교육과정 A	10:40~11:50(70분)
3교시	교육과정 B	12:30~13:40(70분)

❷ 이 책에 함께 수록된 교직논술 및 교육과정 A, 교육과정 B 답안지에 답안을 작성해 보세요.

❸ 채점 후 점수를 기록해 보세요. 자신의 실력을 확인해 봅니다.

차례

2013학년도 공립 유치원 교원 임용시험
- 유치원 교직논술 … 6
- 유치원 교육과정 A … 8
- 유치원 교육과정 B … 16

2013학년도 추가 공립 유치원 교원 임용시험
- 유치원 교직논술 … 24
- 유치원 교육과정 A … 26
- 유치원 교육과정 B … 34

2014학년도 공립 유치원 교원 임용시험
- 유치원 교직논술 … 42
- 유치원 교육과정 A … 44
- 유치원 교육과정 B … 52

2015학년도 공립 유치원 교원 임용시험
- 유치원 교직논술 … 60
- 유치원 교육과정 A … 62
- 유치원 교육과정 B … 70

2016학년도 공립 유치원 교원 임용시험
- 유치원 교직논술 … 78
- 유치원 교육과정 A … 80
- 유치원 교육과정 B … 88

2017학년도 공립 유치원 교원 임용시험
- 유치원 교직논술 … 96
- 유치원 교육과정 A … 98
- 유치원 교육과정 B … 106

2018학년도 공립 유치원 교원 임용시험
- 유치원 교직논술 … 114
- 유치원 교육과정 A … 116
- 유치원 교육과정 B … 124

2019학년도 공립 유치원 교원 임용시험
- 유치원 교직논술 … 132
- 유치원 교육과정 A … 134
- 유치원 교육과정 B … 142

2019학년도 추가 공립 유치원 교원 임용시험
- 유치원 교직논술 … 150
- 유치원 교육과정 A … 152
- 유치원 교육과정 B … 160

2020학년도 공립 유치원 교원 임용시험
- 유치원 교직논술 … 168
- 유치원 교육과정 A … 170
- 유치원 교육과정 B … 178

2021학년도 공립 유치원 교원 임용시험
- 유치원 교직논술 … 186
- 유치원 교육과정 A … 188
- 유치원 교육과정 B … 196

2022학년도 공립 유치원 교원 임용시험
- 유치원 교직논술 … 204
- 유치원 교육과정 A … 206
- 유치원 교육과정 B … 214

최신
연도별 변형
기출문제집

2013~2022
학년도

2013학년도 유치원 교직논술

2013 학년도

문제

유아에 대한 이해와 평가는 유아교육의 질을 높이는 데 중요하다. 1) 유아 평가의 목적 2가지를 (가)와 관련지어 논하고, 2) 평가에서 신뢰도의 의미와 관찰평가에서 관찰자 간 신뢰도와 관찰자 내 신뢰도의 의미를 각각 1가지씩 쓰고, 관찰평가에서 신뢰도를 높일 수 있는 방법에 대해 2가지 논하시오. 그리고, 3) (나)에서 김 교사가 포트폴리오 평가 수행 과정에서 범한 문제점 4가지를 논하고, 4) 각 문제점에 대한 해결 방안을 서로 중복되지 않게 논하시오. [총 20점]

(가) 송 교사가 작성한 저널

학기 시작한 지도 벌써 한 달이 되었다. 그동안 내가 맡은 아이들의 개인별 특성을 파악하려고 나름대로 노력하였고, 그로 인해 얻은 것이 참 많다. 우리 유치원 교사들은 신뢰도가 높은 평가를 하기 위해 다양한 노력을 기울이고 있다. 이렇듯 아이들에 대해 파악한 특성을 최대한 반영하여 교육과 보육 활동을 개선한다면 더욱 멋진 한 해가 될 것 같다. 다음 주부터 학부모 상담이 시작된다. 학부모를 상담하는 자리가 조금은 부담스럽다. 그러나 학부모 상담은 내가 각 아이에 대해 파악한 것이 맞는지, 더 알아야 할 것은 없는지, 부모님이 나에게 바라는 점은 또 어떤 것이 있는지 등을 한 번 더 확인하는 기회가 될 것이기 때문에 기대도 된다.

(나) 송 교사와 김 교사가 나눈 대화

송 교사 : 선생님! 포트폴리오 평가 계획 수립 시 평가 지침은 명확히 설정하셨나요?
김 교사 : 포트폴리오 평가 지침을 명확하게 정해야 한다는 말은 맞아요. 그러나 포트폴리오 평가는 구성주의 패러다임을 따르잖아요. 그래서 저는 아이들의 성장 발달을 선입견 없이 보이는 양상 그대로 평가하려고 자료 수집 내용과 평가 시기만을 설정했어요.
송 교사 : 포트폴리오 평가를 위한 자료 수집은 어떻게 하셨나요?
김 교사 : 아이들의 강점을 확인하고자 다양한 자료를 모았어요.
송 교사 : 수집한 자료는 충분했나요?
김 교사 : 학기 말에 집중적으로 모았는데 충분했어요. 사실 학기 초에는 모을 시간이 없었거든요.
송 교사 : 포트폴리오 자료 분석은 어떻게 하셨나요?
김 교사 : 포트폴리오 평가에서는 아이들의 자기평가가 중요하잖아요. 그래서 아이들 스스로 자신의 작품에 대한 생각을 말해 보게 했고요. 저는 모은 자료 중에서 잘한 것 위주로 분석했는데 생각보다 좋은 작품이 많았어요. 각 아이의 성취수준이 기대만큼 충분히 높아서 참 흐뭇했어요.
송 교사 : 네, 그러시군요. 그렇다면 포트폴리오 평가 결과는 어떻게 활용하셨나요?
김 교사 : 아이들의 발달과 학습 변화에 대해 학부모들과 이야기하기보다는 유치원을 홍보하는 데 개별 아이의 포트폴리오 평가 결과를 사용했어요. 특히, 유치원 행사와 관련된 사진 자료가 매우 효과적이었어요. 이와 별개로 포트폴리오 평가를 통해 얻은 시사점은 2학기 교육과정 운영에 반영하려고 해요.
송 교사 : 네. 포트폴리오 평가는 유아 평가의 취지에 부합되기 때문에 앞으로 유치원 현장에서 많이 활용될 것 같네요.

답안 작성 시 유의사항	배점
• 주어진 답안지 면수(2매 이내)에 맞게 서술하시오. • 글의 체계를 논리적으로 짜임새 있게 구성하시오. • 글의 명료성, 타당성, 일관성을 고려하여 서술하시오.	• **논술의 내용 [총 15점]** – 유아 평가의 목적 2가지 [2점] – 신뢰도 및 관찰자 간 신뢰도와 관찰자 내 신뢰도의 의미(3점), 신뢰도를 높일 수 있는 방법(2점) [5점] – 김 교사가 포트폴리오 평가 수행 과정에서 범한 문제점 4가지 [4점] – 문제점에 대한 해결 방안 4가지 [4점] • **논술의 체계 [총 5점]** – 글의 논리적 체계성 [3점] – 맞춤법 및 어휘 · 문장의 적절성 [2점]

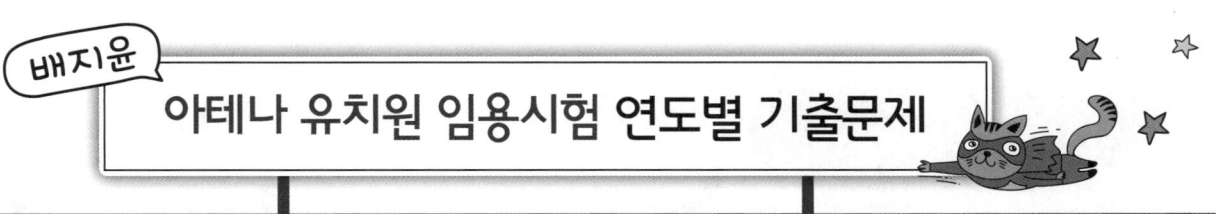

초안지

2013학년도 유치원 교육과정 A

01 다음의 (가)~(다)는 누리과정의 제정 배경과 구성에 관한 것이고, (라)는 교육 취약 계층을 위한 사업에 대한 설명이다. 물음에 답하시오. [5점]

(가)

초등학교 취학 직전 유아에 대한 무상교육은 「(㉠)」에, 무상보육은 「(㉡)」에 명문화되어 있다.

(나)

영유아기는 생애발달의 결정적 시기로서 교육·보육에 대해 국가 지원이 필요하다. 이에 정부는 2011년 9월 5일 '5세 누리과정'을 고시하였고, 모든 유치원과 어린이집은 2012년부터 적용하고 있다. 이로써 누리과정은 취학 직전 1년간의 유아교육·보육 선진화를 실현하게 되었으며, ㉢ 공정한 출발선을 보장하는 계기를 마련하였다. 또한 2012년 7월 10일에 만 3~5세 유아를 위한 누리과정을 고시하여 2013년부터 적용하고 있다.

(다)

2019 개정 유치원 교육과정의 '구성의 중점' 중 하나는 '3~5세 유아가 경험해야 할 내용으로 구성한다.'이다. 이는 2015 개정 누리과정의 '구성 방향' 중 하나인 '만 3~5세 유아의 발달 특성을 고려하여 연령별로 구성한다.'와 ㉣ 차이가 있다.

(라)

보건복지부는 '드림스타트'를, 교육과학기술부는 '(㉤) 사업'을 실시하고 있다. '(㉤) 사업'에서 ㉥ 유치원을 포함한 학교 중심의 지역교육공동체는 교육 취약 계층 아동 청소년들에게 통합적 서비스를 제공한다.

1) ㉠과 ㉡에 적합한 현행 법령의 명칭을 쓰시오. [1점]

㉠ _____
㉡ _____

2) ① 누리과정 실행으로 얻을 수 있는 사회·경제적 효과 중 저소득 계층의 측면과 인구학적 측면에서의 기대 효과를 각각 1가지씩 쓰고, ② 다음 헤크만(Heckman, 2006)의 '인적자원 투자 대비 회수 비율' 그래프가 의미하는 바를 1가지 쓰시오. [2점]

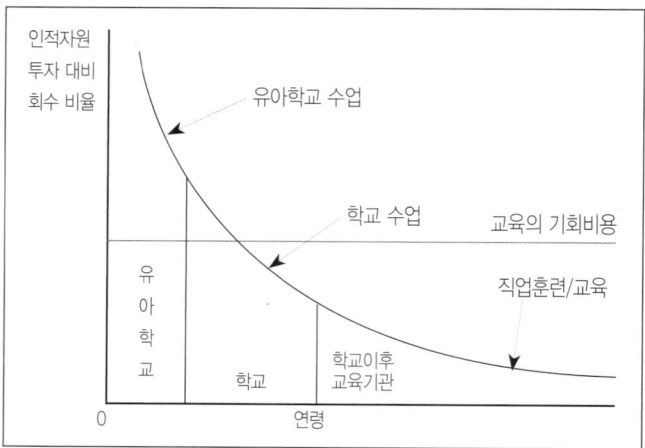

① _____
② _____

3) ㉣에 근거하여 2019 개정 유치원 교육과정 5개 영역 '내용'의 특징을 쓰시오. [1점]

4) ㉤ 사업의 유치원 부분은 ㉢을 위해 누리과정 외에 실시하고 있는 국가정책 사업이다. ① ㉤을 쓰고, ② ㉥과 관련이 있는 2019 개정 유치원 교육과정 '편성·운영' 지침을 1가지 쓰시오. [1점]

① _____
② _____

02

다음 (가)와 (나)는 초록유치원 만 3세반 김 교사와 만 5세반 박 교사가 작성한 활동 계획안의 일부이다. 물음에 답하시오. [5점]

	(가)	(나)
활동명	북소리에 맞춰 걷기	북소리에 맞춰 걷기
활동 목표	○ 소리의 셈여림에 관심을 갖는다. ○ ㉠ <u>북소리를 들으며 걸어 본다.</u>	○ 소리의 셈여림에 관심을 갖는다. ○ ㉡ <u>북소리의 장단과 강약에 맞춰 걸어 본다.</u>
활동 방법	○ 셈여림의 차이가 있는 북소리를 들어 본다. ○ 북소리를 들으며 자유롭게 걸어 본다. ○ (㉢) ○ 활동을 마친 후 다 같이 앉아서 활동한 것을 평가한다.	○ 북소리를 듣고 셈여림 등 소리의 차이를 탐색한다. ○ 북소리(느리고 크게, 빠르고 작게)에 맞춰 걸어 본다. ○ 북소리를 들으면서 홉핑, 스키핑, 말뛰기를 하다가 교사가 멈춤 신호를 주면 그 자리에 바로 멈춘다. ○ 활동을 마친 후 다 같이 앉아서 활동한 것을 평가한다.

1) 타일러(R. Tyler)의 학습경험 조직원리에 근거하여 ㉠과 ㉡에서 나타난 원리는 계속성, (ⓐ), 통합성이다. ① ⓐ에 들어갈 용어와 사례에 비추어 그 의미를 설명하고, ② ⓐ에 비추어 ㉢에 들어갈 말을 쓰시오. [2점]

① _____

② _____

2) ① 타일러(R. Tyler)의 학습경험 조직원리에 근거하여 ㉠과 ㉡에서 '통합성'이 나타나는 이유를 누리과정 5개 영역을 기준으로 쓰고, ② (가)와 (나)의 활동 계획안과 관련 있는 2019 개정 유치원 교육과정 '신체운동·건강' 영역의 내용 범주를 쓰시오. [2점]

① _____

② _____

3) 김 교사와 박 교사는 위 사례의 계획한 활동을 하면서 동료장학의 방법 중 '수업사례분석'을 하고자 한다. 상대 교사에게 자신의 수업을 보여 주는 방법을 포함하여 '수업사례분석'의 구체적인 방법에 대해 쓰시오. [1점]

03 다음은 드라이커스(R. Dreikurs)의 부모교육 이론에 대한 설명이다. 물음에 답하시오. [5점]

(가)

드라이커스는 ㉠ '민주적 부모교육 이론'을 수립하였다. 그는 영유아의 인성을 형성하는 데 있어 부모들이 큰 영향을 미친다고 하면서 다음과 같이 밝히고 있다. "삶의 형태는 일련의 행동으로 구성되는데 이 행동들은 아이들이 삶의 목표를 세울 때 사용된다. 유아기 아이들이 세우는 삶의 목표는 대개 '나는 인정받고 싶다.', '난 이 집에서 중요한 사람이다.'와 같은 감정을 느낄 수 있기를 바라는 것이다."

(나)

드라이커스는 아이들의 잘못된 행동이 잘못된 행동 목표에서 비롯된다고 본다. ㉡ 4가지의 잘못된 행동 목표 중 (㉢)을/를 나타내는 사례를 들면, 평소 착하던 아이가 동생이 태어난 후 엄마가 동생에게만 애정을 보이고 자신에게는 소홀하게 대한다고 생각하여 동생을 자꾸 꼬집고 울려 엄마의 주목을 받으려고 하는 것이다.

(다)

드라이커스가 제시한 자녀양육방법인 ㉣ 논리적 귀결은 자신의 잘못된 행동에 대해 책임을 수용하는 법을 배울 수 있도록 도와주는 방법이다. 벌은 과거 시점의 행동에 초점을 두는 반면, 논리적 귀결은 (㉤) 시점의 행동에 초점을 둔다.

1) 드라이커스 부모교육 이론의 특성을 나타내 주는 말인 ㉠이 의미하는 바를 쓰시오. [1점]

2) ① ㉡의 4가지가 무엇인지 모두 쓰고, ② 그중 ㉢이 무엇인지 쓰시오. [1점]
   ① _____
   ② _____

3) 유아들이 ㉡과 같은 잘못된 행동 목표를 설정함으로써 얻고자 하는 것이 무엇인지 (가)에서 찾아 1가지 쓰시오. [1점]

4) ① ㉣의 특징을 서술하고, ② ㉤이 무엇인지 쓰시오. [2점]
   ① _____
   ② _____

04
다음의 (가)와 (다)는 아동 관련 문서 중 일부이고, (나)는 (가)에 대한 설명이다. 물음에 답하시오. [5점]

(가)

> ㉠ 모든 사람은 인종, 피부색, 성별, 언어, 종교, 정치적 또는 기타의 의견, 민족적 또는 사회적 출신, 재산, 출생 또는 기타의 신분 등 어떠한 종류 구분에 의한 차별 없이 동 선언 및 규약에 규정된 모든 권리와 자유를 향유할 자격이 있음을 선언하고 동의하였음을 인정하고,
> ……(중략)……
> ㉡ 아동은, 완전하고 조화로운 인격 발달을 위하여, 가족적 환경과 행복, 사랑 및 이해의 분위기 속에서 성장하여야 함을 인정하고, ……(중략)…… 아동은 신체적, 정신적 미성숙으로 인하여 출생 전후를 막론하고 적절한 법적 보호를 포함한 특별한 보호와 배려를 필요로 한다는 점에 유념하고, ……(중략)…… 모든 국가, 특히 개발도상국가 아동의 생활 여건을 향상시키기 위한 국제 협력의 중요성을 인정하면서, 다음과 같이 합의하였다.
> ……(후략)……

(나)

> '아동 이익 최우선의 원칙', '아동의 의사 존중 및 참여의 원칙', '아동의 (㉢)의 원칙', '아동의 생존, 보호 및 (㉣)의 원칙' 등 4개의 일반 원칙을 중심으로 한다.

(다)

> 모든 어린이가 차별 없이 인간으로서의 존엄성을 지니고, 나라의 앞날을 이어나갈 새 사람으로 존중되며, 바르고 아름답고 씩씩하게 자라도록 함을 길잡이로 삼는다.

(라)

> 모든 아동은 독립된 인격체로 존중받고 차별받지 않아야 한다. 또한 생명을 존중받고, 보호받으며, 발달하고 참여할 수 있는 고유한 권리가 있다. 부모와 사회, 국가와 지방자치단체는 아동의 이익을 최우선적으로 고려해야 하며, 다음과 같은 아동의 권리를 확인하고 실현할 책임이 있다.

1) 1989년 국제연합(UN)은 세계인권선언과 국제인권규약의 규정에 근거하여 (가)가 포함된 문서를 채택하였다. ① 이 문서의 명칭을 쓰고, ② 다음 ⓐ에 들어갈 말을 쓰시오. [1점]

> (ⓐ)은/는 보건복지부장관이 아동 정책에 대한 종합적인 수행과 아동복지 관련 사업의 효과적인 추진을 위하여 필요한 정책의 수립을 지원하고 사업평가 등의 업무를 수행하는 보건복지부 산하 공공기관(기타 공공기관)이다. 이는 아동복지법에도 그 설립 및 운영이 명시되어 있다.

① _____
② _____

2) 2019 개정 유치원 교육과정 총론에 제시된 '편성·운영' 중 ㉠의 내용과 관련된 지침을 1가지 쓰시오. [1점]

3) ① '아동의 (㉢)의 원칙'은 ㉠에서, '아동의 생존, 보호 및 (㉣)의 원칙'은 ㉡에서 찾아볼 수 있다. ㉢과 ㉣을 각각 찾아 쓰고, ② 다음 (가)의 문서 중 일부의 내용에서 ⓐ와 ⓑ에 들어갈 말을 각각 쓰시오. [2점]

> 제31조
> 1. 당사국은 휴식과 여가를 즐기고, 자신의 연령에 적합한 (ⓐ)와/과 오락활동에 참여하며, 문화생활과 예술에 자유롭게 참여할 수 있는 아동의 권리를 인정한다.
> 2. 당사국은 문화적·예술적 생활에 완전하게 참여할 수 있는 아동의 권리를 존중하고 촉진하며, 문화, 예술, 오락 및 여가활동을 위한 적절하고 균등한 (ⓑ)의 제공을 장려하여야 한다.

① _____
② _____

4) ① (다)가 포함된 문서는 1957년 처음 발표된 후, 1988년 보건사회부에 의해 개정, 공포되었다. 이는 인간의 존엄성 존중, 건전한 가정에서의 보호, 교육, 놀이 등에 관한 권리, 학대와 노동으로부터의 보호에 관한 권리 등을 포함하고 있다. 이 문서의 명칭을 쓰고, ② (가)의 주요 원칙을 충실히 이행하기 위해 제정된 (라)문서의 명칭을 쓰시오. [1점]

① _____
② _____

05 다음은 교육 사상가들에 대한 설명이다. 물음에 답하시오. [5점]

(㉠)은/는 "성숙(maturation)은 개체의 전 성장의 형태와 그 변화 정도를 결정하는 성장의 내적 요소에 해당한다.
……(중략)……
성숙은 외적 환경 및 내적 환경에 반응하는 유기체의 제반 발달적 분화를 포함한다는 의미에서 성장(growth)보다 훨씬 더 종합적, 포괄적 개념이라 할 수 있다."라고 하였으며 아동 개인의 발달을 평가하는 데 사용할 수 있는 표준행동목록(발달 일정표)을 고안하였다.

(㉡)은/는 "어렸을 때의 생활이 그렇듯이 심한 것은 마치 일생의 어린 싹이 차고 아린 서리를 맞는 것입니다. 아무 것보다도 두렵고 슬픈 일입니다.
……(중략)……
부인은 아이를 때리지 마라. 아이를 때리는 것은 한울(하늘)을 때리는 것이니 한울(하늘)이 싫어하고 기운을 상하게 하는 것이다."라고 하여 아동 존중 사상을 주창하였다.

(㉢)은/는 "은물의 형태와 자료는 어린이의 통찰력을 기르고자 하는 우주 법칙에 의해, 그리고 은물이 의도하고자 하는 아동 발달의 조건에 의해 결정된다."라고 하여 놀이의 중요성을 강조하였다.

1) ㉠의 사상가는 '유아에게 무엇을 가르치기 위해서는 유아가 성숙할 때까지 기다려야 한다'는 (ⓐ) 개념을 제시하였다. ① ㉠의 사상가와 ② ⓐ에 들어가는 용어를 쓰시오. [2점]

① _____
② _____

2) ① ㉡의 사상가를 쓰고, ② 이 사람이 아동교육운동을 전개하는 데 있어 주된 배경이 된 우리나라의 사상을 쓰시오. [2점]

① _____
② _____

3) ㉢의 사상가는 구멍 뚫기, 바느질하기, 색칠하기, 콩 끼우기 등 10여 종의 활동을 고안하였으며, 이를 사용하여 유아의 내면세계를 표현하도록 하였다. 이 활동을 포괄적으로 지칭하는 명칭을 쓰시오. [1점]

06 다음은 다사랑유치원의 만 5세 햇님반 사례이다. 물음에 답하시오. [5점]

햇님반에는 지연이를 포함한 20명의 유아들이 있다. 이 반에는 홍 교사와 함께 한 명의 하모니 선생님이 배치되어 있다. 웃어른을 공경하는 우리나라 문화의 영향으로 지연이를 비롯한 유아들은 하모니 선생님께도 공손하고 잘 따른다.

이 반의 담임인 경력 1년 차 홍 교사는 지연이 어머니 때문에 마음이 몇 번 불편한 적이 있었다. 며칠 전에는 유치원 홈페이지에 올려놓은 지연이 생일 사진이 마음에 들지 않는다고 지연이 어머니로부터 전화를 받았는데, 당황하여 제대로 답변조차 하지 못했다. 홍 교사는 수업과 관련해서도 자신이 ⊙ 누리과정에 대하여 충분한 이해를 하고 있는지 염려스럽다. 또한, 경력 5년 차 유 교사로부터 수업 개선에 대한 몇 가지 의견을 들었음에도 불구하고 여전히 적용 방법에 대해서도 확신이 서지 않아 초조할 때가 종종 있다. 그런데 지연이 어머니 전화까지 받고 나니 앞으로 교사로서 잘 해 나갈 수 있을 것인지 더욱 자신이 없어지면서 지연이를 대하는 것도 부자연스러울 때가 있다. 며칠 전부터는 지연이의 하원 시간이 어머니의 직장 일 때문에 이전보다 1시간 정도 늦어진 저녁 7시가 되었다.

1) 브론펜브레너(U. Bronfenbrenner)의 생태학적 체계 이론을 근거로, 위 사례에서 지연이의 ① 미시체계(microsystem)에 해당하는 것을 3개 쓰고, 그 이유를 서술하시오. 그리고 ② 지연이가 발달에 있어 거시체계(macrosystem)의 영향을 받았다는 증거를 1가지 찾아 쓰시오. [1점]

① _____
② _____

2) 위 사례에서 ① 지연이의 외체계(exosystem)에 해당하는 것은 무엇인지 찾아 1가지 쓰고, 그 이유를 쓰시오. 그리고 ② 이것이 지연이의 유치원 생활에 미친 영향은 무엇인지 찾아 1가지 쓰시오. [2점]

① _____
② _____

3) 위 사례에서 홍 교사는 ① 캐츠(L. G. Katz)가 제시한 4단계의 유아 교사 발달 단계 중 어느 단계에 속하는지 그 단계의 명칭을 쓰고, ② 사례에 근거하여 이유를 쓰시오. [1점]

① _____
② _____

4) ⊙과 같은 문제가 발견됨에 따라 다사랑유치원 원장은 다음 2019 개정 유치원 교육과정 총론에 제시된 '편성·운영' 지침에 의거하여 홍 교사를 지원하고자 한다. 괄호 안에 들어갈 알맞은 말을 쓰시오. [1점]

( )을/를 통해 누리과정 운영이 개선되도록 한다.

2013학년도 유치원 교육과정 A

07 다음은 희망유치원 만 5세반 김 교사가 작성한 활동 계획안의 일부이다. 물음에 답하시오. [5점]

활동명	줄과 공을 이용하여 놀이하기
활동 목표	(생략)
활동 자료	다양한 줄, 공, 콩주머니
활동 방법	○ 다양한 줄을 탐색해 본다. - 줄을 만져 본 느낌이 어떠니? - 줄의 모양이 어떠니? ○ 줄과 공을 이용한 놀이 시 주의할 점에 대해 알려 준다. ○ 준비운동을 한다. - 팔을 머리 위로 쭉 뻗어 보자. - 좌우로 흔들어 보자. - 제자리에서 걸어 보자. ○ 창의적인 동작 표현을 해 본다. - 뱀처럼 기어 보자. ○ 줄을 바닥에 놓고 줄을 따라 걸어 본다. - 줄을 따라 가볍게 걸어 보자. - (㉠) ㉡ ┌ 콩주머니를 머리 위에 얹어 놓고 줄을 따라 걸어 보자. └ 줄을 따라 걸을 때 양팔을 쭉 뻗고 걸어 보자. ○ 공 던지기의 동작을 보여 준다. - 선생님처럼 이렇게 공을 던져 보자. ○ 줄을 사이에 두고 공놀이를 한다. - 가볍게 공을 던져 보자. ○ 평가를 한다. - 줄을 따라 걸어 보니 기분이 어땠니? - 힘들었던 점은 없었니?

1) 위 사례에서 김 교사는 동작 교육의 접근법 중 '신체적 접근법'과 '극적 접근법'을 사용하였다. 김 교사의 활동 방법에 비추어 ① 신체적 접근법의 특징과, ② 극적 접근법의 특징을 서술하시오. [2점]

①
②

2) 다음은 교사의 발문을 분석한 표이다. 교사의 발문 중 밑줄 친 부분에서 강조되는 동작의 구성요소 ⓐ를 쓰고, ⓑ에 들어갈 발문을 1가지 찾아 쓰고, ⓒ에 들어갈 교사의 발문 ㉠을 쓰시오. [1점]

교사의 발문	동작의 구성요소	동작의 유형
<u>좌우로 흔들어 보자.</u>	ⓐ	제자리에서 움직이기(비이동)
ⓑ	무게(힘)	조작
ⓒ	시간	이동

ⓐ
ⓑ
ⓒ

3) ① ㉡에 공통으로 나타난 기초체력의 요소를 1가지 쓰고, ② 이와 관련된 2019 개정 유치원 교육과정 '신체운동·건강' 영역의 내용을 쓰시오. [1점]

①
②

4) 다음은 위 활동에서 교사가 지도한 사례를 교사-유아 상호작용 유형에 근거하여 분류한 표이다. ① 교사의 지도 사례에 해당하는 상호작용 유형 ⓐ, ⓑ, ⓓ의 명칭을 쓰고, ② ⓒ의 내용을 쓰시오. [1점]

교사-유아 상호작용 유형	교사의 지도 사례
ⓐ	(생략)
ⓑ	(생략)
촉진하기	(생략)
지지하기	(생략)
함께 구성하기	(생략)
시범 보이기	ⓒ
ⓓ	유아들에게 "줄을 따라 걸을 때 양팔을 쭉 뻗고 걸어 보자."라고 알려 준다.

①
②

08 다음은 소망유치원의 만 5세반 김 교사가 작성한 일일 교육 계획안의 일부이다. 물음에 답하시오. [5점]

(생략)	생활도구	(㉠)	생활도구와 미디어의 안전	(생략)	생활도구를 안전하게 사용하기
목표	○ 생활도구의 안전한 사용방법에 대하여 안다. ○ 다양한 생활도구를 안전하고 바르게 사용할 수 있다.					
시간/활동	활동 내용	자료 및 유의점	평가		
……(중략)……					
12:30 ~ 12:50 동시	〈조심해야지〉 ○ 생활도구를 보여 주며 이야기 나눈다. ○ '조심해야지' 동시를 들려주고 읊어 본다. ○ 동시에 나오는 생활도구의 안전한 사용법에 대해 이야기 나눈다.	(생략)	아이들이 칫솔과 같은 생활도구에 관한 안전의식이 미흡하여 내일 식사 시간 전에 칫솔 사용 시의 안전에 대한 이야기를 좀 더 나누어야 하겠다.		
12:50 ~ 13:40 바깥놀이	〈모래놀이 도구를 바르게 사용해요〉 ○ 모래놀이 도구의 종류를 알아본다. ○ 모래놀이 도구를 안전하게 사용하며 놀이한다.	(생략)	㉡ 평소 곤충을 좋아하는 민수가 벌이 위험하다는 것을 알면서도 벌을 발견하고 잡으려다 쏘였다. 이 바람에 경황이 없어 아이들이 모래놀이 도구를 안전하게 사용하는지를 관찰하지 못했으므로 내일 다시 관찰해야겠다.		
13:40 ~ 14:00 평가 및 귀가	○ 하루 일과를 평가한다. ○ 버스 안에서 안전띠 착용에 대하여 이야기한다. ○ 인사 후 귀가한다.	(생략)	(가) 버스 안전띠 착용에 대해 이야기하려고 했지만 아이들이 민수의 부어 있는 이마에 관심을 보여 ㉢ 벌이 자신의 주변에 나타났을 때 어떻게 해야 할지 알아보는 것으로 대체하였다. 하지만 아이들은 벌이 나타났을 때 벌을 만지면 안 된다는 것 외에는 알지 못하여 ㉣ 다른 대처 행동에 대해 이야기하였다.		

총평: ○ 바깥놀이 시간에 민수가 벌에 쏘였다. 나를 포함한 유치원의 모든 선생님들은 벌에 쏘인 민수의 이마를 보고 놀라 우왕좌왕하여 ㉤ 응급처치하기까지 시간이 많이 지체되었으므로 이에 대한 대책이 마련되어야겠다. 벌에 대한 안전을 알아보는 과정에서 아이들은 벌 이외의 다른 곤충에 대한 안전의식도 미흡하여 이에 대한 교육을 계획해야겠다.

1) 김 교사는 '생활도구와 미디어의 안전'과 같은 (㉠)을/를 중심으로 안전 교육을 실시하였고, (가)와 같이 민수가 벌에 쏘인 우발적 사건을 계기로 (ⓐ)을/를 중심으로 안전 교육을 실시하였다. ㉠과 ⓐ에 들어갈 알맞은 말을 쓰시오. [2점]

㉠ _____

ⓐ _____

2) ㉡의 사고 원인을 피아제(J. Piaget)의 대표적인 전조작기 사고 특성 2가지에 근거하여 각각 서술하시오. [1점]

3) 2019 개정 유치원 교육과정 '신체운동·건강' 영역의 내용 중 ㉢ 활동과 관련된 것을 1가지 쓰시오. [1점]

4) (가)에서 ① 벌이 나타났을 때, 벌을 만지면 안 된다는 것 외에 교사가 벌의 특성을 고려하여 유아들에게 가르쳐야 할 교육 내용으로 ㉣에 해당하는 1가지를 쓰고, ② ㉤의 방법을 순서대로 2가지 쓰시오. [1점]

① _____

② _____

01. 다음은 만 5세반의 생일 축하 장면이다. 물음에 답하시오. [5점]

김 교사 : 오늘은 미나가 태어난 날이야. 태어난 날을 무엇이라고 할까?
유아들 : 생일이요.
김 교사 : 그래, 생일이라고 하지. 그러면, 어른들이 태어나신 날을 무엇이라고 할까?
유아들 : ……
김 교사 : ㉠ 어른들이 태어나신 날은 생신이라고 한단다. 함께 말해 볼까?
유아들 : 생, 신!

……(중략)……

(김 교사의 옆에 있는 융판에는 맨 윗부분에 '이미나 생일'이라고 글자카드가 붙어 있다.)

㉡ ┌ 김 교사 : (융판 쪽을 가리키며) "여기에 무엇이라고 쓰여 있는지 읽어 볼까?"
   └ 윤 영 : (한 자 한 자 가리키며 큰 소리로) "이, 미, 나, 생, 일"

……(중략)……

김 교사 : (준비한 생일카드를 유아들에게 보여 주면서) 오늘은 선생님이 동그란 모양의 생일카드를 준비했어. 읽어 줄게.
(김 교사가 카드를 두 손으로 들고 읽기 시작하려 할 때, 몇몇 유아가 옆 유아와 장난을 치며 깔깔 웃는다. 그러자 김 교사가 읽으려던 카드를 무릎에 놓고 유아들을 쳐다본다.)
김 교사 : 애들아, 다른 사람이 말을 하거나 글을 읽어 줄 때는 어떻게 들어야 할까?

……(후략)……

1) 카미와 드브리스 프로그램(Kamii & DeVries Program)에서는 지식을 3가지 유형으로 제시하였다. ㉠은 이 3가지 지식 유형 중 (ⓐ)에 해당한다. ① ⓐ가 무엇인지 쓰고, ② ⓐ의 의미를 ㉠의 사례를 들어 설명하시오. [2점]

① _____
② _____

2) 김 교사가 ㉡과 같이 한 것은 2019 개정 유치원 교육과정 '의사소통' 영역의 내용 범주 '읽기와 쓰기에 관심 가지기'의 내용에 근거한 것이다. ① 이 '내용'을 쓰고, ② 2019 개정 유치원 교육과정 '의사소통' 영역의 개정의 중점에 근거하여 2015 개정 유치원 교육과정의 내용 범주 '읽기'와 '쓰기'가 2019 개정 유치원 교육과정에서 '읽기와 쓰기에 관심 가지기'로 제시된 이유를 1가지 쓰시오. [2점]

① _____
② _____

3) 2019 개정 유치원 교육과정 '의사소통' 영역의 내용 '바른 태도로 듣고 말한다.'를 지도하고자 하는 교사의 말을 찾아 쓰시오. [1점]

02 다음은 민 교사와 윤 교사가 선호하는 언어 접근법과 지도 사례 및 문자언어 지도법을 보여 주는 표이다. 물음에 답하시오. [5점]

	민 교사	윤 교사
언어 접근법과 지도 사례	(가) 발음 중심 언어 접근법 읽기 지도를 하기 위해서는 ㉠ 어릴 때부터 자·모음 체계, 철자법 등을 반복해서 가르칠 필요가 있어요. 그래서 저는 우리 반 유아들에게 매일 꾸준히 '점선 따라 쓰기'를 시키고 있어요.	(나) 의미 중심(총체적) 언어 접근법 읽기 지도는 의사소통 측면에서 접근해야 한다고 봐요. 그렇기 때문에 ㉡ 자·모음보다는 의미를 구성하는 전체적 이야기를 기본 단위로 가르쳐야 하는 거죠. 그래서 저는 교실을 풍부한 문해 환경으로 만들어 주는 데 신경을 쓰고 있어요.
문자언어 지도법		

(문자언어 지도법 그림: 역삼각형 안에 위에서부터 이야기, 문장, ㉣, ㉢ / 왼쪽 상향식(bottom-up), 오른쪽 하향식(top-down))

1) ① ㉠과 같이 지도한 결과로 유아에게 나타날 수 있는 (가)의 문제점, ② ㉡과 같이 지도한 결과로 유아에게 나타날 수 있는 (나)의 문제점을 각각 1가지씩 쓰시오. [2점]

① _____
② _____

2) 모든 유아에게 적합한 최상의 언어 교육 방법은 없으며, 한 가지 접근법으로는 언어 교육을 하는 데 효과적이지 못하다는 요구에 따라 (가)와 (나)의 장·단점을 보완하여 접목한 접근법이 무엇인지 쓰시오. [1점]

3) 위 표를 보면 민 교사는 상향식 접근 방식으로, 윤 교사는 하향식 접근 방식으로 문자언어를 지도하고 있음을 알 수 있다. 그림의 ㉢, ㉣에 들어갈 알맞은 말을 쓰시오. [1점]

㉢ _____
㉣ _____

4) 다음은 언어 교육에 대한 (나)의 관점을 나타내고 있다. ① 괄호 안에 들어갈 알맞은 말을 쓰고, ② 적절한 활동 사례를 1가지 제시하시오. [1점]

언어 교육은 듣기, 말하기, 읽기, 쓰기의 순서대로 가르치기보다는 (   )적으로 가르쳐야 한다.

① _____
② _____

2013학년도 유치원 교육과정 B

03 (가)는 만 5세반 최 교사가 친구 관계에 대하여 지호와 이야기한 내용이고, (나)는 (가)의 이야기를 나눈 후에 최 교사가 작성한 활동 계획안의 일부이다. 물음에 답하시오. [5점]

(가)

교사 : 지호야, 동민이가 친구라고 했지?
지호 : 어, 이젠 동민이는 친구 아니에요.
교사 : 그래? 그럼 누가 친군데?
지호 : 준서요.
교사 : 아까는 동민이가 친구라면서 왜 지금은 준서가 친구라고 생각하니?
㉠ 지호 : 동민이는 지금 나랑 안 노니까요. 지금은 준서가 친구예요. 준서가 나랑 같이 자동차 놀이를 하잖아요.
교사 : 그렇구나. 그런데, 동민이가 너의 친구가 아니라는 말을 들으면 속상하지 않을까?
㉡ 지호 : (잠깐 머뭇거리다가) 아니요.
교사 : 그럼, 네가 동민이라면 기분이 어떨까?
지호 : ……

(나)

목표	누리과정 관련 요소
○ 친구의 생각과 느낌을 고려하여 말한다. ○ ㉢ 친구의 감정을 알고 함께 느낄 수 있다. ○ 친구에게 바르게 행동한다.	○ 의사소통 : 듣기와 말하기 – 바른 태도로 듣고 말한다. ○ 사회관계 : (생략) – (㉣) ○ 사회관계 : 다른 사람과 더불어 생활하기 – 사회적 가치를 알고 지키기

〈창의·인성 관련〉
○ 창의성 : (생략) – (생략)
○ 인성 : (㉤) – 친구에 대한 (㉤)

〈활동 방법〉
○ 친구와 함께 놀이해 본 경험에 대해 이야기 나눈다.
  – 친구와 함께 놀면 어떤 마음이 드니?
  – 친구와 함께 있으면 어떤 점이 좋을까?
○ 친구가 느끼는 감정에 대해 이야기 나눈다.
  – ㉥ 친구의 감정은 생각하지 않고 자기가 하고 싶은 말만 하면 친구의 마음은 어떨까?
  – ㉦ 친구가 기쁘거나 슬플 때 어떤 말을 해 주면 좋을까?
        ……(후략)……

1) 셀만(R. L. Selman)이 제시한 우정발달 단계 중 지호에게 해당하는 단계의 특징 2가지를 쓰고, ㉠에서 사례를 찾아 특징별로 각각 1가지씩 쓰시오. [2점]

① _____

② _____

2) 최 교사는 ㉡을 근거로 지호가 ( )와/과 같은 능력이 부족하다고 생각하였다. 다음은 이 능력에 대한 설명이다. 괄호 안에 공통적으로 해당하는 용어를 쓰시오. [1점]

○ ( )은/는 타인의 감정이나 기분을 마치 자신의 것처럼 느끼는 것이다. ○ ( )은/는 다른 사람의 감정 상태를 대리적으로 경험하는 것이다.

3) ㉢과 ㉥은 ㉣의 '내용'에 근거한 것이다. ㉣에 적합한 2019 개정 유치원 교육과정 '사회관계' 영역의 내용을 쓰시오. [1점]

4) ㉤은 ㉦의 교사 발문과 관련된 인성교육의 덕목 중 하나이다. ① ㉤에 들어갈 적절한 인성 요소를 쓰고, ② ㉤의 정의를 쓰시오. [1점]

① _____

② _____

04 다음 사례는 하늘유치원 만 5세반 박 교사가 자유선택활동 시간에 관찰한 내용의 일부이다. 물음에 답하시오. [5점]

자유선택활동 시간에 역할놀이 영역에서 남아인 지훈이와 여아인 다빈이가 같이 놀이를 하고 있다.
······(중략)······
지훈이가 놀잇감 속에서 여성용 머플러와 가발, 여성용 구두를 꺼내 든다. 그리고 가발과 머플러를 머리 위에 뒤집어쓰고 구두를 신고는 거울 앞에 선다. 지훈이가 거울에 비친 자기의 모습을 바라보더니 요리하는 엄마 흉내를 낸다.
이것을 본 다빈이가 "야, 넌 왜 남자가 엄마처럼 하고 있냐? ㉠ 가발 쓰고 구두 신는다고 남자가 엄마가 되냐? 그리고 ㉡ 밥은 여자만 하는 거야."라고 말한다. 그러자 지훈이는 재빨리 가발과 머플러, 구두를 바구니에 던져 넣고는 쌓기 영역으로 가서 다른 남아들과 집짓기 놀이를 한다. 쌓기 영역에서 우영이가 무거운 블록으로 집짓기를 하는 것을 보고 지훈이도 무거운 블록을 들고 와 집을 짓자 남아들이 "야! 지훈이는 아빠같이 힘이 세고 집도 잘 짓네."라고 하며 좋아한다. 그 말을 듣고 지훈이는 블록을 많이 들고 와서 더 열심히 ㉢ 집짓기에 참여한다. 집을 다 지은 후, 남아들이 ㉣ "집은 우리 남자들만 짓는 거야."라는 말을 한다.

1) 반두라(A. Bandura)의 (ⓐ)이론에 근거하여 ㉢의 행동을 나타나게 한 원인은 2가지이다. ① ⓐ에 들어갈 말을 쓰고, ② ㉢의 행동을 나타나게 한 원인 2가지를 사례에서 찾아 각각 쓰시오. [2점]

① _____
② _____

2) 성역할 개념 발달에 대한 콜버그(L. Kohlberg)의 견해에 비추어 볼 때, 다빈이가 보인 ㉠과 같은 반응은 다빈이가 (ⓐ) 단계에 이르렀음을 보여 준다. ① ⓐ를 쓰고, ② 그 의미를 설명하시오. [1점]

① _____
② _____

3) ㉡과 ㉣은 유아들의 성역할에 대한 고정관념을 보여 준다. 이에 박 교사는 (ⓐ) 교육의 필요성을 느끼게 되어 누리과정에서 그 근거를 찾아 적절한 활동을 계획하고자 한다. ① 범교육과정적 주제 중 하나인 ⓐ를 쓰고, ② 박 교사가 계획할 수 있는 활동 예시를 1가지 쓰고 그 이유를 쓰시오. [2점]

① _____
② _____

2013학년도 유치원 교육과정 B

05 (가)는 사자춤 동영상을 감상한 후 김 교사와 유아들이 역할놀이 영역에서 진행한 놀이 장면이다. 물음에 답하시오. [5점]

(가)

(김 교사는 역할놀이 영역에서 정민, 진영, 민우의 놀이를 바라보고 있다.)
(다음 놀이는 15분 이상 진행되었다.)
민우 : (정민, 진영을 보며) 얘들아, 우리 아까 본 사자춤 놀이해 볼래?
진영 : 재미있겠다. 그런데 어떻게 해?
민우 : 사자 옷이 필요해. (보자기를 꺼내 어깨에 두른다.) 사자털도 있으면 좋겠다.
(교사는 사자 갈기처럼 생긴 술이 달린 인디언 치마를 소품 통에 비치한다.)
······(중략)······
정민 : 선생님, 둥둥둥 북소리 내주세요. 우리가 춤출게요.
진영 : (인디언 치마를 머리에 쓰고 덩실거리며) 어흥~ 나는 사자다.
민우 : (가만히 서서) 무서워, 살려줘!
진영 : ㉠ 그런데 민우야, 사자는 춤을 춰야지. 우리가 춤추기로 했잖아.
민우 : (진영이와 함께 어깨를 덩실거리며 몸을 흔든다.)
정민 : 선생님, 이번에는 내가 북을 치고 싶어요. 선생님이 사자 하세요.
(교사는 정민이와 역할을 바꾸고 정민이의 북소리에 맞춰 민우, 진영이와 함께 사자춤을 춘다.)
······(후략)······

1) 다음은 스밀란스키(S. Smilansky)가 제시한 사회극놀이 구성요소의 일부를 (가)와 관련지은 표이다. ① 가작화의 사례 ⓐ와, ② 지속성의 설명 ⓑ에 적절한 내용을 각각 쓰시오. [2점]

사회극놀이 구성요소	설명	(가)의 사례
(생략)	최소한 2명 이상의 놀이자가 놀이 주제와 관련하여 직접적인 상호작용을 하는 것	진영, 민우, 정민 3명의 놀이자가 상호작용하고 있음
가작화	(생략)	ⓐ
지속성	ⓑ	(생략)

① _____
② _____

2) (가)와 같은 놀이에서 유아들은 2가지 유형의 언어적 의사소통을 사용한다. 한 가지는 가작화 의사소통이고, 다른 한 가지는 (ⓐ)(이)다. ⓐ를 쓰고, ㉠이 ⓐ에 해당하는 이유를 1가지 쓰시오. [2점]

3) (가)와 관련이 있는 2019 개정 유치원 교육과정 '예술경험' 영역의 내용 범주 '창의적으로 표현하기'의 내용을 1가지 쓰시오. [1점]

06 다음은 김 교사가 만 5세반 유아들과 함께 '나는 숲속 예술가'라는 활동을 진행한 사례이다. 물음에 답하시오. [5점]

숲에 도착한 후, 김 교사는 유아들에게 숲에서 볼 수 있는 여러 가지 자연물을 탐색할 기회를 제공하였다. 세영이가 "선생님, 여기 도토리 좀 보세요. ㉠ 도토리 머리는 까칠까칠한데 몸통은 매끈매끈해요."라고 말했다. 다민이는 "우와! 나뭇잎이 빨갛게 변했어요."라고 하였고, 진호는 "이야~ 다람쥐다. ㉡ 다람쥐가 나무 위로 쪼르르 올라가더니 다시 아래로 내려오고 있어요. 도토리를 찾고 있나 봐요."라고 하였다. 유아들은 자유롭게 숲속 여러 가지 자연물을 탐색하였다.

······(중략)······

유아들은 숲속 여기저기에서 발견한 다양한 자연물을 활용하여 동굴 꾸미기, 나뭇잎 방석 만들기, 열매 탈 꾸미기, 숲 그리기 등 흥미에 따라 여러 가지 미술 활동을 하였다. 숲 그리기에 참여한 다민이는 크레파스를 이용하여 ㉢ 나무를 그리면서 보이지 않는 나이테와 땅속 뿌리를 그렸고, 나무 주변에는 여러 가지 색깔의 물감을 활용하여 집, 하늘, 구름을 그려 마무리하였다.

······(중략)······

김 교사와 유아들은 숲속 쉼터에 함께 모여 앉아, 숲속 예술가가 되어 본 느낌을 이야기해 보고, ㉣ 여러 가지 자연물로 만든 구성물과 유아들이 그린 그림을 감상하면서 유아들의 다양한 표현을 존중하고 공유하는 시간을 가졌다.

1) 미술적 요소 중 위 사례에서 ㉠, ㉡에 해당하는 것이 무엇인지 각각 쓰시오. [1점]

2) ① 유아 미술에 대한 인지발달론적 관점이 무엇인지 설명하고, ② ㉢을 이 관점에 따라 해석하시오. [1점]
   ① _____
   ② _____

3) ㉣과 같은 감상 활동의 근거가 되는 2019 개정 유치원 교육과정 '예술경험' 영역의 내용을 쓰시오. [1점]

4) 김 교사는 ㉣ 활동에서 유아들과 함께 다민이의 그림을 감상할 때 펠드만(E. B. Feldman)의 감상 4단계에 기초하여 다음과 같이 발문하였다. ① ⓐ, ⓑ에 해당하는 용어를 쓰고, ② ⓒ, ⓓ에 적절한 교사의 발문을 각각 1가지씩 쓰시오. [2점]

단계	김 교사의 발문 예
ⓐ	다민이의 그림에서 무엇이 보이니? 모두 이야기해 볼까?
ⓑ	그림에서 다른 색깔에 비해 가장 많이 보이는 색깔(혹은 모양)은 무엇이니? 가장 밝은 곳과 어두운 곳은 어느 부분이니?
해석	ⓒ
평가	ⓓ

① _____
② _____

07
다음은 만 5세 유아들의 블록놀이를 관찰한 후에 가진 교사 협의회 장면이다. 물음에 답하시오. [5점]

김 교사: 유아들이 블록을 가지고 집과 다리 만들기 놀이를 하는 걸 보았는데 이런 일상적 놀이 경험을 수·과학적 지식으로 확장시켜 주면 좋겠어요.
박 교사: 저도 그렇게 생각해서 지난주에 유아들과 각 블록의 특성을 알아보고, 그 결과를 함께 표로 만들어 보았는데 한번 보실래요?

(가) 활동 결과표

블록 종류	블록 모양	블록 특성
레고 블록		(㉠). 색깔이 여러 가지다. 사람 모양도 있다. 끼우기 쉽게 올록볼록하다. 두드리면 통통 소리가 난다.
종이벽돌		두꺼운 종이로 만들었다. 네모 모양이다. (㉡). 세게 밟으면 찌그러진다.
유니트 블록		나무로 만들었다. 여러 가지 모양이 있다. 색깔은 한 가지다. 나무색이다. 밟아도 안 부서진다.

김 교사: [활동 결과표 (가)를 함께 보면서] 이렇게 정리해서 보니까 좋은데요. 보통 탐구 활동은 수학과 과학을 분리해서 생각하곤 했는데 활동 결과표를 보니까 블록 활동이 '수학적 탐구'도 되고 ㉢ '과학적 탐구'도 되는군요.
박 교사: 그렇죠. 이제 유아들의 블록놀이에 대한 확장 활동을 계획해 보면 어떨까요?
김 교사: 먼저 유아들이 만든 집이나 다리를 그림으로 그려 보게 하면 어떨까요?
박 교사: 좋은 생각이에요. 유아들이 만든 집이나 다리를 다양한 위치에서 보고 서로 비교해 보는 활동도 재미있어 할 것 같아요.
김 교사: 좋은 활동이네요. 그렇게 하면 유아들이 보는 위치와 방향에 따라 사물의 모양이 다르게 보인다는 것을 충분히 탐색할 수 있겠죠.
박 교사: 그리고 여러 가지 블록을 모양별로 분류해 본 후에 색깔별로 재분류해 보는 것도 좋겠어요.
……(후략)……

1) 김 교사가 (가)에 대해 ㉢과 같이 말한 것은 2019 개정 유치원 교육과정 '자연탐구' 영역의 내용 범주 '생활 속에서 탐구하기'의 내용에 근거한다. (가)에 기초하여 해당하는 '내용'을 1가지 쓰시오. [1점]

2) (가)의 활동 결과표에서 세 가지 블록의 특성 비교를 체계적으로 하기 위해 ㉠과 ㉡에 들어갈 특성을 각각 1가지씩 쓰시오. [1점]

3) 위에서 유아들의 수·과학적 지식 형성을 돕기 위해 교사들이 확장 활동으로 제안한 시각적 표상 활동 1가지를 찾아 쓰시오. [1점]

4) 다음은 2019 개정 유치원 교육과정 '자연탐구' 영역의 내용 범주와 내용 중 일부이다. ⓐ와 ⓑ에 해당하는 사례를 김 교사와 박 교사가 제안한 내용에서 각각 1가지씩 찾아 쓰시오. [2점]

내용 범주	내용
생활 속에서 탐구하기	물체의 특성과 변화를 여러 가지 방법으로 탐색한다.
	물체를 세어 수량을 알아본다.
	ⓐ
	일상에서 길이, 무게 등의 속성을 비교한다.
	주변에서 반복되는 규칙을 찾는다.
	ⓑ
	도구와 기계에 대해 관심을 가진다.

ⓐ _____

ⓑ _____

08 (가)는 2019 개정 유치원 교육과정 '자연탐구' 영역의 일부이고, (나)는 만 5세반 장 교사가 기록한 저널의 일부이며, (다)는 (나)에 따라 실행된 '도구를 활용한 바람 만들기' 실험 상황의 일부이다. 물음에 답하시오. [5점]

(가)

내용 범주	내용
탐구 과정 즐기기	㉠
	(생략)
	탐구 과정에서 서로 다른 생각에 관심을 가진다.

(나)

실외 놀이터에서 유아들이 오전 자유놀이 시간에 자신들이 만든 바람개비를 가지고 나와서 이리저리 뛰어다니고 있었다. 나는 유아들이 서로 부딪힐까 봐 걱정이 되어 조심하라고 주의를 주었다. 유아들은 바람개비를 돌리기 위해 뛰는데도 바람개비가 잘 돌아가지 않자 속이 상한 모습이었다. 연아는 "바람개비가 잘 안 돌아가요. 왜 안 돌아가지?"라고 했고, 민호는 "입으로 불면 돼." 하면서 바람개비를 '후~후~' 하고 불었다. 나는 바람개비를 잘 돌게 하는 다른 방법은 무엇이 있는지 물어보았다. 그러자 옆에 있던 유아들도 바람을 만들기 위해 손 부채질을 하거나 팔과 몸을 이리저리 움직이면서 바람개비를 돌리려고 하였다.

유아들이 바람 만들기에 계속 열중했으나 실외놀이를 마칠 시간이 되어 나는 서둘러서 활동을 마무리하였다. 나는 오늘과 같이 유아들이 보이는 호기심을 의미 있는 학습상황으로 연결해 주는 교사의 역할에 관심이 많지만 짜여진 하루 일과를 운영하다 보면 생각대로 잘되지 않는다.

……(후략)……

(다)

교사 : 바람을 만들려면 어떤 도구가 필요하니?
유아 : 부채요. 큰 부채요.
교사 : 그래. 부채도 필요하지. 그리고 선생님이 준비해 온 다른 도구도 한 번 같이 보자.
유아 : 와, 선풍기다!
교사 : 그래. 그럼 이 도구를 이용해서 바람을 만들어 볼까? (각 도구를 이용해 바람을 만들어 본 후) 부채로 부칠 때 바람이 어땠니?
유아 : 시원해요.
교사 : 부채를 부칠 때와 선풍기를 돌릴 때 바람이 어떻게 다르니?
유아 : 선풍기 바람이 더 시원해요.
교사 : 그렇구나. 그러면 부채와 선풍기를 사용하여 바람개비를 돌려 볼까? 어떤 도구로 바람을 만들 때 바람개비가 더 잘 돌아갈 것 같니?
유아 : 선풍기요. 근데 잘 갖다 대야 돼요.
……(실험 후)……
교사 : 실험해 보니 어땠니? 그래, ㉡ 선풍기, 부채, 입김 순서로 바람이 세니까 바람개비도 그 순서대로 잘 돌아가겠네.

1) ① ㉠을 쓰고, ② 장 교사가 ㉠을 적용한 교수 행동 사례를 (나)에서 찾아 1가지 쓰시오. [2점]

① _____
② _____

2) 탐구기술 '비교'와 '예측'을 활용한 교사 발문의 예를 (다)에서 찾아 각각 1가지씩 쓰시오. [1점]

3) 2019 개정 유치원 교육과정에 근거하여, (나)의 교사의 하루 일과 운영 중 부적절한 점을 1가지 찾아 적절하게 수정하시오. [1점]

4) 유아의 과학적 사고를 확장시켜 주기 위한 교사의 발문으로서 ㉡이 부적절한 이유를 쓰시오. [1점]

문제

(가)와 (나)는, A초등학교 병설유치원과 B초등학교 병설유치원에서 원감과 전체교사가 회의하는 각각의 장면이다. 1) (가)의 사례에 나타난 A초등학교 병설유치원 조직문화의 긍정적 측면 2가지를 논하시오. 2) (나)의 사례에 나타난 B초등학교 병설유치원 조직문화의 문제점 4가지를 밝히고, 3) 각 문제점에 대한 해결 방안을 구체적으로 논하시오. 4) B초등학교 병설유치원 교사들에게 필요한 인성적 자질을 3가지 논하고, 이를 지원할 수 있는 기관 차원의 지원 방안을 2가지 논하시오. [총 20점]

(가) A초등학교 병설유치원

유 원감 : 박 선생님, 오늘 얼굴이 아주 밝으신데 무슨 기분 좋은 일이라도 있어요?
박 교사 : 네, 우리 반 아이들이 너무 멋지게 협동 작업을 했거든요. 최 선생님이 주신 아이디어로 활동한 거였는데 아이들의 반응이 기대 이상이었어요.
최 교사 : 어제 저와 얘기 나눈 인성교육 활동을 적용하셨군요. 아이들이 어떻게 했는지 한번 보고 싶네요.
박 교사 : 제가 홈페이지에 수업 동영상을 올려놓았으니까 회의 끝나고 같이 한번 봐요.
유 원감 : 올해 우리 유치원에서 제일 강조하는 목표가 유아들의 인성교육이잖아요. 앞으로도 모든 활동에서 그 점을 최우선으로 고려해 주세요.
강 교사 : 네, 저도 요즘 인성교육 활동을 계획해서 실천하고 있어요. 박 선생님 반에서는 어떻게 하셨는지 궁금하네요.
최 교사 : 그럼 강 선생님, 저와 같이 박 선생님 반 수업 동영상 보고 이야기해 봐요.

(나) B초등학교 병설유치원

정 원감 : 오늘 회의에서는 행사 준비 상황을 점검해 보죠. 먼저, 부모 면담 일정은 확정되었나요?
서 교사 : 우리 반은 이제 다 확정되었어요.
황 교사 : 저는 면담 일정 안내문을 내보냈는데, 아직 몇 분이 답을 안 주셨어요.
정 원감 : 김 선생님 반은요?
김 교사 : 저도 안내문은 보냈어요. 그런데 제가 부모 면담이 처음이라 그러는데요, 면담 자료는 어떻게 준비해야 하나요?
정 원감 : 김 선생님! 부모교육 책 찾아서 준비해 보세요. 자, 부모 면담 끝나면 가족의 날 행사가 이어서 있는데, 서 선생님, 행사 담당은 선생님이시죠?
서 교사 : 행사 담당은 제가 맞지만 가족의 날 행사는 반별로 준비해야 되는 거 아니에요?
황 교사 : 반별로 준비하더라도 전체가 함께 하는 프로그램도 있는데, 그건 누가 담당하는 거죠?
정 원감 : 행사가 얼마 안 남았는데, 지금 그런 질문을 서로 하고 있으면 어떻게 해요!
……(중략)……
황 교사 : 이번 어린이날 행사는 작년과는 좀 다르게 하면 어떨까요?
서 교사 : 작년에 했던 것도 괜찮은데 그냥 그대로 해요.
황 교사 : 작년에 다녔던 아이들도 많은데 너무 똑같으면 재미없지 않을까요?
정 원감 : 별문제 없는데 뭘 굳이 바꿔요.
황 교사 : 그럼 어린이날 행사는 그대로 하고요, 이번 봄 소풍 장소에 대해 의논해 보면 좋겠어요.
정 원감 : 의논할 필요는 없고, 올해는 행복동산으로 가죠. 서 선생님은 바로 차량 섭외하세요.

답안 작성 시 유의사항

- 주어진 답안지 면수(2매 이내)에 맞게 서술하시오.
- 글의 체계를 논리적으로 짜임새 있게 구성하시오.
- 글의 명료성, 타당성, 일관성을 고려하여 서술하시오.

배점

- **논술의 내용 [총 15점]**
  - (가)의 사례에 나타난 A초등학교 병설유치원 조직문화의 긍정적 측면 2가지 [2점]
  - (나)의 사례에 나타난 B초등학교 병설유치원 조직문화의 문제점 4가지 [4점]
  - 문제점에 대한 해결 방안 4가지 [4점]
  - B초등학교 병설유치원 교사들에게 필요한 인성적 자질 3가지와 기관 차원에서의 지원 방안 2가지 [5점]
- **논술의 체계 [총 5점]**
  - 글의 논리적 체계성 [3점]
  - 맞춤법 및 어휘·문장의 적절성 [2점]

초안지

01 (가)~(다)는 유아 및 아동에 관련된 법이다. 물음에 답하시오. [5점]

(가) 「유아교육법」

> **제2조(정의)** 이 법에서 사용하는 용어의 뜻은 다음 각 호와 같다. 〈개정 2012. 3. 21.〉
> ……(중략)……
> 6. "(㉠)"(이)란 제13조제1항에 따른 교육과정 이후에 이루어지는 그 밖의 교육활동과 (㉡)활동을 말한다.
> ……(중략)……
> **제13조(교육과정 등)** ① 유치원은 교육과정을 운영하여야 하며, 교육과정 운영 이후에는 (㉠)을/를 운영할 수 있다. 〈개정 2012. 3. 21.〉

(나) 「장애인 등에 대한 특수교육법」

> **제2조(정의)** 이 법에서 사용하는 용어의 정의는 다음과 같다. 〈개정 2021. 12. 28.〉
> ……(중략)……
> 6. "(㉢)"(이)란 특수교육대상자가 일반학교에서 장애유형·장애 정도에 따라 차별을 받지 아니하고 또래와 함께 개개인의 교육적 요구에 적합한 교육을 받는 것을 말한다.
> 7. "(㉣)"(이)란 각급 학교의 장이 특수교육대상자 개인의 능력을 계발하기 위하여 장애유형 및 장애특성에 적합한 교육 목표·교육 방법·교육 내용·특수교육 관련 서비스 등이 포함된 계획을 수립하여 실시하는 교육을 말한다.

(다) 「(㉤)법」

> **제31조(아동의 안전에 대한 교육)**
> ① (㉤)시설의 장, 「영유아보육법」에 따른 어린이집의 원장, 「유아교육법」에 따른 유치원의 원장 및 「초·중등교육법」에 따른 학교의 장은 교육대상 아동의 연령을 고려하여 대통령령으로 정하는 바에 따라 매년 다음 각 호의 사항에 관한 교육계획을 수립하여 교육을 실시하여야 한다. 〈개정 2021. 12. 21.〉
> ㉥ 1. 성폭력 예방
> 1의2. 아동학대 예방
> ……(하략)……

1) ㉠과 ㉡에 들어갈 말 1가지를 각각 쓰시오. [1점]

㉠ _____

㉡ _____

2) ㉢과 ㉣에 들어갈 말 1가지를 각각 쓰시오. [1점]

㉢ _____

㉣ _____

3) ① ㉤에 들어갈 말 1가지를 쓰고 ㉥과 관련하여 아래의 ⓐ에 들어갈 숫자를 쓰시오. 그리고 ② ⓑ의 교육 내용 중 **부적절**한 것을 1가지 찾아 쓰시오. [2점]

「(㉤)법 시행령」 제28조제1항 관련 [별표 6] 〈개정 2022. 6. 21.〉			
구분	실시 주기	총 시간	ⓑ 교육 내용
성폭력 예방 교육	6개월에 1회 이상	연간 (ⓐ) 시간 이상	○내 몸의 소중함 ○내 몸의 정확한 명칭 ○좋은 느낌과 싫은 느낌 ○성폭행범에 대한 개념 ○성폭력 예방법과 대처법 ○성폭력의 개념 및 성폭력의 주체에 대한 교육

① _____

② _____

4) 다음은 ㉥과 관련된 2019 개정 유치원 교육과정 '신체운동·건강' 영역의 일부이다. 아래의 ⓐ에 해당하는 내용을 쓰시오. [1점]

내용 범주	내용
안전하게 생활하기	교통안전 규칙을 지킨다. ⓐ

아테나 유치원 임용시험 연도별 기출문제

02 다음은 김 교사가 '2019 개정 유치원 교육과정'과 해설서를 읽고 활동을 계획하는 상황의 일부이다. 물음에 답하시오. [5점]

평소 놀이 중심 교육과정을 잘 운영하고 싶은 김 교사는 '2019 개정 유치원 교육과정'을 살펴보았다. 총론의 '누리과정의 운영' 중 '교수·학습'에는 "유아가 흥미와 관심에 따라 놀이에 자유롭게 참여하고 즐기도록 한다.", "유아가 놀이를 통해 배우도록 한다."라고 제시되어 있었다. 또한 이 지침에 대해 해설서에서는 다음과 같이 기술되어 있었다.

개정 누리과정에서는 유아가 자신의 흥미와 관심에 따라 자유롭게 참여하고 (㉠)하는 놀이를 강조한다. 유아가 (㉠)하는 놀이는 유아가 자신만의 방식으로 자유롭게 이끌어 가는 놀이를 의미한다. 교사는 놀이에 대한 이해를 바탕으로 유아가 (㉠)하는 놀이를 지원할 수 있어야 한다.
 유아는 놀이하며 자신의 유능함을 드러내고 즐겁게 배우며 성장한다. 일상에서 자연스럽게 자연, (㉡), 사람 등을 만나며 세상과 교감하는 방식은 놀이를 통해 깊어진다. 유아에게 놀이는 앎이자 삶의 방식이다. 유아는 놀이를 통해 자신이 경험한 세상을 재구성하며 세상에 대한 이해를 넓혀 나간다.

······(중략)······

교사는 유아가 (㉠)하는 놀이에 내재된 의미와 가치를 파악하고 그것을 이해하는 과정에서 유아에게 무엇을 지원해 줄 수 있을지를 발견할 수 있다. 교사는 놀이 상황과 맥락에 따라 새롭게 생성되는 유아의 놀이를 존중하고 이해하면서 유아가 필요로 하는 놀이자료, 놀이(㉢), 놀이 규칙과 안전 등을 고려하여 필요한 지원을 할 수 있다.

이를 읽고 김 교사는 유아·놀이 중심 교육과정을 운영하기 위해 다음과 같이 계획했다.

[A]
㉣ 실내의 제한된 흥미 영역에서 교사가 미리 준비한 놀이를 선택하게 한다.
㉤ 유아의 놀이에서 나타나는 통합적 경험을 59개의 내용과 연결해 보면서 유아의 놀이를 통한 배움을 이해한다.
㉥ 교사가 유아의 놀이를 지원하기 위해 다양한 활동을 계획했더라도 유아의 관심과 흥미에 맞지 않는다면 수정한다.
㉦ 미리 정해진 생활 주제에 따라 활동을 진행하기보다는 유아의 흥미나 관심 등을 먼저 고려한다.
㉧ 유아가 놀이하며 경험한 내용을 관찰하고, 놀이에서 나타나는 배움에 주목하여 이를 기록한다.

1) ㉠, ㉡, ㉢에 들어갈 용어를 각각 쓰시오. [3점]

㉠ _____
㉡ _____
㉢ _____

2) 2019 개정 유치원 교육과정에 근거하여 [A]에서 **부적절한** 교사의 계획을 1가지 찾아 기호를 쓰고, 올바르게 고치시오. [1점]

3) 다음 ( )에 ㉧의 근거가 되는 알맞은 말을 쓰시오. [1점]

이러한 기록은 유아의 놀이 지원을 위한 교사의 ( )의 근거가 된다.

03

다음은 유아교육 사상가에 대한 내용이다. 물음에 답하시오. [5점]

> 몬테소리(M. Montessori)는 "어른들의 의무는 어린이를 지혜롭게 대하고, 어린이가 생활에 필요한 지식을 받아들이도록 도와주는 협조자여야 한다."라고 하였다. 몬테소리는 '정상화(normalization)'를 교육 목적으로 하고, ㉠ 자동 교육(auto education)을 주장하였다. 또한 환경을 받아들이며, 스스로 경험하여 배우게 되는 특성을 설명하는 개념인 (㉡)을/를 제시하였다.
>
> 니일(A. S. Neil)은 "내가 기대하는 것은 학생들이 삶의 이유를 찾든 못 찾든 간에 그 결정의 (㉢)을/를 학생들에게 줄 수 있는 교육방법을 마련하자는 것이다. 이는 가능한 일이다. 그것은 (㉢)을/를 통해서만, 그리고 (㉢)을/를 사랑하는 교사에 의해서만 가능하다."라고 하였다. 또한 니일은 학생들이 행복한 삶을 영위하는 것을 교육의 목적으로 보았으며, 그가 설립한 (㉣) 학교 운영에서도 교사나 성인이 간섭하지 않고 (㉤)을/를 통해 자신의 의사결정 능력을 익히도록 하였다.
>
> (㉥)은/는 "교육의 근원은 자연과 인간과 사물이다. 우리의 능력과 기관의 내적 발달은 자연의 교육이고, 이 발달을 어떻게 이용할 것인지를 가르쳐 주는 것은 인간의 교육이다. 그리고 우리에게 영향을 미치는 대상들에 대한 우리 자신의 경험으로부터 얻는 것은 사물의 교육이다."라고 하였다. 또한 성선설에 근거하여 자연적인 성향과 조화를 이루며 자연의 원리를 따르는 교육을 주창하였다.

1) ① ㉠의 개념을 쓰고, ② ㉡에 들어갈 용어 1가지를 쓰시오. [2점]

① _____
② _____

2) ① ㉢에 들어갈 말과 ㉣의 학교 이름을 쓰시오. 그리고 ② ㉤에 들어갈 말을 쓰시오. [2점]

① _____
② _____

3) ㉥에 들어갈 사상가가 주장한 '소극적 교육'의 의미를 설명하시오. [1점]

04

(가)는 번(E. Berne)의 교류분석 이론에 대한 설명이고, (나)는 유치원에서 실시하는 교육과 관련된 설명이며, (다)는 행동수정 기법에 대한 설명이다. 물음에 답하시오. [5점]

(가)

> 번(E. Berne)의 교류분석에 의하면 교류(transaction)는 자극에의 욕구, 구조화에의 욕구, 태도에의 욕구를 충족시키기 위해 이루어진다. 사람들 간의 상호대화는 교류로 이루어지며, 교류는 3가지 자아상태(ego state)가 어떻게 관여하는지에 따라 3가지 교류유형으로 분류된다.

(나)

> 브라운리(C. Brownlee), 하워드(C. Howard) 등은 1900년대 초반부터 우리나라의 유치원과 교회에 자모회를 조직하여 어머니들을 계몽하였다. 특히 하워드는 아버지 교육에도 관심을 가지고 어머니와 아버지가 함께 월례회에 참석하도록 지도하였다. 이러한 역사적 배경을 바탕으로 오늘날 유치원에서는 다음과 같은 다양한 방법을 활용하여 부모교육을 실시하고 있다.
>
> 이 ㉠ 부모교육 방법은 문서를 통해 유치원과 가정 간에 정보를 교환하고 다양한 소통을 하는 것이다. 유치원의 주요 교육 내용이나 생활지도 사항 및 행사 등과 관련된 내용을 학부모에게 전달할 수 있다. 학부모회는 학부모들을 대상으로 하는 집단 모임이다. 학부모회는 강연회, (㉡), 토론회, 역할극, 좌담회, 독서회 등의 종류가 있다.

(다)

> 행동수정기법 중 한 가지인 (㉢)은/는 처음 유치원에 와서 부모와 헤어지는 것을 불안해하는 자녀를 둔 부모에게 도움을 줄 수 있는 방법이다. (㉢)을/를 적용한 예를 들면 다음과 같다. 먼저 엄마는 헤어지기 싫어하는 자녀와 함께 하루 종일 놀이실에서 놀이한 후 귀가한다. 다음으로 엄마는 자녀와 함께 오전 자유선택활동 시간 동안만 놀이하고 귀가한다. 그다음에 엄마는 자녀와 유치원 현관에서 잠시 이야기를 나눈 후 헤어져 귀가한다. 마지막으로 엄마는 자녀와 유치원 앞에서 헤어지고 바로 귀가한다.

1) (가)에 근거하여, ① 다음 대화에서 민호와 엄마의 자아상태 1가지를 각각 쓰고, ② 대화에서 드러난 교류유형 1가지와 ③ 그 이유를 대화의 내용에 근거하여 설명하시오. [3점]

> 민호 : 엄마, 친구들과 뛰어놀았더니 배고파요.
> 엄마 : 배가 몹시 고픈가 보구나. 엄마가 금방 샌드위치 만들어 줄게.

① _____
② _____
③ _____

2) ㉠이 무엇인지 쓰고, 다음에 설명하는 ㉡을 1가지 쓰시오. [1점]

> 부모들이 창의적 놀이 활동, 교구 만들기, 취미 생활 등 주어진 어떤 일에 실제로 참여하여 배우고 실습해 보는 집중적인 교육 프로그램이다. 이는 부모 참여의 정도가 높기 때문에 계획 단계부터 부모들의 요구를 수렴하여 주제를 선정하고 함께 계획을 세우는 것이 좋다.

㉠ _____
㉡ _____

3) ① ㉢에 들어갈 용어 1가지를 쓰고, ② ㉢의 방법을 사용하여 다음 부모의 질문에 답하시오. [1점]

> 부모 : 선생님, 저희 아이는 개를 너무 무서워해요. 산책하다가도 개만 나타나면 무섭다면서 소리를 질러요. 개에게 물린 적도 없는데 고칠 수 있는 방법은 없을까요?

① _____
② _____

05 (가)~(다)는 민 교사가 작성한 저널의 일부이다. 물음에 답하시오. [5점]

(가)

평소 양보를 잘 하지 않는 준우가 "선생님, 제가 정훈이에게 자동차를 먼저 가지고 놀라고 양보했어요."라고 하였다. 나는 은주의 감사카드에 글을 적어 주느라 칭찬을 못 해 주고 "아, 정훈이가 무척 좋아했겠구나."라고만 하였다. 준우는 어제 주희가 친구에게 양보해서 칭찬받는 것을 보고, 그 일을 기억해서 자신도 칭찬받기를 기대한 것 같다. 준우가 친구들과 잘 놀 수 있도록 칭찬해 줄 수 있는 기회를 놓친 것 같아 아쉽다. (2022년 6월 5일)

(나)

이번 주 자유선택활동 시간 동안 쌓기놀이 영역에서 우리 반 유아들의 사회적 상호작용을 30초 관찰, 30초 기록으로 5회씩 실시하였다. 관찰 결과 주희의 경우, 장난감 나눠 갖기가 가장 많이 나타났다. (2022년 6월 7일)

유아명	행동목록\횟수	1회(30초)	2회(30초)	3회(30초)	4회(30초)	5회(30초)
이주희	장난감 나눠 갖기	✓		✓		✓
	차례 지키기					✓
	함께 놀이하기				✓	

(다)

인간의 지능은 상호 독립적인 여러 지능으로 구성된다고 주장하는 가드너(H. Gardner)의 (㉠) 이론은 유아의 강점과 특성을 파악하는 데 도움이 되는 것 같다. 유아들을 관찰해 보면, 각 아이들마다 가지고 있는 강점이 매우 다양한 것 같다. (2022년 6월 11일)

1) 반두라(A. Bandura)의 사회학습이론에 근거하여, (가)에서 ① 준우의 양보 행동을 일어나게 한 강화 1가지를 쓰고, ② 관찰학습이 일어나는 4가지 인지적 과정을 (가)의 사례를 근거로 각각 설명하시오. [2점]

① _____
② _____

2) (나)에서 ① 민 교사가 사용한 관찰법의 종류 1가지를 쓰고, ② 평정척도법과 비교하여 이 관찰법의 단점을 1가지 쓰시오. [1점]

① _____
② _____

3) ① ㉠에 들어갈 용어 1가지를 쓰고, ② ㉠ 이론 중 다음 '대인관계 지능'의 특징인 ⓐ와 ⓑ에 들어갈 말을 각각 쓰시오. [2점]

대인관계 지능	
타인의 기분과 동기	ⓐ
다른 사람과의 관계	다른 사람들과 좋은 관계를 유지하는 능력
문제해결 과정	ⓑ

① _____
② _____

06 (가)는 김 교사의 일일 교육 계획안, (나)는 데일(E. Dale)의 '경험의 원추', (다)는 김 교사의 저널 일부이다. 물음에 답하시오. [5점]

(가)

활동 시간	활동 목표	활동 내용	자료 및 유의점
09:00 ~ 10:00 자유선택 활동	(생략)	㉠〈동물병원 놀이〉 ○ 동물병원 놀이를 위해 필요한 역할을 정하고 친구들과 동물병원 놀이를 한다.	㉡ 인형과 병원 소품
	(생략)	〈달팽이에게 먹이 주기〉 ○ 유치원에서 기르고 있는 달팽이에게 직접 먹이를 주고 관찰해 본다. ……(중략)……	㉢ 유치원에서 기르는 달팽이
10:30 ~ 11:50 현장 체험	(생략)	㉢〈동물병원 수의사 선생님과 함께해요〉 ○ 우리 동네에 있는 동물병원을 견학하여 동물병원은 어떤 곳이고, 수의사는 어떤 일을 하는지 직접 들어 본다.	

(나)

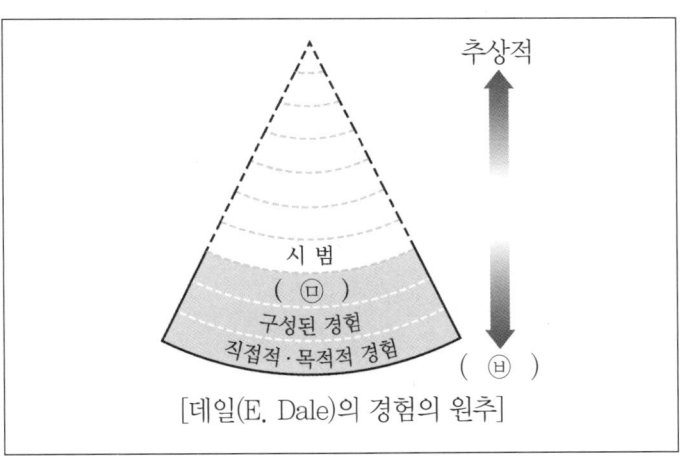

[데일(E. Dale)의 경험의 원추]

(다)

3, 4, 5세 혼합연령 학급 담임으로서 나는 유아들의 발달 특성을 고려하여 교육 활동을 연령별로 구성하는 것이 중요하다고 생각한다. 그래서 3, 4세 유아는 오후 시간에 최 선생님과 바깥놀이 활동으로 토끼를 관찰하였고, 나는 ⓐ 5세 유아들과 동물원 현장체험 중 여러 방향에서 찍어 온 동물 사진을 보고 그 차이를 알아보는 활동을 하였다.

1) ① ㉠은 ㉤을 적용한 활동이다. ㉤에 들어갈 경험 1가지를 쓰고, ② (가)의 ㉡과 ㉣은 (나)의 무엇에 해당하는지 1가지 쓰시오. [2점]

  ① _____

  ② _____

2) ㉥에 들어갈 말 1가지를 쓰시오. [1점]

3) ① 김 교사가 ㉢을 계획할 수 있었던 근거가 되는 2019 개정 유치원 교육과정의 '편성·운영'의 지침을 1가지 쓰고, 이에 근거하여 ② ㉢과 같은 활동의 장점을 쓰시오. [1점]

  ① _____

  ② _____

4) ⓐ의 활동과 관련 있는 유아기 공간 능력 1가지를 쓰시오. [1점]

07

다음은 5세반 김 교사가 동작 활동의 도입으로 유아들에게 들려준 동화이다. 물음에 답하시오. [5점]

아기 곰돌이와 곰순이는 잠을 자려고 준비하고 있었어요. 곰순이는 금방 잠이 들었지만 곰돌이는 잠이 오지 않았어요. 그래서 곰돌이는 일어나 이런저런 행동을 했어요. 한 발로 침대에서 문까지 콩콩 ㉠ 빨리 뛰기도 하고 느리게 뛰기도 하였어요. ㉡ 침대 사다리를 잡고 1층 침대에서 2층 침대로 갔어요. 그래도 잠이 오지 않아 침대에서 다시 내려왔어요. 곰돌이는 온갖 생각을 하다가 ㉢ 서서 몸을 꽈배기처럼 꼬아 보기도 하고 ㉣ 앉아서 다리를 쭉 펴기도 하였어요. 곰돌이가 내는 소리에 곰순이도 잠에서 깼어요. 곰돌이와 곰순이는 ㉤ 바닥에 그려진 구불구불한 선을 따라 걷기도 하였어요. 낮에 본 ㉥ 조랑말처럼 뛰어다니기도 하였어요. 피곤해진 아기곰들은 어느새 잠이 들었어요.

1) ㉡, ㉥에 해당하는 동작의 명칭 1가지를 각각 쓰시오. [1점]

㉡ _____

㉥ _____

2) ㉡~㉤ 중 ① 비이동 동작에 해당하는 기호를 모두 쓰고, ② 기초체력의 요소 중 평형성에 초점을 맞춘 동작의 기호 1가지를 쓰시오. [2점]

① _____

② _____

3) ㉠에 나타나는 동작의 구성요소 1가지와, ㉤에 나타나는 공간의 하위 요소 1가지를 순서대로 쓰시오. [1점]

4) 다음은 위 활동의 근거가 되는 '2015 개정 누리과정'과 '2019 개정 유치원 교육과정' 신체운동·건강 영역의 일부이다. ① ⓐ에 해당하는 '내용 범주'를 쓰고, 이 내용 범주 중 ② 집게로 물고기를 집어 올리는 놀이와 관련 있는 '내용'을 쓰시오. [1점]

교육과정	2015 개정 누리과정	2019 개정 유치원 교육과정
내용 범주	신체 인식하기	ⓐ
	신체조절과 기본 운동하기	
	신체활동에 참여하기	

① _____

② _____

08

(가)는 5세반 박 교사가 작성한 활동 계획안의 일부이고, (나)는 유아 동작 교육 교수 방법의 유형에 대한 설명이다. 물음에 답하시오. [5점]

(가)

활동명	그림자 밟기 놀이
목표	(생략)
활동 방법	○ 맑은 날 유아들과 함께 실외에서 그림자를 관찰한다. ○ 그림자 밟기 게임을 한다. 　- 가위바위보를 해서 진 유아를 술래로 정한다. 　- ㉠ 이긴 유아들은 잡히지 않으려고 이리저리 몸의 방향을 바꾸며 신속하게 도망간다. 　- 술래는 재빨리 쫓아가 친구의 그림자를 밟는다. 　- 그림자를 밟힌 유아는 술래가 된다. ○ 게임이 끝나면 교실로 들어간다. 　- 교사는 두 팔을 유아의 어깨 높이로 든다. 　- 유아는 차례대로 ㉡ 손을 양 허리에 둔 채 상체를 뒤로 젖히며 교사의 팔 아래로 빠져나간다.
확장 활동	○ ㉢ 바깥놀이에서 경험한 다양한 그림자 모양을 친구들과 함께 몸으로 표현해 본다.

(나)

　유아 동작 교육의 교수 방법 중 간접적 교수 방법은 교사 중심의 직접적 교수 방법과는 상반되는 것으로 수렴적 문제해결을 하도록 돕는 (㉣) 방법과 발산적 문제해결을 하도록 돕는 (㉤) 방법으로 나누어 볼 수 있다.

　(㉣) 방법은 교사가 유아 스스로 동작을 만들어 내고 그 동작을 직접 시도해 보면서 설정된 목표를 달성할 수 있도록 이끌어 주는 유형이다. 교사는 친구를 관찰할 수 있는 기회를 제공하거나 유아의 사고를 자극하고 격려하는 질문을 할 수 있다.

　(㉤) 방법은 교사의 시범 없이 유아 각자가 나타내고 싶은 대로 다양한 반응을 하게 이끌어 주는 유형이다. 교사는 유아 스스로의 실험과 문제해결을 강조하고 창의적 방법으로 자신을 표현해 볼 수 있게 한다.

1) ㉠과 ㉡을 통해 얻을 수 있는 기초체력의 요소 중 가장 적합한 요소 1가지와 그 개념을 각각 쓰시오. [2점]

㉠ _____

㉡ _____

2) 박 교사는 아래 제시된 2019 개정 유치원 교육과정을 근거로 ㉢을 계획하였다. ⓐ에 해당하는 '내용'을 쓰시오. [1점]

내용 범주	내용
(생략)	신체를 인식하고 움직인다.
	(생략)
	(생략)
	ⓐ

3) (나)는 ㉢을 할 때 사용할 수 있는 유아 동작 교육 교수 방법의 유형에 대한 설명이다. ㉣, ㉤에 들어갈 말을 각각 1가지씩 쓰시오. [2점]

㉣ _____

㉤ _____

01

(가), (나)는 읽기 및 쓰기 발달의 관점과 관련 사례이며, (다)는 언어발달이론의 관련 사례이다. 물음에 답하시오. [5점]

(가)

> 게젤(A. Gesel)의 이론에 근거한 언어 발달 관점은 성숙을 전제 조건으로 본다. (㉠)은/는 유아의 문자 지도에 대한 성숙주의 관점이 잘 반영된 것으로, 문식적 발달에 대한 전통적 관점과 같다.
> 반면, 클레이(M. Clay)는 읽기와 쓰기 발달의 개념으로 (㉡)을/를 제시하였다. 이는 유아가 책을 들고 읽는 척을 하거나 글자를 끼적거리는 등과 같은 수준의 지식과 기술을 의미한다. (㉡)은/는 성인의 관점에서 보면 바른 읽기와 쓰기는 아니지만, 일상생활 속에서 사회적 상호작용을 통하여 정확한 읽기와 쓰기로 나아가는 기초가 된다.

(나)

> 3, 4세 혼합연령반 자유선택활동 시간이다. 교사가 성주(4세)와 유미(3세)에게 『사과』 그림책을 읽어 준다. 『사과』 그림책은 엄마와 시장에 간 영희가 자신이 좋아하는 감 대신 동생이 좋아하는 사과를 골라 집으로 돌아간다는 내용이다. 잠시 후, 성주와 유미가 『사과』 그림책을 함께 읽는다. 성주는 그림을 보며 내용에 맞게 이야기를 하는 반면, 유미는 사과 그림을 보며 사과에 대한 이야기를 자기 마음대로 상상해서 말한다.

(다)

> 1970년 미국에서 발견된 '지니'는 20개월부터 13세가 넘을 때까지 작은 구석방에 격리된 채 살아왔다. 아무도 지니에게 말을 걸지 않았고, 소리를 내면 매를 맞았다. 구조 당시 지니는 똑바로 서지 못하고 말도 하지 못했다. ㉢ 그 후 지니는 오랜 기간에 걸쳐 집중적인 언어 훈련을 받았지만, 결국 약 3세 수준의 언어 능력을 넘어서지 못하였다. 연구자들은 지니가 정신지체일 가능성에는 동의하지 않았다.

1) ㉠과 ㉡에 들어갈 용어와 개념을 각각 쓰시오. [2점]

㉠ _____

㉡ _____

2) 다음은 (나)와 관련되어 2019 개정 유치원 교육과정에 제시되어 있는 '의사소통' 영역의 일부이다. ① ⓐ의 내용과, (나)에서 ⓐ와 관련된 유아의 행동을 1가지 찾아 쓰고, ② ⓑ에 들어갈 내용 범주를 쓰시오. [2점]

내용 범주	내용
읽기와 쓰기에 관심 가지기	ⓐ
ⓑ	책에 관심을 가지고 상상하기를 즐긴다.

① _____

② _____

3) 생득주의 관점에서 ㉢을 설명할 수 있는 언어습득 시기에 관한 용어 1가지를 쓰고, 사례를 근거로 특징을 쓰시오. [1점]

02
다음은 5세반에서 '공룡'을 주제로 실시한 자유선택활동의 한 장면이다. 물음에 답하시오. [5점]

(가)
언어 영역에 공룡백과사전, 공룡사전, 공룡에 관한 그림책, 유아가 만든 공룡책 등이 비치되어 있다. 이외에도 여러 가지 필기도구와 종이, 카드 등이 제시되어 있다.

김 교사 : (승우가 쓰고 있는 글자를 가리키며) 어머, 정말 잘 썼네! 무슨 공룡을 쓰는 거야?
승 우 : 몰라요. 그냥 공룡카드 보고 베껴 쓰는 거예요.
김 교사 : ㉠ (승우가 'ㅡ'를 쓴 다음 'ㅅ'을 쓰는 것을 보고) 글자 쓰는 순서가 틀렸네. (승우가 쓴 'ㅅ'자를 손가락으로 따라 쓰며) '시옷' 먼저 쓰고 그 다음에 'ㅡ'를 써야지.
……(중략)……
김 교사 : ㉡ (승우가 쓴 글자를 한 자 한 자 짚어 가며 소리 내어 읽어 준다.) 세. 이. 스. 모. 사. 우. 루. 스. 그런데 승우야, 네 이름에도 '우'가 있지 않니?
승 우 : 으음……. '우', '우', 내 이름 '우'자하고 여기 '우'자하고 똑같아요.
김 교사 : ('우'를 강조하여 읽어 주며) 그래. 세. 이. 스. 모. 사. 우-. 루. 스. 야.
승 우 : (고개를 갸우뚱하며) 싸우르쓴데……. 공룡은 다 싸우르쓰예요.
……(중략)……
준 수 : 선생님, 이거 보세요. 내가 ㉢ 공룡백과사전 보고 찾아서 쓰고 그린 거예요. 이거는 스테고, 이거는 아파토. 다 초식공룡이에요.
김 교사 : 준수는 정말 공룡박사네!
준 수 : 여기 공룡카드도 있어요. 다음 견학 갈 때 전시관 아저씨한테 줄 거예요.
김 교사 : 안내해 주신 아저씨께 드릴 거야? 뭐라고 쓴 건데?
준 수 : ㉣ (공룡 그림이 그려진 감사카드의 끼적인 부분을 읽는 척하며) 아저씨께, 공룡에 대해, 알게 해 주셔서, 감사합니다.
현 우 : (준수가 그린 공룡 그림을 보고) 헐, 공룡 그림 짱이다!
김 교사 : ㉤ ('헐', '짱'이라는 말을 고쳐 주고자) '현우는 준수가 공룡을 정말 잘 그렸다.'라고 말하고 싶구나.
현 우 : 네, 정말 똑같이 그렸어요.

1) ㉠과 ㉣은 상반된 언어 교육 접근법의 특징을 보여 준다. ㉠, ㉣과 관련 있는 언어 교육 접근법의 명칭을 각각 쓰고, 각각의 사례를 근거로 개념을 설명하시오. [1점]

㉠ _____

㉣ _____

2) '말소리가 같으면 글자의 모양도 같다.'라고 승우가 생각하고 있음을 보여 주는 문장 1가지를 (가)에서 찾아 쓰시오. [1점]

3) ① ㉡에서 김 교사가 강조하는 우리말 소리의 기본 단위 1가지를 쓰고, ② 유아가 쓴 글자에서 나타나는 우리말 소리의 기본 단위의 숫자를 쓰시오. [1점]

① _____

② _____

4) ㉢과 같은 백과사전은 그림책의 종류 중 ⓐ에 속한다. ⓐ에 들어갈 용어 1가지를 쓰시오. [1점]

(ⓐ)은/는 세상에 대한 유아의 궁금증을 해결해 주며 특별한 지식을 얻기 위해 사용되는 그림책의 종류이다. 따라서 예술적·미학적 측면보다는 내용의 정확성을 우선적으로 고려하여 선정해야 한다.

5) ㉤의 근거가 되는, 2019 개정 유치원 교육과정 '의사소통' 영역의 내용 범주와 내용을 각각 1가지씩 쓰시오. [1점]

2013학년도 추시 유치원 교육과정 B

03 (가)는 5세반 최 교사의 저널 일부이고, (나)는 자유선택활동 시간에 관찰한 내용의 일부이다. 물음에 답하시오. [5점]

(가)

> 교사 연수에서 교육 계획안을 구성하는 방법을 배울 때마다 많은 도움이 되는 것 같다. 연수 내용을 적용해서 이번 주에는 '우리 동네 사람들'을 주제로 하여 체계적으로 내용을 전개해 봐야겠다. 3세 유아에게는 '우리 동네 사람들에 대해 관심 갖기' 내용을 전개하였고, 4세 유아에게는 '동네 사람들이 하는 일에 관심 갖기' 내용을 전개하였다. 이를 심화·확대해서 5세 유아에게는 '다양한 직업에 대해 관심 갖기' 내용을 전개할 필요가 있을 것 같다. 내일은 역할놀이 영역에서 유아들이 해 보고 싶어 하는 직업을 경험해 볼 수 있도록 준비해야겠다.

(나)

> 6명의 유아들이 역할놀이를 하고 있다. 선재는 옷가게 주인 역할을 하고 동수, 주호, 은아, 세희, 승민이는 손님 역할을 한다.
> 주호: (옷걸이에 걸린 옷 2벌을 일부러 떨어뜨리며) 재밌네.
> 동수: (바닥에 떨어진 옷을 걸어 주려고 도와주다가 실수로 옷 4벌이 떨어지자) 어떡하지…….
> 선재: (화를 내며) 내가 걸어 놓은 옷들이 모두 떨어졌잖아.
> 동수: (다시 옷을 걸며) 도와주려다가 그런 거야.
> 선재: ㉠ 너 때문에 엉망 됐어. 주호는 2벌만 떨어뜨렸는데 너는 4벌이나 떨어뜨렸으니까 네가 더 나빠!
> ……(중략)……
> 희영: 얘들아, 나도 끼워 줘. 나도 손님 역할 하고 싶어.
> 은아: ㉡ 안 돼! 선생님이 역할놀이 영역은 6명만 들어올 수 있다고 했어! 너까지 들어오면 7명이라 절대 안 돼.
> ……(중략)……
> 선재: 내가 옷가게 주인 할게. 돈 내고 옷 사가는 거다. (긴 바지와 짧은 바지를 들고 웃으며) 긴 것은 2,000원, 짧은 것은 1,000원! 알았지?
> 승민: 아저씨, 바지 주세요.
> 선재: (바지를 주며) 여기 있어요.
> 승민: (바지를 받고 그냥 간다.)
> 선재: 야, 그냥 가면 어떻게 해. 바지 값을 내야지.
> 승민: 나 돈 없는데?
> 은아: 돈 없으면 바지 못 사. 아까 그렇게 하기로 했잖아.
> 승민: 돈 없어요. 그냥 가져갈게요.

1) (가)에 나타나는 교육과정 내용 조직의 원리를 브루너(J. Bruner)가 제시한 용어로 쓰고, 사례를 근거로 특징을 설명하시오. [1점]

2) 피아제(J. Piaget)의 도덕성 발달이론에 따르면, ㉠과 ㉡은 선재와 은아가 (ⓐ) 단계임을 보여 준다. ① ⓐ에 들어갈 말을 쓰고, ② 각 유아별로 ⓐ의 단계로 판단되는 이유 1가지를 쓰시오. [3점]

① _____
② _____

3) 2019 개정 유치원 교육과정 '사회관계' 영역의 내용 범주 '더불어 생활하기' 중 (나)의 승민이에게 지도해야 할 내용 1가지를 쓰고 그 이유를 쓰시오. [1점]

04 다음은 3세반 자유선택활동 시간의 놀이 상황이다. 물음에 답하시오. [5점]

> ㉠ 민수와 영희는 쌓기놀이 영역에서 블록으로 탑을 만들고 있다. 가까이에서 놀이하지만, 서로 대화는 하지 않는다. 잠시 후, 영희가 만들어 놓은 탑에서 민수가 블록 한 개를 빼내자 탑이 무너지면서 시끄러운 소리가 난다.
> 영희 : 내 거야, 이리 줘.
> 민수 : 나도 이거 필요해!
> (교사는 유아들의 놀이 상황을 주의 깊게 관찰하며, 스스로 갈등을 해결할 수 있도록 기다린다.)
> 영희 : 싫어. 내 거야. 줘!
> 교사 : (민수에게 블록을 가져다주며) 민수는 이 블록을 가지고 다시 만들도록 하자.
> 민수 : (불만스런 표정으로 블록을 영희 앞에 떨어뜨리며) 여기 있어.
> 영희 : 선생님, 민수가 내 탑 무너뜨렸어요.
> 교사 : 민수 때문에 영희가 만든 탑이 무너졌구나.
> 영희 : 네.
> 교사 : 민수야! 영희가 만든 탑이 무너졌는데, 어떻게 하면 좋을까?
> 민수 : 몰라요.
> 영희 : 또 만들려면 힘들어.
> 교사 : (영희에게) 그럼, 민수랑 같이 만들어 보자.

1) ㉠에 해당하는 파튼(M. Parten)의 사회적 놀이 유형 1가지를 쓰고 이 유형의 특징을 쓰시오. [1점]

2) ①, ②에 해당하는 교사의 말 또는 행동을 위 사례에서 찾아 각각 1가지씩 쓰고, ③에 들어갈 용어 1가지를 쓰시오. [3점]

> 개방적 ←―――――――――――――――→ 구조적
>
> ① ②
> 응시 비지시적 (③) 지시적 모델링 물리적
>   진술   진술   개입
>
> [교사 지도 연속 모형(TBC : Teacher Behavior Continuum)]

① _____
② _____
③ _____

3) 교사는 위 놀이 상황을 관찰한 후, 왈쉬(H. Walsh) 등이 주장한 다음 내용에 근거하여 유아의 사회성 발달을 돕는 활동을 계획하고자 한다. ① ⓐ에 해당하는 용어를 쓰고, ② ⓑ를 지도하기 위한 교사의 발문을 찾아 쓰시오. [1점]

> 이타주의와 혼용하여 쓰이는 (ⓐ)은/는 타인에 대한 배려에서 오는 바람직한 행동이다. 또한 사회생활 속에서 그 사회가 요구하는 사회 규범에 맞는, 그리고 사회집단 내 다른 사람들의 행복을 증진시키는 행위를 의미한다. 유아기에 습득하는 (ⓐ)의 구체적인 예는 돕기, 나누기, ⓑ 협동하기, 공감하기, 배려하기, 양보하기 등으로 나타난다.

① _____
② _____

05

(가)는 미술 활동 계획안의 일부이고, (나)는 활동 결과물과 이에 대한 박 교사의 기술 내용이다. 물음에 답하시오. [5점]

(가)

활동명	내 친구예요		대상	3, 4, 5세 혼합
목표	3세		(생략)	
	4, 5세		(생략)	
활동 자료	우리 반 친구 사진, 다양한 그리기 도구, 여러 가지 과일과 채소, 도화지 등			
	3세	4세		5세

활동 방법	○ 우리 반 친구는 누가 있는지 이야기 나눈다.
	○ 친구 생김새, 모습 등에 대해 이야기 나눈다.
	○ 다양한 재료를 제시하며, 친구 모습을 표현하는 방법에 대해 이야기 나눈다.
	○ ㉠ 모둠별로 친구 모습을 다양한 방법으로 표현해 본다.
	  - 그리기 모둠은 다양한 그리기 도구로 그린다.
	  - 꾸미기 모둠은 여러 가지 과일과 채소로 꾸민다.			

			- 4, 5세는 공동 작업을 한다.	
	○ 모둠별로 만든 작품을 감상하며 작품에 대한 느낌을 이야기해 본다. - (작품 속 포도알을 가리키며) ㉡ 동글동글한 포도알을 만져 보면 어떤 느낌이 들까?			

(나)

박지우	김수지	채예나
㉢	㉣	
지우는 여러 개의 원을 그려 놓고 그중 하나를 가리키며 "이건 세영이야."라고 하고, 또 다른 원을 가리키며 "이건 자동차야."라고 하였다. 지우는 원에 대한 명칭을 자주 바꾸며 아직 색에는 관심을 보이지 않는다.	수지는 땅 위에 서 있는 친구, 꽃, 나무를 그렸다. 수지는 공간개념이 발달하면서 하늘과 땅의 경계를 구분하는 기저선을 그린다.	예나는 친구와 토끼를 그려 놓고, 토끼가 넥타이를 매고 있다고 하였다. 예나는 ㉤ 토끼나 사물에게 사람과 같이 옷을 입히고, 토끼와 사물이 웃고 있는 표정을 자주 그린다.

1) ㉠의 근거가 되는, 2019 개정 유치원 교육과정 '예술경험' 영역의 내용 1가지를 쓰시오. [1점]

2) ㉡과 가장 관련 깊은 미술적 요소 1가지를 쓰시오. [1점]

3) 로웬펠드(V. Lowenfeld)의 그림 발달 단계 중 ㉢, ㉣이 해당하는 단계명 1가지와 그렇게 생각한 이유를 사례에 근거하여 각각 쓰시오. [2점]

㉢ _____

㉣ _____

4) ㉤에 나타난 그림 표현의 특징 1가지를 쓰시오. [1점]

06

다음은 4세반 음악 활동 계획안의 일부이다. 물음에 답하시오. [5점]

(가) 활동 자료	'반가운 친구야' 그림 악보, 리듬막대, 사진 자료(손뼉치기, 무릎치기, 발구르기, 입으로 소리 내기 장면) **반가운 친구야** 2/4 친구야 / 친구야 / 반 가운 친구야 사이좋게 악수하고 호 호 호 호 하 하 배 박수 ♩ = 🍐 사과 박수 ♪ = 🍎
(나) 활동 방법	○ ㉠ 몸(손, 발, 입, 손가락 등)으로 다양한 소리를 표현해 본다. ○ (배와 사과 그림카드를 제시하며) 교사가 배 박수(♩), 사과 박수(♪)를 시범 보인다. 　- 선생님처럼 ㉡ 크게(작게) 배 박수를 2번 쳐 본다. ○ 손 외에 발, 입, 손가락 등으로 다양한 음악적 요소를 표현해 본다. ○ 리듬막대를 이용하여 다양한 음악적 요소를 표현해 본다. ○ (그림 악보를 제시하며) '반가운 친구야' 노래에 맞춰 리듬막대로 연주해 본다. 　- (빨강 모둠, 노랑 모둠으로 나누어) 빨강 모둠은 노래에 맞춰 연주하고, 노랑 모둠은 들어 본다. 　- 빨강 모둠과 노랑 모둠이 서로 바꾸어 연주하고 ㉢ 감상해 본다. ○ 활동을 해 본 느낌에 대해서 이야기 나눈다.
(다) 확장 활동	○ ㉣ 교사가 말이 달리는 모습을 생각하며 피아노로 즉석에서 연주하고, 유아들은 그 음악에 따라 자유롭게 신체 동작이나 리듬막대로 표현해 본다.

1) (가)의 그림 악보에서, 한 마디를 기준으로 2회 이상 반복되는 리듬 패턴 2가지를 음표로 나타내시오. [2점]

2) (나)와 (다)는 달크로즈(E. Jaques-Dalcroze)의 음악교수법에 기초한 것이다. ①에 들어갈 용어 1가지를 쓰시오. [1점]

음악교수법	사례
유리드믹스	사례 ㉠
솔페이지	(생략)
①	사례 ㉣

3) ① ㉡에 해당하는 음악적 요소 1가지를 쓰고, ② (나)에서 사용하고 있는 악기 유형을 2가지 쓰시오. [1점]

① _____
② _____

4) 다음은 ㉢과 관련된 2019 개정 유치원 교육과정 '예술경험' 영역의 일부이다. ⓐ에 해당하는 내용을 쓰시오. [1점]

내용 범주	내용
예술 감상하기	다양한 예술을 감상하며 상상하기를 즐긴다.
	ⓐ
	(생략)

07

(가)는 5세반 유아들의 비눗방울 놀이 장면의 일부이고, (나)는 홍 교사의 저널 일부이다. 물음에 답하시오. [5점]

(가)

(선영, 민서, 수연, 창수가 동그란 모양 틀로 비눗방울을 만들고 있다.)
선영 : 와! 크다!
민서 : 어! 나는 자꾸 터지는데, 왜 터지지?
……(중략)……
교사 : (세모, 네모, 별 모양의 틀을 보여 주며) ㉠ 이 모양 틀로 비눗방울을 불면 어떻게 될까?
선영 : 세모 모양은 세모로 나와요.
창수 : 별 모양은 별 모양으로 나올 것 같아요.
수연 : 잘 안 불어질 것 같아요.
(유아들이 세모, 네모, 별 모양의 틀을 가지고 비눗방울을 불기 시작한다.)
선영 : ㉡ (고개를 갸우뚱하며) 어? 이상하다! 왜 별 모양으로 안 나오지?
창수 : ㉢ 와~, 난 잘 불어진다!
……(중략)……
㉣ ┌ 교사 : 비눗방울이 잘 불어졌니?
   │ 창수 : 네, 잘 불어졌어요.
   │ 교사 : 창수는 잘 불어졌구나.
   │ 선영 : 선생님! 저는 큰 동그라미가 나왔어요.
   │ 교사 : 그래? 어떻게 하니까 비눗방울이 크게 불어졌어?
   └ 선영 : 내가 '후~' 하고 살살 불었더니 크게 불어졌어요.

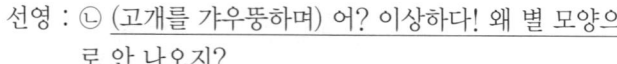

(나)

세모, 네모, 별 모양의 틀을 제공해 주었더니 ㉤ 유아들이 어떤 모양이 나올지에 대해 새로운 관심을 보이며 계속 비눗방울을 불었다. ……(중략)…… ㉥ 유아들에게 행위와 결과를 관련지어 생각해 보게 한 후, 언어적 표현으로 행위와 결과 간의 관련성을 나타낼 수 있도록 발문하였다. 내일은 유아들이 ⓐ 비눗방울을 살살 불었을 때와 세게 불었을 때의 공통점과 차이점에 대해 알아보는 활동을 해야겠다.

1) 피아제(J. Piaget)의 인지발달 이론에 기초하여 ㉡의 선영이와 ㉢의 창수 중 비눗방울 놀이를 통해 지식이 발달할 가능성이 있는 유아의 이름을 1가지 쓰고, 그 이유를 사례에 근거하여 쓰시오. [1점]

2) ① ㉤에서 보이는 유아들의 과학적 태도 1가지를 쓰고, 이와 관련하여 ② 2019 개정 유치원 교육과정 '자연탐구' 영역의 내용 범주 '탐구 과정 즐기기'의 내용을 1가지 쓰시오. [1점]

①
②

3) ㉥에 대한 유아 반응 1가지를 ㉣에서 찾아 쓰시오. [1점]

4) ㉠, ⓐ에 해당하는 과학적 탐구 과정을 1가지씩 각각 쓰시오. [2점]

㉠
ⓐ

08 다음은 5세반 김 교사와 박 교사가 나눈 대화의 일부이다. 물음에 답하시오. [5점]

(가)
박 교사 : 저희 반 은주가 어제 자유선택활동 시간에 책상의 길이를 유니트 블록으로 재었는데, 동일한 길이의 유니트 블록 4개를 책상 위에 올려놓고 '책상은 블록 4개랑 길이가 똑같네.'라고 하더군요.

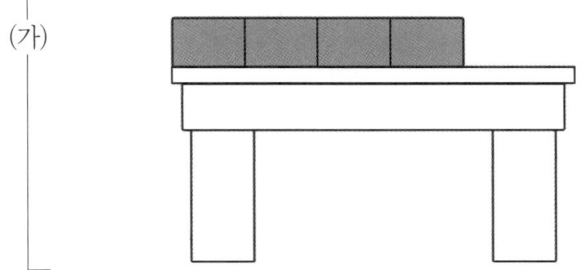

김 교사 : 저도 다른 유아들에게서 비슷한 사례를 본 적이 있어요.
……(중략)……
박 교사 : 선생님, 새로운 수학 활동 좀 추천해 주세요.
김 교사 : ㉠ '교실의 여러 물체를 연필, 끈 등으로 재어 보는 활동', '주사위 2개를 던져 나온 수의 합만큼 말을 움직이는 판 게임', '비밀 주머니 안에 있는 도형을 만져 보고 찾는 활동', '2가지 색 구슬을 번갈아 끼우는 활동'은 어떠세요?
박 교사 : 선생님은 아이디어가 참 많으시네요.
김 교사 : 그런데 수를 세어 보고, 물체를 측정해 보는 등의 활동 자체도 중요하지만 활동을 실행해 본 후, 수치나 모양 등의 ㉡ 활동 결과들이 친구들 간에 왜 서로 다른지 생각해 보도록 하는 것이 중요한 것 같아요.
박 교사 : 맞아요. 유아들이 ㉢ 문제가 무엇인지 이해하고, 해결 방법을 스스로 결정하고 그 방법을 실행해 보는 과정도 필요하더라고요.
김 교사 : 저도 그렇게 생각해요. 유아들이 선택한 방법을 자유롭게 실행해 보고 자신들의 생각을 그림이나 글로 기록하도록 하는 것도 좋더라고요.
박 교사 : 맞아요. 활동이 마무리된 후 유아들이 함께 모여 활동 과정에서 사용한 자신의 전략이나 방법을 친구들에게 말하고 들으며 서로의 생각을 공유하는 것도 좋겠어요.

1) (가)에서 은주가 책상의 길이를 잴 때 범한 측정 오류 1가지를 쓰시오. [1점]

2) 다음은 2019 개정 유치원 교육과정 '자연탐구' 영역의 일부이다. ① ⓐ에 들어갈 내용을 쓰고 관련된 활동 1가지를 ㉠에서 찾아 쓰고, ② ⓑ와 ⓒ에 들어갈 말 1가지를 순서대로 쓰시오. [2점]

내용 범주	내용
생활 속에서 탐구하기	ⓐ
	물체의 위치와 방향, (ⓑ)을/를 알고 구별한다.
	일상에서 길이, 무게 등의 (ⓒ)을/를 비교한다.
	주변에서 반복되는 규칙을 찾는다.
	일상에서 모은 자료를 기준에 따라 분류한다.

①
②

3) ㉡은 수학적 과정 중 '추론하기'에 해당한다. ① ㉢에 해당하는 수학적 과정의 명칭을 1가지 쓰고, 교사의 대화 중 ② '표상하기'와 '의사소통하기'의 내용을 찾아 순서대로 쓰시오. [2점]

①
②

문제

오늘날 유치원 교사들은 교육 현장에서 다양한 직무 스트레스를 겪고 있다. 다음에서 1) 유치원 교사가 협력해야 할 대상과 그 이유를 3가지씩 논하고, 2) 초임 교사인 정 교사가 겪고 있는 직무 스트레스 유발 요인을 인간관계 측면과 직무여건 측면에서 각각 2가지씩 논하시오. 그리고, 3) 정 교사의 직무 스트레스가 교사 자신과 유치원에 미치는 부정적 영향을 대화 속의 사례와 관련지어 각각 2가지씩 논하고, 4) 정 교사가 직무 스트레스에 적절히 대처할 수 있는 방안을 교사의 자기 관리 능력 개발과 문제해결 능력 개발의 차원에서 각각 2가지씩 논하시오. [총 20점]

〈행복유치원(단설)의 초임 교사인 정 교사와 경력 교사인 안 교사의 대화〉

정 교사 : 안 선생님! 아이들 봐 주셔서 고마워요. 배가 아팠는데 아이들만 두고 화장실에 갈 순 없었어요. 며칠 전에는 잠깐 화장실 갔다 온 사이에 한 아이가 다쳤었거든요. 정말 속상했어요. 교실 안의 화장실은 유아용인데다 개방형이어서 사용하기가 곤란해요.

안 교사 : 앞으로 급할 때는 이야기해요. 나도 경험해 봤으니까요. 그때는 원감 선생님께 도움을 청했었어요.

정 교사 : 그런데 원감 선생님께 매번 부탁드릴 수도 없잖아요. 저는 화장실을 자주 가는 편이라 교사회의 때 이 문제를 건의해 봐야 할 것 같아요.

안 교사 : 네, 그것도 좋은 생각이네요. 그런데 정 선생님! 오늘따라 많이 피곤해 보여요.

정 교사 : 아, 그래요? 요즘 부모 면담 준비하느라 늦게까지 일하고 집에 가거든요. 그래서 그런가 봐요. 처음 하는 면담이라 그런지 부담이 많이 되네요. 실은 우리 반 학부모 한 분이 거의 매일 전화해서 이것저것 간섭하고, 요구사항도 많으세요. 어떤 때에는 꼭 저를 가르치려는 것 같아요. 전화 받고 나면 가슴이 쿵쾅거려 일을 제대로 못하겠어요.

안 교사 : 어머! 정말 힘들겠네요.

정 교사 : 네, 그래도 아이들을 보면 힘이 나요. 정말 예뻐요. 그런데 아직 업무가 버거워요. 학급 운영계획서도 못 냈어요. 학부모 공개 수업에 부모 면담까지 준비하다 보니 도저히 작성할 시간이 없었어요. 게다가 박 선생님이 생활 주제가 같다며 자료 준비를 자주 부탁하세요. 아무리 같은 자료라지만, 부담돼요. 너무 본인 생각만 하시는 것 같아요. 거절하자니 관계가 나빠질 것 같아 말도 못했어요. 어떤 땐 우리 반 자료 준비도 하기 싫어져요. 불편한 마음 때문에 아이들한테 짜증내기도 하고요. 그럴 땐 많이 미안하죠.

안 교사 : 아, 그런 일이 있었군요. 다과 모임 때 박 선생님께 솔직히 이야기하지 그랬어요?

정 교사 : 지난 모임엔 박 선생님과 얼굴 마주치기 싫어 안 갔어요. 이번엔 가서 이야기해 볼까 생각 중이에요.

안 교사 : 그러세요. 어쨌든 이번 주면 힘든 일들이 어느 정도 끝나겠네요. 기분 전환도 할 겸 같이 등산이나 갈까요?

정 교사 : 저는 방과 후 교사 교육이 있어 못 가요. 초임인데, 제가 왜 이 일을 해야 하는지 모르겠어요. 아프다는 핑계로 병가라도 내고 싶어요. 요즘에는 밤에 잠도 안 와요.

안 교사 : 많이 힘들겠지만, 그래도 힘내요. 다음에 원감 선생님과 한번 상담해 봐요. 지난번에 다른 일로 상담을 했는데 도움이 많이 되었거든요.

답안 작성 시 유의사항

- 주어진 답안지 면수(2매 이내)에 맞게 서술하시오.

- 글의 체계를 논리적으로 짜임새 있게 구성하시오.

- 글의 명료성, 타당성, 일관성을 고려하여 서술하시오.

배점

- 논술의 내용 [총 15점]
  - 유치원 교사가 협력할 대상과 이유 [3점]
  - 직무 스트레스의 유발 요인 [4점]
  - 직무 스트레스가 교사와 유치원에 미치는 부정적 영향 [4점]
  - 자기 관리 능력 개발과 문제해결 능력 개발 차원에서의 직무 스트레스 대처 방안 [4점]

- 논술의 체계 [총 5점]
  - 글의 논리적 체계성 [3점]
  - 맞춤법 및 어휘·문장의 적절성 [2점]

초안지

01

(가)는 「유아교육법」의 일부이고, (나)는 '2019 개정 유치원 교육과정' 중 '누리과정의 운영'의 일부이다. 물음에 답하시오. [5점]

(가) 「유아교육법」[법률 제18298호, 2021. 7. 20., 일부 개정]

> **제1조(목적)** 이 법은 「(㉠)」제9조에 따라 유아교육에 관한 사항을 정함을 목적으로 한다. 〈개정 2010. 3. 24.〉
> ……(중략)……
> **제24조(무상교육)** ① 초등학교 취학 직전 (㉡)년의 유아교육은 무상으로 실시하되, 무상의 내용 및 범위는 대통령령으로 정한다. 〈개정 2012. 3. 21.〉
> ② 제1항에 따라 무상으로 실시하는 유아교육에 드는 비용은 국가 및 지방자치단체가 부담하되, 유아의 (㉢)에게 지원하는 것을 원칙으로 한다. 〈개정 2010. 3. 24.〉

(나) '2019 개정 누리과정'의 '누리과정의 운영'

> **1. 편성 · 운영**
> ……(중략)……
> 다. 누리과정을 바탕으로 각 지역의 실정에 적합한 계획을 수립하여 운영한다.
> 라. 하루 일과에서 바깥놀이를 포함하여 유아의 놀이가 충분히 이루어지도록 편성하여 운영한다.
> ……(중략)……
> 사. 가정과 지역사회와의 협력과 참여에 기반하여 운영한다.
> ……(중략)……
>
> **2. 교수 · 학습**
> ……(중략)……
> 다. 유아가 다양한 놀이와 활동을 경험할 수 있도록 실내외 환경을 구성한다.
> ……(중략)……
> 마. 5개 영역의 내용이 통합적으로 유아의 경험과 연계되도록 한다.
> 바. 개별 유아의 요구에 따라 휴식과 학습활동이 원활히 이루어지도록 한다.
> ……(중략)……
>
> **3. 평가**
> 가. 누리과정 운영의 질을 진단하고 개선하기 위해 평가를 계획하고 실시한다.
> ……(중략)……
> 다. 평가의 내용에 따라 적합한 방법을 사용하여 평가한다.
> 라. 평가의 결과는 유아에 대한 이해와 누리과정 운영 개선을 위한 자료로 활용할 수 있다.

1) ㉠에 들어갈 법의 명칭 1가지를 쓰시오. [1점]

2) ㉡에 들어갈 숫자와 ㉢에 들어갈 말 1가지를 각각 쓰시오. [1점]

㉡ _____

㉢ _____

3) (나)의 '편성 · 운영', '교수 · 학습', '평가'에서 잘못 기술된 부분만을 각각 1가지씩 찾아 쓰고, 그것을 바르게 고쳐 쓰시오. [3점]

	잘못 기술된 것	바르게 고친 것
• 편성 · 운영		
• 교수 · 학습		
• 평가		

02 (가)는 교육 사상가에 대한 설명이고, (나)는 교사들이 나눈 대화의 일부이다. 물음에 답하시오. [5점]

(가)

페스탈로치(J. Pestalozzi)는 "자녀들은 인간 본성의 모든 능력을 부여받았으나 아직 미해결로 남아 있습니다. 그것은 자녀들의 (㉠)이/가 어떻게 사용되어야 할 것인가에 대한 물음입니다. 자녀들이 부여받은 정신적 능력이 발현되기 위해서는 교육을 받아야 합니다. ……(중략)…… 그러면 어떤 방법으로 교육을 받아야 할까요? 인간의 (㉠)의 모든 능력이 조화롭게 결합이 되면 이 숭고한 사업이 성공할 것입니다. ……(중략)…… 실물교육이나 노작교육처럼 아동의 직접 경험 또는 직접 체험을 (㉡)을/를 통해 가르쳐야 합니다."라고 하였다. 외적 (㉡)은/는 감각기관을 통해 외계의 인상을 받아들이는 것을 말하며, 내적 (㉡)은/는 자신의 마음의 눈으로 세계의 본질을 체험하는 것을 말한다.

프뢰벨(F. Froebel)은 "만물에는 영원불멸의 법칙이 살아 지배한다. 모든 것을 지배하고 있는 이 영원불멸의 법칙은 필연적으로 모든 사물에 퍼져 있고, 강하고, 생동적이고 내재적인 영원한 (㉢)에 기초하고 있다. ……(중략)…… 학교 본연의 임무는 만물에 항상 존재하는 (㉢)에 중요한 가치를 두는 것임을 잊지 말아야 한다. 아동은 자기 자신의 (㉢)이/가 있는 자아를 다양성을 통해 표현하고 또 다양한 자아도 다양하게 표현한다."라고 하였다.

(나)

김 교사 : 오늘 쌓기놀이 영역에서 민정이가 기차를 만들었는데 생각해 보니 지난주에 기차를 타고 외갓집에 다녀왔다고 했었어요.
박 교사 : 그랬군요. 직접 경험한 기차를 표현하고자 했군요.
김 교사 : 네, 기차가 매우 길었다고 이야기하면서 끝도 없이 긴 기차를 만들려고 했어요. 아마 기차를 보면서 길다는 것이 가장 인상 깊었던 것 같아요.
박 교사 : 직접 경험한 기차를 자기 나름대로 해석하여 쌓기로 표현하려고 했군요.
김 교사 : 네, 민정이가 다른 교통기관에 대해서도 관심을 갖는 것 같아 관련된 책을 읽기 영역에 놓아두었어요.

1) ㉠에 들어갈 인간 본성의 능력을 나타내는 것 3가지를 쓰고, ㉡에 들어갈 용어 1가지를 쓰시오. [1점]

㉠ _____, _____, _____

㉡ _____

2) 페스탈로치(J. Pestalozzi)는 '합자연의 원리에 맞게 교육해야 한다.'라고 주장하였다. 이 말의 의미를 쓰시오. [1점]

3) ㉢에 들어갈 용어 1가지를 쓰시오. [1점]

4) 듀이(J. Dewey)에 근거하여 ① (나)에서 나타나는 경험의 원리 2가지를 쓰고, ② (나)의 사례를 근거로 각각의 특징을 쓰시오. [2점]

① _____

② _____

03

(가)는 놀이에 대한 이론이고, (나)는 놀이 장면의 일부이다. 물음에 답하시오. [5점]

(가)

> 비고츠키(L. Vygotsky) 이론에 의하면, 놀이는 유아의 근접 발달지대를 창출하며, 이때 성인의 ㉠ 비계설정은 매우 중요하다. 상징놀이에 관해서는 ㉡ 사물로부터 의미의 분리를 도와줌으로써 추상적 사고의 발달에 필수불가결한 준비의 역할을 한다고 보았다.
> 피아제(J. Piaget)는 인지가 발달함에 따라 놀이는 3단계로 발달해 간다고 보았다. 스밀란스키(S. Smilansky)가 기능놀이와 극놀이의 중간 단계에 나타난다고 보았던 (㉢)을/를 피아제는 하나의 독립된 놀이 단계로 인정하지 않았다.
> 프로이트(S. Freud)에 의하면, 놀이는 부정적인 감정을 감소시켜 주는 감정의 (㉣) 효과를 갖는다. 놀이가 갖는 이러한 효과는 공격 에너지를 발산하면 공격성이 감소된다는 것을 가정하는 (㉤) 이론과 유사한 것으로, 유아는 놀이 속에서 대리 사물이나 사람에게 자신의 부정적인 감정을 전이시켜 부정적 감정을 감소시킬 수 있게 된다.

(나)

> 유아들이 역할놀이 영역에서 소꿉놀이를 하고 있다.
> ㉥ ┌ 소 연 : (빈 컵을 입에 갖다 대며 마시는 시늉을 하며) 아, 시원하다.
>   └ 민 채 : 아기도 목 말라. (인형의 입에 빈 컵을 갖다 대며 먹이는 시늉을 하며) 아가야, 이제 됐어?
> ……(중략)……
>   ┌ 진 우 : (인형과 수건을 가지고 교사에게 다가가며) 선생님, 아기 업을래요.
> ㉦ └ 민 지 : 나도 아기 업을래. 어? 인형이 없네. (쌓기놀이 영역에 가서 종이벽돌 블록과 보자기를 가져오며) 선생님, 나도 아기 업을래요. 이거 묶어 주세요.

1) 다음은 ㉠에 관한 설명이다. ① ⓑ에 들어갈 말 1가지를 쓰고, ② ⓐ를 위한 비계설정의 방법을 쓰시오. [1점]

> 비계설정에서 성인의 중요한 역할은 사회적 중재가 일어나는 초기에는 직접 행동을 보여 주거나 언어적 지시를 통해 사고를 이끌어 주다가, ⓐ 유아 스스로 문제해결 과정을 조절할 수 있는 (ⓑ) 능력을 갖도록 격려하고 지원하는 것이다.

① _____
② _____

2) ㉡의 의미를 ㉥의 사례에 근거하여 설명하시오. [1점]

3) ① ㉢에 들어갈 용어 1가지와 특징을 쓰고, ② ㉣에 들어갈 용어를 1가지 쓰시오. [1점]

① _____
② _____

4) 다음은 상징놀이의 구성요소 및 내용이다. ① ㉦에 비추어 A에 들어갈 내용 1가지를 쓰고, ② ㉦에 비추어 B에 들어갈 구성요소 1가지를 쓰시오. [2점]

구성요소	내용
탈중심화	A
B	유사한 사물이나 상황 대체에서, 유사하지 않은 사물이나 상황 대체로 변화하는 것
통합	단일한 상징행동에서, 주제나 줄거리가 있는 복잡한 상징행동으로 조직화되는 것

① _____
② _____

04 (가)는 부모교육 이론이고, (나)는 부모 면담 내용의 일부이다. 물음에 답하시오. [5점]

(가)

고든(T. Gordon)의 부모효율성훈련(PET)에서는 부모의 성격이나 자녀의 특성, 혹은 자녀의 행동이 발생하는 시간이나 장소와 같은 상황적 요인이 부모의 (㉠) 수준에 영향을 미친다고 보았다. 또한 ㉡ 문제가 되는 사람이 누구인가에 따라 그 해결 방식이 상이하므로 문제가 되는 사람이 누구인지를 파악하는 것이 중요하다고 보았다.

(나)

교 사 : 준이가 집에서는 어떻게 지내나요?

준이 어머니 : 얼마 전부터 ㉢ 준이가 유치원에 가는 걸 싫어해요. 어제는 유치원에서 함께 놀 친구가 없다고 울었어요. 제가 어떻게 해야 좋을지 모르겠어요.

교 사 : 안 그래도 요즘 준이가 유치원에서 친구들과의 관계에 조금 어려움을 겪고 있어요. 그래서 집안에 무슨 일이 있는지 궁금했어요.

준이 어머니 : 집에서도 동생과 자주 싸우는데, 그때마다 자기는 잘못한 게 없다고 우겨요. 그럴 때는 어떻게 하면 좋을까요?

교 사 : 음……, 우선 아이 입장에서 이해해 주는 게 필요해요. ㉣ 어머니께서 준이 입장이 되어 준이의 마음을 이해하고 정서적으로 함께하는 것이 필요하지 않을까요?

준이 어머니 : 준이가 유치원에서 친구들이 자기를 괴롭힌다고 하는데 제가 보기에는 준이가 친구들을 힘들게 하는 것 같아서 대답을 안 해 주었어요.

교 사 : 준이랑 이야기할 때 일단 ㉤ 준이의 사고나 행동을 판단, 평가하지 마시고 있는 그대로 받아들이면서 준이를 존중해 주시면 좋을 것 같아요.

준이 어머니 : 네, 제가 준이에게 좀 더 관심을 가져야겠네요. 그런데요 선생님, 한 가지 생각나는 건데 ㉥ 제가 전화 통화할 때마다 옆에 와서 말을 걸거나 소리를 질러서 꼭 해야 하는 통화를 못 해요. 그럴 때는 정말 화가 나고 속상해요.

……(중략)……

교 사 : 준이가 집에서는 음식은 골고루 잘 먹나요?

준이 어머니 : 자기가 먹고 싶은 것만 먹어서 걱정이에요. 그래서 ⓐ 준이가 음식을 골고루 잘 먹을 때마다 준이가 좋아하는 동화책을 읽어 주기로 했어요.

1) ㉠에 들어갈 용어 1가지를 쓰시오. [1점]

2) ㉡에 비추어 ① ㉢과 ② ㉥의 상황에 적절한 부모의 의사소통 기술과 사례에 근거한 그 이유를 각각 1가지씩 쓰시오. [2점]

①

②

3) 로저스(C. Rogers)의 상담이론에서 제시한 상담 태도 중 ㉣과 ㉤에 해당하는 용어 1가지씩을 쓰시오. [1점]

㉣

㉤

4) ⓐ에 해당하는 강화의 종류 1가지와 사례에 근거하여 특징을 쓰시오. [1점]

05 (가)~(다)는 5세반 유아 평가에 관련된 내용의 일부이다. 물음에 답하시오. [5점]

(가)

쌓기놀이 영역에서 민재의 때리는 행동 원인을 알아보기 위해 (㉠)을/를 활용하여 관찰하였다. 때리는 행동은 물기, 꼬집기, 치기, 사물을 던지는 행동으로 (㉡)을/를 내렸다. (㉠)을/를 통해 민재의 문제행동 원인을 찾아, 이에 적절한 행동 지도를 해야겠다. (2022년 9월 12일)

관찰 대상 : 이민재		관찰 일자 : 2022년 9월 12일	
관찰 장소 : 쌓기놀이 영역		관찰 행동 : 때리는 행동	
관찰 시간	선행 사건	행동	후속 사건
(생략)	(생략)	(생략)	(생략)
09:52 ~ 09:57	민재가 영수에게 다가가 "이게 뭐야?"라고 묻는다. 영수가 대답하지 않자, 민재는 영수에게 "이게 뭐냐고!"라며 한 번 더 묻는다.	㉢ 공격적인 민재는 영수에게 블록을 집어던지며, "대답해."라고 말한다.	영수는 "왜 때려?"라며 운다. 민재가 교사에게 "선생님! 영수가 울어요."라고 말한다.
……(후략)……			

(나)

민재의 기본생활습관을 알아보기 위해 부모용 질문지법을 활용하였다. 질문의 문항에 대한 반응은 (㉣) 형식으로 응답하게 하였다. (2022년 9월 26일)

	질문 문항	전혀 그렇지 않다	보통이다	매우 그렇다
㉤	○ 자녀는 스스로 손을 깨끗이 씻습니까?			
	○ 자녀는 스스로 이를 깨끗이 닦습니까?			
	○ 자녀는 주변을 깨끗이 정리 정돈합니까?			
	○ 자녀는 규칙적으로 자고, 적당량의 음식을 골고루 먹습니까?			
	……(후략)……			

(다)

오 교사 : 민재의 행동발달을 알아보기 위해 관찰법과 질문지법을 활용해 보았는데, 다른 유아들과 (㉥) 해 볼 수 있는 좀 더 체계화된 평가 방법이 있을까요?
박 교사 : 그럼, (㉦)을/를 실시해 보면 어떨까요? (㉦)은/는 실시하기 전에 특별한 훈련이 필요할 수도 있고, 전문 지식이 요구되기도 하지만, 개발 과정에서 신뢰도와 타당도를 검증하잖아요.

1) ① ㉠에 들어갈 관찰법의 종류 1가지를 쓰고, ② ㉡에 들어갈 말을 쓰시오. [1점]

①
②

2) ① (가)에 나타난 사례를 근거로 ㉠ 관찰법의 장점을 1가지 쓰고, ② ㉢이 관찰기록 작성 방법에 비추어 적절하지 <u>않은</u> 이유 1가지를 쓰시오. [1점]

①
②

3) ㉣에 들어갈 용어 1가지를 쓰고, 이 형식의 장점을 행동목록법에 비추어 쓰시오. [1점]

4) ㉤에서 질문지 문항 작성 방법에 비추어 적절하지 <u>않은</u> 문항을 찾아 그 이유 1가지를 쓰시오. [1점]

5) ㉥에 들어갈 말 1가지와 ㉦에 들어갈 용어 1가지를 순서대로 쓰시오. [1점]

06

다음은 유치원 교사와 원장 간 대화의 일부이다. 물음에 답하시오. [5점]

┌─ 박 교사 : 아이들과 하고 싶은 활동은 많은데, 어떻게 하면 효율적으로 할 수 있을지 고민이 많아요. 어떻게 하면 수업에서 보다 효과적으로 발문을 할 수 있을지, 새로운 교수법을 활동 유형에 따라 어떻게 적절하게 적용할 수 있을지에 대해서도 관심이 많아요.
㉠
└

┌─ 윤 교사 : 저도 그런 과정을 거쳤어요. 선생님이 자신의 문제를 진단한 후 자기발전 계획서를 작성하거나, 자신의 수업을 분석·평가하거나, 개선이 필요한 학급 문제에 대해 연구하거나, 전문서적을 읽고 토론하거나, 대학원에 진학하는 등 스스로 자기발전을 위해 노력하면 좋은 성과가 있을 거예요.
㉡
└

최 원장 : 선생님들이 여러 가지로 관심을 갖고 노력하시니 잘 해 나가실 거라 믿어요. 필요하다면 ㉢ 연수나 세미나 참석에 따른 시간과 비용에 대한 지원을 해 드릴게요. 그리고 박 선생님은 ㉣ 유치원 정교사 1급 자격 연수를 받을 수 있는 교육경력을 갖추었기 때문에 이번에 연수를 신청하실 수 있겠네요.

1) ㉠의 박 교사는 풀러(F. Fuller)와 브라운(O. Brown)의 교사 관심사 4단계 중 (ⓐ) 단계에 해당한다. ① ⓐ에 들어갈 용어 1가지를 쓰고, ② ⓐ 이전 단계와 다음 단계에서 교사가 갖는 관심사 1가지씩을 순서대로 쓰시오. [2점]

① _____

② _____

2) ① ㉡의 윤 교사가 지칭하는 장학의 유형 1가지를 쓰고, ② 윤 교사가 말하는 장학의 구체적인 방법 중 다른 것과 다른 유형의 장학 방법 1가지를 찾아 쓰시오. [1점]

① _____

② _____

3) ㉢과 관련한 2019 개정 유치원 교육과정 총론의 '편성·운영'의 지침을 쓰시오. [1점]

4) 다음은 「유아교육법」[법률 제18298호, 2021. 7. 20., 일부개정]에 제시된 교사 자격 기준의 일부이다. ㉣과 관련하여 A에 들어갈 숫자를 쓰시오. [1점]

급별 \ 자격	자격 기준
정교사(1급)	1. 유치원 정교사(2급) 자격증을 가진 자로서 (A)년 이상의 교육경력을 가지고 소정의 재교육을 받은 자 ······(후략)······

07 다음은 5세반 숲 활동 장면의 일부이다. 물음에 답하시오. [5점]

교사 : 솔방울을 가지고 저기 있는 나무기둥을 맞추어 보자. 누가 할 수 있을까?
주은 : 제가 해 볼게요. (㉠ 솔방울로 나무기둥을 향해 던진다.)
(공터에 설치되어 있는 철봉과 통나무 평균대에서 재민이와 수인이가 활동을 하고 있다.)
교사 : ㉡ 재민아, 선생님이 열을 셀 때까지 철봉에 매달려 볼 수 있겠니?
재민 : 네, 선생님이 열까지 세어 주세요.
……(중략)……
교사 : ㉢ 수인아, 통나무 평균대에서 한 발로 서서 비행기 모양을 만들어 볼래?
수인 : 네, 저 잘해요.
지선 : (큰 소리로) 선생님, 저 나무 위에 다람쥐가 있어요!
교사 : 그럼, 너희들이 다람쥐처럼 표현해 볼 수 있겠니?
┌ 지선 : (제자리에서 폴짝폴짝 뛰며) 선생님, 저는 다람쥐처럼 높게 뛸 거예요.
㉣ 재민 : (몸을 작게 움츠렸다가 크게 쭉~ 뻗으며) 나는 이렇게 쭈~욱 뻗어 볼 거예요.
└ 주은 : (몸으로 달팽이 모양으로 도는 모습을 보이며) 저는 동그랗게 달팽이처럼 돌 거예요.
㉤ (지선, 재민, 주은이는 몸으로 다람쥐가 폴짝폴짝 뛰는 모습, 쭈욱 뻗는 모습, 달팽이 모양으로 도는 모습을 다양하게 표현한다.)

1) ㉠에 해당하는 기본동작의 유형과 명칭을 1가지씩 순서대로 쓰시오. [1점]

2) ㉡과 ㉢에서 교사가 재민이와 수인이에게 제안한 활동의 기초체력 요소 1가지를 각각 쓰고, 사례를 근거로 그 이유를 쓰시오. [2점]
   ㉡ _____
   ㉢ _____

3) 동작의 공간 요소에는 방향, 범위, 경로, 수준 등이 있다. 이 중 ① '경로'와 ② '범위'가 포함된 동작을 ㉣에서 각각 찾아 그 동작을 포함하는 교사의 언어적 반응을 1가지씩 쓰시오. [1점]
   ① _____
   ② _____

4) 다음은 ㉤ 활동과 관련된 2019 개정 유치원 교육과정 '신체운동·건강' 영역의 일부이다. ⓐ에 들어갈 내용을 쓰시오. [1점]

내용 범주	내용
신체활동 즐기기	ⓐ
	신체 움직임을 조절한다.
	기초적인 이동운동, 제자리 운동, 도구를 이용한 운동을 한다.
	실내외 신체활동에 자발적으로 참여한다.

08 (가)는 5세반 이야기 나누기 장면의 일부이고, (나)와 (다)는 실외 놀이터에서 일어난 상황의 일부이다. 물음에 답하시오. [5점]

(가)

교 사 : 오늘은 바깥놀이 시간에 자전거를 탈 거예요. 자전거를 안전하게 타는 방법에 대해 이야기해 볼까요?
유아들 : 네.
교 사 : 선생님이 보여 주는 표지판을 잘 보세요. (파란색 바탕에 흰 선으로 자전거가 표시되어 있는 둥근 표지판을 보여 주며) 이 표지판은 (㉠)(이)라는 뜻이에요.
……중략……
교 사 : 이 표시는 어떤 의미일까?

㉡

(나)

교 사 : 얘들아, ㉢ 교실에서 이야기 나눈 내용을 기억하고 있지? 자, 이제 규칙을 잘 지키며 자전거를 타도록 하자.
 (실외 놀이터에서 유아들이 자전거를 탄다.)
㉣ ┌ 은수는 자전거를 타기 전에 핸들, 타이어 공기, 브레이크와 체인을 확인한다. 그 다음 두르고 있던 긴 머플러를 벗어 놓는다. 헬멧, 팔꿈치와 무릎보호대 등을 착용하고 자전거를 탄다. 그리고 횡단보도 앞에서 잠깐 멈춘 후, 자전거를 타고 횡단보도를 건너간다.

(다)

경수는 자전거를 타다가 넘어지면서 손가락을 다쳤다. 교사는 경수의 손가락을 살펴보고, ㉤ 골절이 되었다고 판단하였다. 교사는 급히 응급처치를 한 후, 원장 선생님에게 상황을 보고하였다. 원장 선생님은 ㉥ 응급처치가 필요할 경우를 대비해 보호자에게 받은 서류와 비상연락망을 찾아 후속조치를 취하였다.

1) ① ㉠에 들어갈 말 1가지를 쓰고, ② ㉡의 의미와 관련된 교사의 자전거 타기 유의사항 발문을 쓰시오. [1점]

① _____

② _____

2) ㉢과 관련이 있는 2019 개정 유치원 교육과정 '신체운동 · 건강' 영역의 내용을 쓰시오. [1점]

3) ① ㉣에서 자전거 안전규칙에 비추어 적절하지 않은 은수의 행동 1가지를 찾아 바르게 고쳐 쓰고, ② 다음 「도로교통법 시행규칙」[2022. 7. 11. 일부 개정]의 (ⓐ)에 들어갈 말을 ㉣을 참고로 쓰시오. [1점]

제32조(인명보호장구) ① 법 제50조제3항에서 "행정안전부령이 정하는 인명보호장구"라 함은 다음 각 호의 기준에 적합한 승차용 (ⓐ)을/를 말한다.

① _____

② _____

4) ① ㉤에 적절한 응급처치 방법 1가지를 쓰고, ② ㉥의 서류명 1가지를 쓰시오. [2점]

① _____

② _____

2014학년도 유치원 교육과정 B

01 (가)는 3~5세 혼합연령반에서 산책 활동 후 실시한 언어 교육 활동의 한 장면이고, (나)는 교사 저널의 일부이다. 물음에 답하시오. [5점]

(가)

교 사 : 오늘 산책 가서 본 꽃에 대해 이야기해 보자. 자, 누가 말해 볼까?
미연(5세) : 개나리꽃 봤어요. 엄청 많았어요.
윤정(4세) : 진달래가 많았어요. 근데, 예뻤어요.
교 사 : 그렇구나. 또 무슨 꽃을 보았니?
호연(3세) : 민들레가 있어요. ㉠ 벚꽃이가 있어요.
교 사 : 아, 민들레와 벚꽃이 있었구나. 그래, 너희들 정말 아름다운 꽃을 많이도 보았구나. 그럼, 이제 너희들이 이야기했던 것을 가지고 동시를 지어 볼까? 선생님이 칠판에 적을게. 처음에 무슨 말을 적을까?
……(중략)……
교 사 : 자 이제, 우리가 지은 동시를 선생님을 따라 소리 내어 읽어 볼까?
(유아들은 교사가 읽어 주는 대로 따라 읽는다.)
교 사 : 참 재미있는 동시가 되었구나. 그럼, ㉡ 지금부터는 산책 가서 우리가 보았던 꽃 이름에 있는 글자와 똑같은 글자를 교실에서 찾아 정확하게 또박또박 읽어 보자. 호연이가 해 볼까?
……(중략)……
교 사 : 그런데 우리가 오늘 산책 갔던 길이 아주 아름다웠어. 우리 이 산책길을 한번 그려 볼까? 자, 각자 종이 위에 그려 보자.
미연(5세) : 선욱아, 난 이렇게 그렸다. 어때?
선욱(5세) : 우와! 잘 그렸다!
윤정(4세) : ㉢ (혼자 중얼거리며) 음……이쪽으로 길이 주~욱 있어. 이쪽이야. (사인펜으로 몇 개의 선을 그리더니 계속 중얼거린다.) 근데……진달래가 어디에 많았지? 개울 옆에, 개울……. (종이 위에 또 다른 선을 하나 그린다.)

(나)

오늘은 산책을 가서 보았던 꽃에 대해 이야기를 나누고, 동시 짓기와 산책길 그리기를 하였다. 유아들이 직접 경험했던 것을 바탕으로 해서 그런지, 3세 유아들도 재미있어 하며 자신의 생각을 쉽게 표현할 수 있었던 것 같다. 유아가 유치원 안팎에서 겪는 일상적인 경험이 언어 교육의 좋은 자료가 될 수 있다는 것을 알게 되었다. 총체적 언어 접근법과 함께 ㉣ 이 접근법을 자주 활용하는 것도 유아들에게 유용할 것 같다.

1) ㉠은 유아기에 자주 보이는 초기 문법 발달의 특징을 보여 준다. ① ㉠을 설명하는 용어 1가지와 사례에 근거하여 특징을 설명하고, ② (가)에서 유아의 오류에 대한 교사의 암시적 지도가 나타나는 교사의 발문을 1가지 찾아 쓰시오. [2점]

① _____
② _____

2) 2019 개정 유치원 교육과정 '의사소통' 영역의 다음 ① ⓐ에 들어갈 내용을 쓰고, 이에 근거하여 ② ㉡의 교사 발문을 수정하시오. [1점]

내용 범주	내용
읽기와 쓰기에 관심 가지기	말과 글의 관계에 관심을 가진다.
	ⓐ
	자신의 생각을 글자와 비슷한 형태로 표현한다.

① _____
② _____

3) 다음은 ㉢에서 나타난 유아의 혼잣말에 대한 설명이다. A에 들어갈 용어 1가지를 쓰시오. [1점]

비고츠키(L. Vygotsky)에 의하면, 혼잣말은 자기지향적인 언어이며, 연령이 증가함에 따라 점점 축약되고 사고와 융합되면서 (A)(으)로 발달해 간다.

4) (나)에 비추어 ① ㉣에 해당하는 언어 교육 접근법 1가지를 쓰고, ② '계획-경험-(ⓐ)-경험의 기록'의 절차 중 ⓐ에 들어갈 말을 1가지 쓰시오. [1점]

① _____
② _____

02

(가)는 5세반 언어 영역에서 일어난 놀이 장면의 일부이고, (나)는 언어 발달에 대한 학자의 견해이다. 물음에 답하시오. [5점]

(가)

교사 : (그림책을 넘기면서) ㉠ 맥스는 ㉡ 괴물들이 사는 나라로 갔구나.
윤성 : 와! 저기 맥스가 괴물들의 왕이 되었네!
태윤 : 저것 봐! 집이 점점 숲으로 변해 가!
윤성 : 어! 맨 끝에는 맥스가 다시 방으로 돌아왔어. 아까 그 방으로 왔나? 그게 끝이야?
……(중략)……
교사 : 그림책은 한 권인데 보려고 하는 친구들이 많구나. ㉢ 차례를 정해서 한 사람씩 보도록 하자.
……(중략)……

윤성이는 나뭇가지와 상자를 이용해 괴물들이 사는 나라를 만들고 친구들이 무너뜨리지 못하도록 ㉣ '도라가시오'라는 표지판을 만들어 세워 놓는다. 지나가던 영희가 표지판을 읽으며 지나가다가 윤성이가 만든 것을 무너뜨릴 뻔한다.

윤성 : ㉤ 돌아가. 돌아가란 말이야. 돌아가라니까! 이거 무너지면 어떻게 해!
……(중략)……
(윤성이는 자기가 만든 괴물들의 나라에 태윤이를 데려와 함께 놀고 있다.)
윤성 : 나는 이제부터 맥스야.
태윤 : 그럼 난 괴물이야. ㉥ 넌 맥스라고? 그럼, 맥……맥……맥가이버랑 형제냐?
……(중략)……
윤성 : ㉦ 맥……백, 팩, 댁. 히히…… 재미있는 소리가 나네. 비슷하지만 달라.

(나)

촘스키(N. Chomsky)에 의하면, 언어의 의미와 내용을 전하는 추상적 기본구조인 심층구조는 여러 변형 규칙들이 적용되어 다양한 형태의 문장들로 표현된 (ⓒ)(으)로 전환된다.

1) 다음은 (가)와 관련하여 유아를 대상으로 활용 가능한 동화 장르에 대한 설명이다. ① ⓐ에 들어갈 용어 1가지를 ㉠과 ㉡에 비추어 쓰고, ② ⓑ에 들어갈 용어 1가지를 쓰시오. 그리고 ③ 환상동화와 ⓑ의 차이점을 결말에 비추어 쓰시오. [2점]

동화의 구성요소는 주제, (ⓐ), 배경, 플롯, 시점 등이다. ……(중략)…… 이 중 환상동화는 시공간을 초월하며 유아의 상상력을 자극한다는 점에서 (ⓑ)동화와 유사한 점이 많다.

①
②
③

2) 할리데이(M. Halliday) 이론에 근거하여 ㉢, ㉣, ㉤에서 공통으로 나타난 언어 기능의 유형 1가지를 쓰고 공통된 특징을 쓰시오. [1점]

3) ㉥과 ㉦은 서로 다른 음운 인식 유형을 나타낸다. ㉦에서 나타난 음운 인식 유형 1가지를 쓰시오. [1점]

4) ① ⓒ에 들어갈 용어 1가지를 쓰고, ② ⓓ에 들어갈 용어 1가지를 쓰시오. [1점]

(ⓓ)은/는 촘스키(N. Chomsky)가 인간의 선천적인 언어 발달 능력의 경이로움을 설명하려고 고안한 언어습득과 관련된 가상의 장치(device)이다. 촘스키에 따르면 인간의 뇌에는 태어날 때부터 선천적으로 언어를 습득할 수 있도록 하는 보편적 문법지식이 (ⓓ)에 미리 프로그램화되어 있어서 아동이 언어입력(language input) 시 별다른 노력을 기울이지 않고도 자동적으로 언어를 습득할 수 있다는 것이다.

①
②

2014학년도 유치원 교육과정 B

03 (가)는 유아들이 방송국 놀이를 하는 장면이고, (나)는 교사가 유아들과 딜레마에 대해 이야기를 나누는 장면의 일부이다. 물음에 답하시오. [5점]

(가)

> ㉠ 다은이는 아나운서, 정호는 기자, 형주는 카메라맨을 하기로 하였다. ㉡ 다은이는 아나운서 테이블 앞에 앉아서 길쭉한 연필꽂이를 앞에 세워 놓고 후-후- 불며 마이크 테스트를 하는 시늉을 한다.
>
> 다은 : "준비~ 시……작." 해 줘. 그럼 시작할게.
> 형주 : (카메라를 잡고 큰 소리로) 준비~ 시……작.
> 다은 : ㉢ 뉴스를 시작하겠습니다. 옆 동네에는 지금 비가 너무 많이 와서 홍수가 났다고 합니다.
> ……(중략)……
> ┌ 형주 : 근데, 이번에는 내가 아나운서 할래. (다은이를 바라보며) 네가 카메라맨 해. 난 아나운서 안 하면 그만할 거야.
> │ 다은 : 싫어. 나도 아나운서 할 거야.
> ㉣ 정호 : 그럼, 너희 둘이 이번에는 아나운서 하고 내가 카메라맨 할게. 다음에는 바꿔서 하면 되잖아. 기자가 없으니까 지환이도 부르자.
> └ 다은, 형주 : 그래 좋아.

(나)

교사가 딜레마가 있는 짧은 생활동화를 유아들에게 들려준 후, 질문을 하였다.

> 동화 내용 :
>
>
>
> 철수는 한 달 전에 혼자 자전거를 타다가 크게 다칠 뻔해서 엄마를 많이 걱정시키고 혼이 났어요. 그 후 절대 혼자 자전거를 타지 않기로 엄마랑 약속을 했는데, 오늘 외할머니께서 급한 일이 있으니, 빨리 와서 도와달라고 전화를 했어요. 걸어 가기에는 시간이 많이 걸려서 엄마한테 전화로 자전거를 타고 가도 될지 물어보려 했지만 엄마는 전화를 받지 않았어요. 철수는 외할머니께 늦게 가면 나쁜 일이 생길 것 같아 고민을 했어요.

> 교사 : 철수는 외할머니 댁에 자전거를 타고 갈까? 철수가 혼자 자전거를 타고 간 것을 엄마가 알면 어떻게 하실까?
> 지호 : ㉤ 철수는 자전거를 타고 외할머니께 갈 것 같아요. 나는 우리 외할머니 좋아하는데, 철수도 엄마도 외할머니를 좋아하니까 기뻐할 거예요.

1) 스밀란스키(S. Smilansky)에 의하면, ㉠과 ㉡은 사회극놀이의 요소 중 (ⓐ)와/과 (ⓑ)에 해당되며, ㉢은 사회극놀이 요소의 하나인 언어적 의사소통 유형 중 (ⓒ)에 해당된다. ① ⓐ, ⓑ에 들어갈 용어를 각각 1가지씩 순서대로 쓰고, ② ⓒ에 해당하는 용어를 1가지 쓰시오. [2점]

① _____

② _____

2) 2019 개정 유치원 교육과정 '사회관계' 영역의 내용 범주 '더불어 생활하기'의 내용에 근거하여 ㉣의 상황에서 정호의 장점을 1가지 쓰고 그 이유를 쓰시오. [1점]

3) 셀만(R. Selman)의 역할수용(role-taking) 이론에 비추어 볼 때, (나)에서 ① ㉤의 지호가 해당되는 수준의 명칭 1가지와 특징을 쓰고, ② 다음 수준으로의 향상을 위한 교사의 발문 1가지를 쓰시오. [2점]

① _____

② _____

04 (가)는 유치원 교사들의 대화이고, (나)는 4세반 활동 계획안의 일부이며, (다)는 장 교사가 쓴 저널의 일부이다. 물음에 답하시오. [5점]

(가)

윤 교사 : 유아기에는 무엇보다도 ㉠ 정직, 존중, 예의, 공공규칙 지키기와 같은 태도와 기술을 가르칠 수 있도록 사회 교육이 이루어져야 한다고 생각해요. 이러한 태도와 기술은 남들과 어울려 사는 데 정말 필요한 것이기 때문이죠.
장 교사 : 생활과 연계한 태도나 기술도 중요하지만 사회적 지식도 필요할 것 같아요. 그래서 ㉡ 역사나 지리, 경제, 환경과 같은 분야의 기본 개념을 가르치는 것도 필요하다고 생각해요. 사회 각 분야의 핵심 개념을 가르치는 거죠. 어릴 때부터 사회현상에 관심을 갖고 이해하는 것이 필요한 것 같아요.

(나)

활동명	우리 동네 119 구조대원이 하는 일 알아보기	
활동 목표	(생략)	
활동 방법	○ 사회적 탐구 모형을 활용하여 우리 동네 119 구조대원이 하는 일을 알아본다.	
	활동 단계	활동 내용
	문제 구성	우리 동네 119 구조대원이 하는 일을 알아본다.
	(㉢) 설정	'우리 동네 119 구조대원이 없으면 사람들이 편하고 안전하게 살 수 없다.'는 (㉢)을/를 세운다.
	주제의 명료화	㉣ 우리 동네 119 구조대원이 하는 일을 표, 그림, 동시 짓기 등 다양한 방법으로 나타낸다.
	자료수집	㉤ 우리 동네에 119 구조대원이 없으면 어떻게 될지, 우리 동네 구조대원은 어떤 일을 하는지에 대해서 알아보기로 한다.
	자료평가 및 분석	㉥ 소방서에 가서 우리 동네 119 구조대원이 하는 일을 조사하고, 책이나 동영상에서 관련 정보를 찾아본다.
	(㉢) 검증 및 일반화	우리 동네에 119 구조대원이 없으면 사람들이 편하고 안전하게 살 수 없다는 것을 알고, 119 구조대원이 하는 일을 안다.

(다)

지영이가 119 구조대원 역할을 하려고 하니 태수가 "구조대원은 위험해서 여자는 못 해."라고 말했다. 윤재도 "그래, 구조대원은 남자만 하는 거야."라고 하자, 지영이가 "정말? 나도 하고 싶은데……."라고 했다. 유아들의 대화를 통해 성역할에 대한 유아들의 생각을 알 수 있었다. 그래서 나는 '2019 개정 누리과정'의 '편성·운영' 내용을 근거로, 유아가 성, 신체적 특성, 장애, 종교, 가족 및 문화적 배경 등에 관계없이 모든 사람을 존중하고 수용하도록 (㉦) 교육을 범교육과정적 주제로 다뤄야겠다.

1) ㉠과 ㉡에 해당되는 유아 사회 교육의 접근 방식 1가지를 각각 쓰시오. [1점]

㉠ _____

㉡ _____

2) ① ㉢에 들어갈 용어 1가지를 쓰고, ② ㉣~㉥을 활동 단계에 맞게 순서대로 기호를 쓰시오. [2점]

① _____

② _____

3) (다)의 교사는 유아가 사람들은 서로 감정, 생각, 행동이 다를 수 있음을 알고 이해하고 존중하려는 교육을 하고자 한다. 이와 관련된 2019 개정 유치원 교육과정 '사회관계' 영역의 내용 범주 '더불어 생활하기'의 내용을 쓰시오. [1점]

4) ㉦에 들어갈 용어 1가지를 쓰시오. [1점]

05 다음은 전래동요의 지도 방법에 대해 교사들이 나눈 대화의 일부이다. 물음에 답하시오. [5점]

> 최 교사: 전래동요는 음역이 넓지 않고 음계가 단순해서 고든(E. Gordon)의 이론을 적용해 볼 수 있을 것 같은데……. 유아들이 익숙한 전래동요를 ㉠ <u>노랫말이나 음 없이 노래를 상상하여 마음속으로 불러 보는 것</u>도 가능하지 않을까요?
>
> 윤 교사: 좋은 생각이네요. 저는 전래동요의 가사를 확장해서 동극의 형식으로 각색하고, ㉡ <u>노래극</u>을 시도해 보고 싶어요.
>
> 민 교사: 그렇다면, ㉢ <u>여러 가지 방법으로 전래동요를 감상하고 익힌 다음, 즉흥적으로 노랫말을 바꾸어서 불러 보는 활동</u>을 해 보면 어떨까요? 아이들은 자신이 지은 노랫말로 노래 부르는 것을 좋아하잖아요.
>
> 권 교사: 저는 아이들이 손으로 무릎장단을 치면서 전래동요를 불러 보는 활동을 계획하고 있어요. ㉣ <u>휘모리보다는 느리지만 잦은 박으로 빠르게 치는 경쾌한 장단</u>에 맞추어 활동하면, 유아들이 음악적 요소를 보다 쉽게 익힐 수 있을 것 같아요.
>
> 강 교사: 우리나라 악기를 탐색한 후에 악기를 연주하면서 전래동요를 불러 보는 활동도 흥미로울 것 같은데요. 사물놀이에 쓰이는 악기 중 (㉤)을/를 사용해 매 장단의 첫 박에 치면서 음의 지속이나 진동을 효과적으로 경험해 보면 어떨까요?

1) ㉠이 설명하고 있는 용어를 고든(E. Gordon)의 이론에 근거하여 1가지를 쓰고, ㉡의 특징을 설명하시오. [1점]

㉠ _____

㉡ _____

2) ① ㉢과 관련된 2019 개정 유치원 교육과정 '예술경험' 영역의 내용 범주 '창의적으로 표현하기'의 내용을 쓰고, ② 음악교육의 5가지 영역 중 교사들의 대화에 나타나지 <u>않은</u> 영역 1가지를 쓰시오. [2점]

① _____

② _____

3) 다음은 ㉣을 사용한 전래동요의 정간보 일부이다. ① ㉣에 해당하는 장단의 이름 1가지와 아래 정간보의 구음을 모두 쓰고, ② ㉤에 들어갈 악기 1가지와 나머지 사물놀이 악기들의 이름을 모두 쓰시오. [2점]

'이 거리 저 거리 각 거리'							
㉦		㉧		㉨		ㅣ	○
노랫말	이	거 리	저	거 리	각	거 리

……(후략)……

① _____

② _____

06 다음은 3~5세 혼합연령반 활동 계획안의 일부이다. 물음에 답하시오. [5점]

활동명	몸으로 만든 숫자
활동 목표	○ ㉠ <u>소품이나 도구를 활용하여 숫자를 몸으로 표현한다.</u> ○ 몸 움직임에서 나타나는 모양을 감상한다.
준비물	시계, 사진기, 음악CD, 소품(리본, 지팡이, 공), 도구(의자, 상자)
활동 방법	○ 우리 주변의 숫자를 찾아본다. ○ 숫자를 제시하면 각자 몸으로 숫자를 만든다. ○ ㉡ <u>여러 명이 함께 몸으로 숫자를 만든다.</u> ○ ㉢ <u>다양한 소품이나 도구를 활용하여 몸으로 숫자를 만든다.</u> ……(중략)…… ○ 유아들이 몸으로 표현한 숫자 사진을 모니터로 감상한다. ㉣ [그림: 숫자 6 모양] - 현아는 팔과 몸을 둥글게 구부리고 있구나. - 혜미는 몸을 동그랗게 말고 있구나. ㉤ [그림: 숫자 7 모양] - 민수는 팔을 쭉 뻗고 있구나. ㉥ [그림: 숫자 8 모양] - 경수는 팔과 다리를 둥글게 하였구나. - 마치 숫자 3을 두 개 붙여놓은 것 같네.
확장 활동	○ 미술 활동으로 숫자 모빌 만들기를 한다. - ㉦ <u>4~5명이 한 모둠이 되어 여러 모양의 숫자로 모빌을 만든다.</u>

1) ㉠과 관련된 2019 개정 유치원 교육과정 '예술경험' 영역의 내용 범주 '창의적으로 표현하기'의 내용을 쓰시오. [1점]

2) ① ㉡과 ㉢에 공통으로 나타난 동작의 구성요소 1가지를 쓰고, ② ㉠에 근거하여 ㉡과 ㉢의 차이점을 쓰시오. [1점]
　① _____
　② _____

3) ① ㉣과 ㉤, ② ㉣과 ㉥에 공통으로 해당되는 모양의 요소를 각각 1가지씩 쓰시오. [2점]
　① _____
　② _____

4) ① ㉦이 3세 유아에게 적합하지 않은 이유 1가지를 쓰고, ② ㉦을 3세에 맞게 변형시키시오. [1점]
　① _____
　② _____

07

(가)는 4, 5세 혼합연령반 활동 계획안의 일부이고, (나)는 활동 후 교사가 작성한 저널의 일부이다. 물음에 답하시오. [5점]

(가)

활동명	떡을 만들어요
활동 목표	(생략)
활동 방법	○ 떡 만들기에 필요한 재료를 탐색해 본다. ○ 떡 만들기에 사용되는 도구의 사용법을 알아본다. ○ 그림과 사진으로 구성된 떡 만들기 요리 순서표를 보며 요리 방법을 알아본다. ○ 다양한 색의 쌀가루 반죽을 만들며, 변화된 반죽의 색을 탐색해 본다.  ○ 쌀가루 반죽을 다양한 모양과 크기의 찍기 도구로 찍어 본다. ○ ㉠ 찍어 놓은 반죽의 공통점과 차이점을 살펴본 후, 하트 모양을 모아 본다. ○ ㉡ 찍어 놓은 초록색 반죽을 모은 후, 그중에서 별 모양을 모아 본다. ○ ㉢ 쌀가루 반죽을 찜기에 넣고 찌면 어떻게 될지 이야기해 본다. ○ 쌀가루 반죽을 쪄서 익힌 후, 먹어 본다. ○ 쌀가루 반죽이 어떻게 되었는지 이야기해 보고 ㉣ 그 이유에 대해서도 이야기해 본다.
확장 활동	(생략)

(나)

유아 과학 교육에 사용되는 교구나 매체는 브루너(J. Bruner)가 제시한 표상 양식 중 유아가 이해할 수 있는 수준의 ㉤ 표상 양식으로 구성되어야 한다.
……(중략)……
유아들과 활동에 대한 평가를 하는 중에 철수는 ㉥ "쌀가루는 부드러워요.", 수빈이는 "쌀가루에 물을 많이 넣었더니 반죽이 질어졌어요."라고 하였다.

1) ① ㉠, ㉢, ㉣에 해당하는 탐구기술을 각각 순서대로 1가지씩 쓰고, ② ㉡을 '복합분류'의 분류 방법으로 제시할 때의 활동 방법을 1가지 쓰시오. [2점]

① _____
② _____

2) ㉠~㉣에서, 2019 개정 유치원 교육과정 '자연탐구' 영역의 내용 범주 '탐구 과정 즐기기' 중 ① ⓐ에 해당하는 기호를 2가지 쓰고 ② 그 이유를 쓰시오. [1점]

내용 범주	내용
탐구 과정 즐기기	주변 세계와 자연에 대해 지속적으로 호기심을 가진다.
	궁금한 것을 탐구하는 과정에 즐겁게 참여한다.
	ⓐ 탐구 과정에서 서로 다른 생각에 관심을 가진다.

① _____
② _____

3) ㉤을 근거로 브루너(J. Bruner)의 표상 양식 중 영상적 표상에 기초한 것을 (가)에서 찾아 1가지 쓰고, 이것이 유아에게 적합한 이유를 1가지 쓰시오. [1점]

4) 카미와 드브리스 프로그램(Kamii & DeVries Program)에 제시된 지식의 3가지 유형 중 ㉠과 ㉥에 나타난 지식의 유형을 1가지씩 순서대로 쓰시오. [1점]

08

(가)와 (나)는 5세반 놀이 상황의 일부이다. 물음에 답하시오. [5점]

(가)

교사 : 얘들아, 어제 친구들이랑 동물원을 갔다 왔는데 어땠니?
보경 : 친구랑 가니까 좋아요. 동물도 보고, 간식도 먹었어요.
진희 : 저는요, ㉠ 아빠랑 엄마랑 동물원에 세 번 갔다 왔어요.
교사 : 그랬구나. 그럼 동물원은 어떻게 만들면 좋을까? 선생님이 한 것처럼 종이벽돌을 짧은 것, 긴 것, 짧은 것, 긴 것으로 놓아서 울타리를 만들어 보자.
보경 : (교사가 만든 ㉡ 짧은 것, 긴 것, 짧은 것, 긴 것을 보며) 나도 이렇게 할 거예요.
준수 : (울타리를 보면서 ㉢ 앉았다, 일어났다, 앉았다, 일어났다, 앉았다, 일어났다를 반복하며) 저는 이렇게 할 거예요.
진희 : 선생님, ㉣ 저는 꽃으로 울타리를 꾸며 볼래요. 빨간꽃, 노란꽃, 분홍꽃, 빨간꽃, 노란꽃, 분홍꽃을 놓았어요.

(나)

교사 : (똑같은 양의 찰흙을 보여 주며) 얘들아! 여기 똑같은 양의 찰흙이 있어. 이 찰흙으로 여러 가지 모양을 만들어 볼까? (유아들이 찰흙을 굴리고 주무르다가 길게 만들기도 하고 동그랗게 만들기도 한다.) ……(중략)……
보경 : (진희가 만든 것을 보면서) 내 것이 더 커. 봐, 내 것이 더 길잖아!
진희 : 아니야. 우리 둘이 똑같아. 선생님, 그렇죠? 우리 둘이 똑같죠?
교사 : 진희야, 왜 그렇게 생각했어?
진희 : ㉤ 보경이 것은 길고 날씬하지만 내 것은 짧고 뚱뚱하잖아요. 그래서 똑같아요.
준수 : ㉥ 보경이 것을 진희 것하고 같이 동그랗게 만들면 똑같아요.
교사 : 맞아. (㉻)

1) ㉠에서 진희가 '추상화의 원리'로 수 세기를 하고 있다고 판단되는 이유 1가지를 쓰시오. [1점]

2) ㉡과 ㉢에 해당되는 패턴 유형을 1가지씩 순서대로 쓰시오. [1점]

3) ㉣과 관련된 2019 개정 유치원 교육과정 '자연탐구' 영역의 내용을 쓰시오. [1점]

4) 피아제(J. Piaget) 이론에 근거하여, 3가지 보존 개념의 원리 중 ① ㉤과 ㉥에 나타난 보존 개념의 원리를 각각 1가지씩 쓰고, ② 다른 하나의 보존 개념의 원리를 인식시키기 위한 ㉻의 교사 발문을 쓰시오. [2점]

① _____

② _____

문제

초임 교사인 안 교사와 경력 교사인 김 교사의 다음 대화에 근거하여 1) 유치원 교사에게 반성적 사고가 필요한 이유를 교사 자신과 유치원 측면에서 각각 2가지씩 논하고, 2) 반성적 사고를 통해 안 교사가 개선해야 할 교수 행동과 대안을 각각 3가지씩 제시하시오. 그리고 3) 사례의 미술 활동과 관련하여 안 교사가 해야 하는 반성적 사고를 킬리온과 토드넴(Killion & Todnem)의 3가지 반성적 사고에 근거하여 설명하고, 4) 안 교사가 활용할 수 있는 반성적 사고 증진 방안을 2가지 논하시오. [총 20점]

김 교사: 선생님, 오늘 수업은 어떠셨어요?

안 교사: 오늘은 여러 가지 일들로 고민이 많네요.

김 교사: 무슨 문제가 있었어요?

안 교사: 오늘 자유놀이 시간에 몇몇 유아들이 한 영역에서만 너무 오래 놀고 있기에 의도적으로 다른 영역에 가서 놀도록 했어요. 대학에서 배운 대로 유아들에게 여러 영역의 활동을 고루 경험시키는 것이 중요하다고 생각했거든요. 그런데 유아들의 불평이 많았어요. 이럴 때마다 교직에 대한 자신감이 없어져요.

김 교사: 나도 그런 경우가 종종 있었어요. 실제로 유아들을 지도해 보니 꼭 배운 대로 되는 것은 아니더라고요. 오히려 유아들을 가르치며 계속 진지하게 고민하면서 조금씩 새로 깨달아 가는 것이 많았던 것 같아요. 그런데 또 다른 일도 있었던 거예요?

안 교사: 요즘 원장 선생님이 종종 교실 관찰을 하시잖아요? 우리 반 아이들이 쌓기놀이 영역에서 매번 똑같은 것만 만드는 것 같다고 하시면서 그 이유가 무엇인지 고민해 보라고 하시네요. 사실 저는 유아들이 잘 노는 것 같아 크게 관심을 갖지 않았거든요.

김 교사: 원장 선생님께서 그런 말씀을 하셨다면 무슨 이유가 있었을 텐데……. 원장 선생님께서는 항상 유아에게 질 좋은 교육을 제공하고자 고민하시니까요.

안 교사: 그런데 저는 도무지 모르겠어요.

김 교사: 그래도 더 고민해 보세요. 나도 그런 문제에 부딪쳤을 때 제 자신의 행동을 곰곰이 되돌아보곤 하는데, 그게 문제를 풀어가는 데 도움이 많이 되더라고요. 그렇게 문제를 하나씩 풀어가다 보면 교사로서 성장할 뿐만 아니라 자신감도 회복되더라고요.

안 교사: 네, 그렇군요. 그러고 보니 한 가지 고민이 더 있어요. 오늘 미술 영역에서 유아들이 그린 해바라기를 벽면에 전시해 놓았는데, 제가 보여 준 해바라기와 똑같이 잎사귀는 초록, 꽃은 노랑으로 그린 거예요. 모두 똑같이 그린 것을 보니 제 지도 방법에 문제가 있는 것이 아닌가 하는 생각이 들었어요.

김 교사: 나도 유아들을 가르치면서 그런 문제로 고민한 적이 많아요.

안 교사: 선생님은 그럴 때 어떻게 하셨어요?

김 교사: 나는 막연하게 생각만 하기보다는 하루를 되돌아보며 꼼꼼하게 정리해 보곤 했어요.

안 교사: 저도 그 방법을 써 봐야겠네요.

김 교사: 교사 학습 공동체에서 다른 선생님과 내가 처한 상황에 대해 이야기하는 것도 도움이 되었어요.

안 교사: 아, 그것도 좋은 방법이겠네요. 동료 선생님들과 도움을 주고받으며 성장하고 싶어요.

답안 작성 시 유의사항

- 주어진 답안지 면수(2매 이내)에 맞게 서술하시오.

- 글의 체계를 논리적으로 짜임새 있게 구성하시오.

- 글의 명료성, 타당성, 일관성을 고려하여 서술하시오.

배점

- **논술의 내용 [총 15점]**
  - 반성적 사고가 유치원 교사에게 필요한 이유 [4점]
  - 반성적 사고를 통해 안 교사가 개선해야 할 교수 행동과 대안 [6점]
  - 미술 활동 관련한 반성적 사고 [3점]
  - 반성적 사고 증진 방안 [2점]

- **논술의 체계 [총 5점]**
  - 글의 논리적 체계성 [3점]
  - 맞춤법 및 어휘·문장의 적절성 [2점]

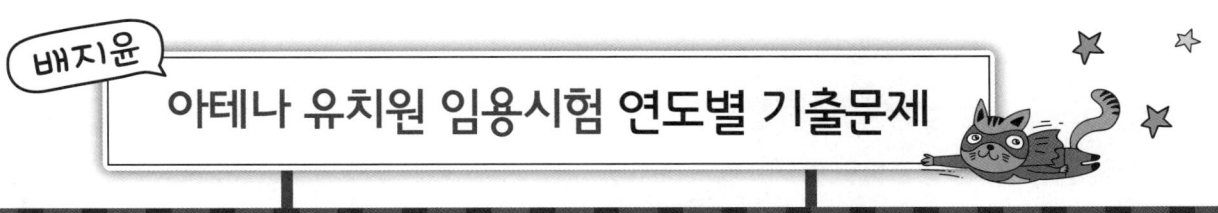

초안지

01

(가)는 「유아교육법」의 일부이고, (나)는 「아동복지법」의 일부이다. 물음에 답하시오. [5점]

(가) 「유아교육법」 [법률 제18298호, 2021. 7. 20., 일부 개정]

제17조의3(응급조치) 원장(제21조제2항에 따라 원장의 직무를 대행하는 사람을 포함한다)은 보호하는 유아에게 질병·사고나 재해 등으로 인하여 위급한 상태가 발생한 경우 즉시 해당 유아를 「응급의료에 관한 법률」 제2조에 따른 (㉠)에 이송하여야 한다.
[본조신설 2013. 5. 22.]
……(중략)……
제19조의2(유아교육(㉡)의 구축·운영 등)
① 교육부장관 및 교육감은 유치원 및 교육행정기관의 업무(회계관리를 포함한다)를 전자적으로 처리할 수 있도록 유아교육(㉡)(이하 "(㉡)"(이)라 한다)을/를 구축·운영하여야 한다. 〈개정 2020. 1. 29.〉
……(중략)……
⑤ 유치원은 (㉢)관리 업무를 위하여 (㉡)을/를 사용하여야 한다. 〈신설 2020. 1. 29.〉
제20조(교직원의 구분) ① 유치원에는 교원으로 (㉣)을/를 두되, 대통령령으로 정하는 일정 규모 이하의 유치원에는 원감을 두지 아니할 수 있다. 〈개정 2010. 3. 24., 2011. 7. 25.〉
……(후략)……

(나) 「아동복지법」 [법률 제18619호, 2021. 12. 21., 일부 개정]

제17조(금지행위) 누구든지 다음 각 호의 어느 하나에 해당하는 행위를 하여서는 아니 된다.
〈개정 2021. 12. 21.〉
……(중략)……
3. 아동의 신체에 손상을 주거나 신체의 건강 및 발달을 해치는 신체적 학대 행위
4. 삭제 〈2014. 1. 28.〉
5. 아동의 정신건강 및 발달에 해를 끼치는 (㉤)행위(「(㉥)범죄의 처벌 등에 관한 특례법」 제2조제1호에 따른 (㉥)에 아동을 노출시키는 행위로 인한 경우를 포함한다)

6. 자신의 보호·감독을 받는 아동을 유기하거나 의식주를 포함한 기본적 보호·양육·치료 및 교육을 소홀히 하는 (㉦) 행위
……(후략)……

1) ㉠, ㉡, ㉢에 들어갈 용어 1가지를 각각 쓰시오. [1점]

㉠ _____

㉡ _____

㉢ _____

2) 다음 「유아교육법」의 ⓐ와 ⓑ를 각각 채우시오. [2점]

제13조(교육과정 등) ① 유치원은 교육과정을 운영하여야 하며, 교육과정 운영 이후에는 방과후 과정을 운영할 수 있다. 〈개정 2012. 3. 21.〉
② (ⓐ)은/는 제1항에 따른 교육과정의 기준과 내용에 관한 기본적인 사항을 정하며, 교육감은 (ⓐ)이/가 정한 교육과정의 범위에서 (ⓑ) 실정에 적합한 기준과 내용을 정할 수 있다. 〈신설 2021. 7. 20.〉
③ 교육부장관은 제1항에 따른 방과후 과정의 기준과 내용에 관한 기본적인 사항을 정하며, 교육감은 교육부장관이 정한 방과후 과정의 범위에서 (ⓑ) 실정에 적합한 기준과 내용을 정할 수 있다. 〈개정 2021. 7. 20.〉
④ 교육부장관은 유치원의 교육과정 및 방과후 과정 운영을 위한 프로그램 및 교재를 개발하여 보급할 수 있다. 〈개정 2021. 7. 20.〉

ⓐ _____

ⓑ _____

3) ㉣의 빈칸을 채우시오. [1점]

㉣ _____, _____, _____, _____

4) ㉤, ㉥, ㉦에 들어갈 용어를 각각 쓰시오. [1점]

㉤ _____

㉥ _____

㉦ _____

02
(가)~(다)는 ○○유치원 심 교사의 저널이다. 물음에 답하시오. [5점]

(가)

용우가 또래들과 어떻게 놀이하는지 일화기록법을 활용하여 관찰해 보았다. (2022년 ○월 ○일)

관찰 대상 이름 : 김용우 관찰 일자 : 2022년 ○월 ○일	생년월일 : 2018년 ○월 ○일 관찰 장소 : 쌓기놀이 영역

내용 :
　용우가 장난감 자동차들을 바구니에 담는다. 용우는 쌓기놀이 영역의 카펫 위로 가서 장난감 자동차를 한꺼번에 쏟아 한 줄로 나란히 세우기 시작한다. 다원이가 용우에게 다가가 장난감 버스를 잡으려 하자, 용우가 먼저 장난감 버스를 손으로 잡는다. ㉠ 다원이가 버스를 달라고 하니 용우는 싫다고 말한다. 용우는 장난감 자동차를 다시 바구니에 담은 후 역할놀이 영역으로 간다.

(나)

우주반 심 교사는 '소풍 갈 때 버스에 같이 앉아서 가고 싶은 친구'를 조사해 보았다. 조사 결과를 분석해 보니, 다음과 같이 나타났다. (2022년 ○월 ○일)

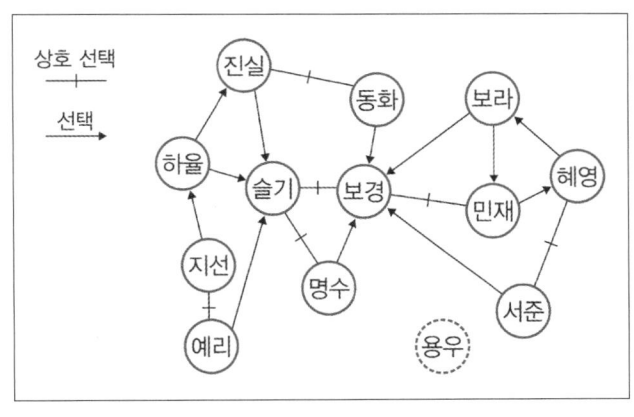

(다)

　민재는 자신의 생각이나 느낌을 글보다는 신체를 이용하여 표현하는 능력이 뛰어난 편이다. 민재는 손으로 만들기를 잘하고, 공과 같은 도구를 자유자재로 다루며, 스카프를 이용하여 춤추는 활동에서도 창의적이다. 그러나 민재는 말이나 글에 대한 민감성은 부족하며, 글 배우는 것을 힘들어한다. 민재는 "나는 아직 글씨 몰라요."라며 자신의 이름 쓰기를 주저하고, 생일 초대 카드를 만들 때에도 글씨는 어렵다며 활동에 참여하지 않고, 동화책 읽기에도 관심이 없다. 민재가 잘하는 영역과 어려워하는 영역이 있는 걸 보면, 민재의 지능 영역 안에는 다양한 잠재능력이 있다는 생각이 든다. 민재가 ㉡ 강점 지능 영역을 통해 ㉢ 약점 지능 영역을 보완할 수 있도록 ㉣ 통합적 활동을 계획해야겠다.
(2022년 ○월 ○일)

1) ① ㉠을 일화기록 작성 방법에 따라 바르게 고쳐 쓰고, ② (가)의 평가 방법이 (나)의 조사 결과를 보완해 주는 이유에 대해 1가지 쓰시오. [1점]

①ㅤㅤㅤㅤㅤㅤㅤㅤㅤㅤㅤㅤㅤㅤㅤㅤㅤㅤㅤㅤㅤ

②ㅤㅤㅤㅤㅤㅤㅤㅤㅤㅤㅤㅤㅤㅤㅤㅤㅤㅤㅤㅤㅤ

2) ① (나)에서 사용한 모레노(J. L. Moreno)가 개발한 조사 방법의 명칭과 심 교사의 조사 목적을 각각 1가지씩 쓰고, ② 다음 ⓐ와 ⓑ에 들어갈 유아의 이름을 각각 쓰시오. [2점]

인기아동(2명)	ⓐ (　　　), (　　　)
고립아동(1명)	ⓑ (　　　)

①ㅤㅤㅤㅤㅤㅤㅤㅤㅤㅤㅤㅤㅤㅤㅤㅤㅤㅤㅤㅤㅤ

②ㅤㅤㅤㅤㅤㅤㅤㅤㅤㅤㅤㅤㅤㅤㅤㅤㅤㅤㅤㅤㅤ

3) 가드너(H. Gardner)의 다중 지능 영역 중, ① ㉡과 ㉢에 해당하는 민재의 지능 영역을 각각 쓰고, ② 민재에게 자신의 이름 쓰기에 흥미를 갖게 하는 ㉣의 활동 방법을 (다)에 제시된 활동을 활용하여 1가지 제시하시오. [2점]

①ㅤㅤㅤㅤㅤㅤㅤㅤㅤㅤㅤㅤㅤㅤㅤㅤㅤㅤㅤㅤㅤ

②ㅤㅤㅤㅤㅤㅤㅤㅤㅤㅤㅤㅤㅤㅤㅤㅤㅤㅤㅤㅤㅤ

2015학년도 유치원 교육과정 A

03 다음은 유치원의 원내 자율 장학 협의회 장면이다. 물음에 답하시오. [5점]

> 원감과 김 교사는 동극 수업을 각자 분석한 후, 함께 수업 동영상을 보면서 체계적으로 수업에 대해 협의하고 있다.
>
> 원　감 : 어제 했던 동극 수업에 대해 선생님이 먼저 평가해 보세요.
>
> 김 교사 : 우선, 동화를 들려줄 때, 목소리 변화가 좀 적었고, 전체적으로 말이 빨랐던 거 같아요. 긴장해서 그랬는지…….
>
> 원　감 : 선생님이 잘 알고 계시네요. 제가 보기에도 동화를 들려줄 때 목소리 변화와 내용 숙지에 조금 아쉬움이 있었어요. 동극하기 전에 약속 정하기도 필요하지만 동극을 하고 난 후, 동극을 한 유아들의 목소리 크기나 동작 그리고 관람자의 태도도 함께 평가해 보면 좋겠어요. 그렇게 하면 다음번엔 더 신나고 재미있는 동극을 지도할 수 있을 것 같아요.
>
> 김 교사 : 학교에서 이론으로 배울 때는 제가 동극을 잘한다고 생각했는데 막상 유치원에서 동극을 지도하려고 하니 떨리기도 하고 유아 통제가 안 되니까 더 자신감이 없었던 것 같아요. 유아들의 놀이를 제가 잘 지원해 주지 못하는 것 같아 미안하고 교사로서 자질이 없는 것 같아서 힘들어요.
>
> 원　감 : 그래도 선생님은 경력에 비하면 아주 잘하는 거예요. 저도 선생님 같은 시기가 있었어요. 그렇지만 지금은 내 나름의 방법으로 변형도 시켜 보고 새로운 시도도 해 보면서 유아들에게 더 효과적인 방법을 찾아가는 재미를 느끼고 있어요. 선생님도 교사로서의 ㉠ 실천적 지식이 계속 쌓아지면서 멋진 교사로 성장할 수 있을 거예요.
>
> ……(중략)……
>
> 원　감 : 다음번에는 어떤 수업 주제를 가지고 할지 논의해 볼까요?
>
> 김 교사 : 원감 선생님, 이번에 동극을 했으니, 다음에는 미술 감상을 했으면 좋겠어요. 감상이 어렵더라고요.
>
> 원　감 : 그것보다 제가 보기에는 '이야기 나누기'가 잘 이루어지지 않는 것 같아요. 다음번에 '이야기 나누기'를 준비해 주세요.
>
> 김 교사 : 알겠습니다.

1) 캐츠(L. Katz)의 교사 발달 단계에 근거하여 ① 김 교사에게 해당되는 단계의 명칭을 쓰고, ② 위 사례를 근거로 이 단계의 특징을 설명하시오. [2점]

①　　　　　　　　　　　　　　　　　

②　　　　　　　　　　　　　　　　　

2) ㉠은 엘바즈(F. Elbaz)가 제시한 교사에게 요구되는 지식 중의 하나이다. ㉠의 의미를 설명하시오. [1점]

3) 위의 사례에서 ① 장학의 절차와 방법으로 바람직하지 <u>않은</u> 내용 1가지와 ② 그 이유를 쓰시오. [2점]

①　　　　　　　　　　　　　　　　　

②

04 다음은 유아기 사고의 특성을 보여 주는 예이다. 물음에 답하시오. [5점]

(가)

> 4세 겨운이는 오전 간식 시간에 옆 자리에 앉아 있는 소진이와 약간 다투었다. 소진이가 겨운이의 과자를 하나 더 먹으려고 하자 겨운이는 소진이의 손등을 꼬집었다. 소진이는 "너, 왜 꼬집어?"라며 겨운이의 팔을 쳤고, 겨운이는 울음을 터뜨렸다. 선생님은 겨운이를 달래며 친구를 꼬집으면 안 된다고 말한 후, 유아들과 이야기 나누기 시간을 가졌다. 그런데 갑자기 소진이가 배가 아프다며 울기 시작하였고, 선생님은 급히 소진이를 데리고 나갔다. 이를 본 겨운이는 간식 시간에 자신이 소진이를 꼬집어서 소진이의 배가 아픈 것이라고 생각하여 겁도 나고 걱정이 되었다.

(나)

> 3세 나운이는 인형을 앞에 놓고 숟가락을 마이크처럼 입에 댄 채 노래를 부르고 있었다. 나운이는 실수로 숟가락을 놓쳐 그만 인형의 머리 위에 떨어졌다. 나운이는 놀라 인형을 쓰다듬으며, "호호" 불어 주었다. "괜찮아? 숟가락이 때려서 많이 아프지?"라고 말한 후, 구급함에서 일회용 밴드를 꺼내서 인형의 머리에 붙여 주었다. "조금만 참아. 곧 괜찮아질 거야." 나운이는 인형을 토닥이며 가슴에 꼭 끌어안았다.

(다)

> 혼합연령반 김 교사는 4세 현우와 5세 지연이에게 과자 5개가 들어 있는 과자 한 봉지씩을 나누어 주었다. 현우와 지연이는 과자 봉지를 뜯어 "하나, 둘, 셋, 넷, 다섯" 세면서 각자 자신의 접시에 과자를 놓았다. 현우는 접시에 과자 5개를 줄지어 놓았고, 지연이는 접시에 과자 5개를 띄엄띄엄 떨어뜨려 놓았다. 김 교사는 "현우 다섯 개, 지연이 다섯 개네."라고 말하며 똑같은 개수가 있음을 확인시켰다. 현우는 자신의 접시와 지연이의 접시를 번갈아 보더니, 지연이의 과자가 더 많다며 울기 시작하였다. 김 교사는 똑같이 5개씩 있다고 했으나, 현우는 울음을 그치지 않았다.

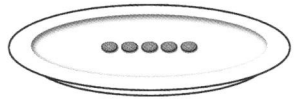 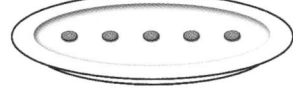

1) (가)에서 ① 겨운이가 보여 주는 유아기 사고의 특성을 나타내는 용어 1가지를 쓰고, ② 그 개념을 (가)의 상황에 비추어 설명하시오. [2점]

  ① _____
  ② _____

2) (나)에서 나운이가 보여 주는 유아기 사고의 특성 2가지를 나타내는 용어를 1가지씩 쓰고, 그렇게 생각하는 이유를 (나)의 사례에 근거하여 각각 쓰시오. [2점]

  ① _____
  ② _____

3) (다)에서 김 교사는 현우에게 보존개념을 인식시키기 위한 발문을 하고자 한다. 동일성의 원리와 가역성의 원리에 근거한 교사의 발문을 각각 1가지씩 순서대로 쓰시오. [1점]

2015학년도 유치원 교육과정 A

05
(가)는 교사들의 대화이고, (나)는 최 교사가 메모한 내용이다. 물음에 답하시오. [5점]

(가)

박 교사 : 유아기에는 기본 동작 활동이 매우 중요하다고 생각해요.

최 교사 : 저도 중요하다고 생각하는데 어떤 활동이 좋은지 몰라 자주 계획하지 못해요.

박 교사 : ㉠ 두 발 모아 뛰기, 큰 공 굴리기, 꽈배기처럼 몸을 꼬아 보기, 몸을 수직이나 수평으로 최대한 쭉 펴기, 훌라후프 돌리기는 어때요?

서 교사 : 저는 이번 주에 ㉡ 몸 전체를 수직이나 수평 축으로 돌리는 동작 활동을 해 보려고 해요.

유 교사 : 저는 기본 동작 활동을 매번 새로운 것으로 하려고 고민하기보다는 같은 종류의 활동을 여러 번 하는 것도 좋다고 생각해요. 예를 들면 걷기의 경우, 여러 가지로 변형해서 걷는 거죠. ㉢ 천천히 걷기, 빠르게 걷기, 점점 빠르게 걷기, 점점 느리게 걷기와 같은 활동을 하니까 유아들이 즐겁게 참여하더라고요.

최 교사 : 그렇군요. 선생님들이 유아의 기본 동작 활동을 교육할 때 중요하다고 생각되는 점을 알려 주세요. 잘 정리해서 앞으로 기본 동작 활동을 할 때 참고해야겠어요.

……(생략)……

(나)

기본 동작 활동 지도상의 유의점

- 움직임 요소 활용하기
- 유아의 발달 수준보다 어려운 신체활동을 자주 계획하기
- 활동에 적합한 다양한 음악 사용하기
- 특정 동작을 따라하도록 시범 보이거나 설명하지 않기
- 민첩성, 유연성, 평형성, 순발력과 같은 기초체력 요소를 기르도록 돕기
- 놀이를 통한 동작활동으로 확장하기

1) 다음은 2019 개정 유치원 교육과정 '신체운동·건강' 영역의 일부이다. ⓐ에 들어갈 말 1가지를 쓰고, ㉠에서 이와 관련된 활동을 모두 찾아 쓰시오. [1점]

내용 범주	내용
신체활동 즐기기	신체를 인식하고 움직인다.
	신체 움직임을 조절한다.
	기초적인 이동운동, 제자리 운동, (ⓐ)을/를 이용한 운동을 한다.
	실내외 신체활동에 자발적으로 참여한다.

2) ① ㉡에 해당하는 동작 명칭을 1가지 쓰고, ② ㉢에서 강조되는 동작의 구성요소를 1가지 쓰시오. [2점]

① _____

② _____

3) (나)에 제시된 지도상의 유의점에서 부적절한 내용 2가지를 찾아, 그 이유를 각각 1가지씩 쓰시오. [2점]

① _____

② _____

06

(가)와 (나)는 교사 저널이고, (다)는 5세반 교사와 유아 간 대화의 일부이다. 물음에 답하시오. [5점]

(가)

어머니들이 학부모 공개 수업으로 유치원을 방문하였다. 모든 활동이 잘 진행되고 있었다. 그런데 예진이 어머니가 물을 마시려고 자리를 옮기자, 예진이도 따라가 정수기의 뜨거운 물을 따라 주겠다고 고집을 부렸다. 그러다가 예진이가 그만 물을 엎질러 허벅지에 화상을 입었다. 먼저 예진이의 청바지를 벗기고 화상 부위를 찬물로 식혔다. 물집이 생긴 것 같아 병원에 가기로 하고 예진이 어머니가 연고를 발라야 한다고 해서 유치원에 있는 화상 연고를 발랐다. 화기를 뺀 후 수건으로 예진이의 몸을 느슨하게 가려서 병원으로 데리고 갔다. 다행히 화상이 깊지 않았지만 유아들과 지내는 동안 더욱 조심해야겠다.

(2022년 ○월 ○일)

(나)

현경이는 미열이 나고 발진이 보여 수두가 의심되었다. 바로 원감 선생님에게 상황을 이야기했다. 원감 선생님은 즉시 현경이를 병원에 데려갔고, 수두라는 것을 확인한 후, 함께 유치원으로 돌아왔다. 다른 유아들도 수두에 감염될 수 있어 현경이 어머니한테 전화를 했지만 연락이 되지 않았다. 그래서 현경이의 비상연락망에 있는 제2 연락처에 전화를 했으나 연락이 되지 않았다.

……(생략)……

(다)

교사 : 얘들아, 횡단보도를 안전하게 건너려면 어떻게 해야 할까?
희선 : 신호등에 초록불이 들어와도 차가 멈췄는지 확인하고 건너가야 해요.
교사 : 그럼 신호등이 없는 길에선 어떻게 하지?
주헌 : 그럴 땐 차가 오나 안 오나 더 잘 보고 가야 돼요.
소연 : 길 건널 때 꼭 손을 들어서 내가 먼저 건너갈 거니까 멈춰 달라고 알려 줘야 돼요.
미진 : 근데 가끔 횡단보도에 차가 멈춰 있어 차 사이로 건너야 할 때도 있어요.
교사 : 그럴 경우에는 어떻게 하면 좋을까?
정호 : 차가 멈춰 있지만 다시 한번 확인하고 재빨리 건너야 해요.
교사 : 집 근처에서 안전하게 놀이하려면 어떻게 해야 할까?
현수 : 우리 동네에는 차가 너무 많아서 놀 곳도 별로 없어요.
대건 : 자동차의 바퀴 같은 거 만지면 안 돼요.
승현 : 자동차 밑으로 공이 굴러 들어가면 자동차가 멈춰 있는지 다시 잘 보고 꺼내 와야 해요.

……(생략)……

1) (가)에서 화상에 대한 <u>부적절한</u> 응급처치 2가지를 찾아 그 이유를 1가지씩 쓰시오. [2점]

① _____
② _____

2) 다음 중 (나) 상황에서 교사가 해야 할 행동 순서이다. ⓐ, ⓑ, ⓒ에 들어갈 적절한 절차를 쓰시오. [1점]

감염병 유증상자 발견
⇨ (ⓐ)
⇨ 일시적 격리 필요성 판단 및 실시
⇨ 감염병 여부 확인(의심증상, 진료 여부, 질환명)
⇨ 학부모에게 연락하여 의료기관 진료 요청(등원중지안내서, 진료확인서 배부)
⇨ 교실 (ⓑ)
⇨ 다른 유아에게 (ⓒ)
⇨ 일시적 관찰실 (ⓑ)
⇨ 의료기관 진료 결과 확인 및 조치

ⓐ _____
ⓑ _____
ⓒ _____

3) (다)에서 안전한 행동에 대해 <u>잘못</u> 이해하고 있는 유아 2명을 찾아, 안전한 행동으로 고쳐 쓰시오. [2점]

① _____
② _____

07

(가)는 일일 교육 계획안의 일부이고, (나)는 읽기 활동 상황의 일부이다. 물음에 답하시오. [5점]

(가)

시간/ 활동명	활동 목표	활동 내용	자료 및 유의점
10:20 ~ 10:40 동시 감상	생략	〈동시 '약속'〉 ○ '약속' 동시판의 그림을 보며 동시 내용을 예측해 보도록 한다. ○ 동시 그림에 맞는 동시 글자 카드를 붙이고, 손으로 글을 짚으며 동시를 들려준다. ○ 교사가 들려주는 동시 내용에 맞춰 유아들이 동작을 표현하며 감상하도록 한다. ○ 유아와 함께 다양한 방법으로 동시를 읽는다.	• 동시판 • 동시 관련 글자 카드 • 소품(보자기, 머리띠 등)
10:40 ~ 10:50 음악	생략	㉠〈동요 '봄소식'을 한 소리로 부르기〉 ○ 동요 '봄소식'을 들으면서 한 소리 '라'로 부른다. ○ '라'를 '러', '로', '루'로 바꾸며 동요 '봄소식'을 한 소리로 부른다.	• '라', '러', '로', '루' 글자 카드
10:50 ~ 12:00 자유 선택 활동	생략	【언어 영역】 ○ 자음, 모음 조합하기	• 자음, 모음 조합판
	생략	【미술 영역】 ○ '약속' 동시 삽화 그리기	• 여러 종류의 종이, 그리기 도구

(나)

성진 : 아까 바깥놀이 할 때 벌 봤어. 쏘일까 봐 무서웠어.
재호 : 그래도 벌은 꿀을 만들잖아. 벌이 꽃에서 꿀을 만드나 봐.
성진 : 진짜?
재호 : 벌이 꽃에서 꽃가루도 가져온대.

성진 : (재호에게 책을 보여 주며) 벌이 이렇게 날아?
재호 : 어? 벌이 왜 그렇게 나는지 나도 궁금하다.
성진 : (재호를 바라보며) 우리 읽어 볼까?
재호 : (책의 그림을 가리키며 읽는다.) 벌이 멀리 있는 꽃밭을 보고 기뻐서 8자 모양으로 날아요. 꽃밭이 가까이 있어 꿀을 먹고 싶어 동그랗게 춤추며 날아요.
성진 : 어, 정말? (그림을 가리키며) 저기보다 여기 꽃밭이 크네.
재호 : 벌 완전 똑똑하다. 그렇지?
교사 : (옆에서 지켜보다가 글자를 손으로 짚으며) ㉡ 책에는 "'8'자로 나는 것은 꿀이 있는 꽃밭이 멀리 있다는 신호예요. 'O'자로 나는 것은 꽃밭이 가까이 있다는 신호예요."라고 써 있단다. 다시 한번 글자를 읽어 볼까?

1) ① (가)에서 나타난 언어 교육의 접근법을 쓰고, ② 그렇게 생각한 이유를 (가)에 비추어 설명하시오. [2점]

① _____

② _____

2) ㉠ 활동을 통해 학습할 수 있는 음운론적 요인을 1가지 쓰시오. [1점]

3) 클레이(M. M. Clay)의 읽기 발달 단계에 근거하여 ① (나)에서 나타난 재호의 읽기 발달 단계의 특징을 쓰고, ② ㉡이 부적절한 이유를 2019 개정 유치원 교육과정 '의사소통' 영역의 내용 범주 '책과 이야기 즐기기'의 내용에 근거하여 쓰시오. [2점]

① _____

② _____

08

(가)와 (나)는 유치원에서의 언어 교육 장면이다. 물음에 답하시오. [5점]

(가)

(교사는 유아들과 주말에 있었던 일에 대해서 이야기 나누기를 한다.)
교사 : 주말에 있었던 일에 대해서 이야기해 볼까?
영수 : 동물원에 갔어요.
교사 : 어떤 동물을 보았니?
영수 : 사자.
교사 : 사자를 보았구나. ─㉠
영수 : 사자가 으르렁 했어요.
교사 : 사자가 으르렁 하는 큰 소리를 냈구나. ─㉡
영수 : 네. 으르렁 으르렁 큰 소리를 냈어요.
……(중략)……
교사 : 사자, 코끼리, 호랑이를 다른 말로 뭐라고 부를까?
영수 : 동물이에요.
교사 : 그래, 사자나 호랑이를 동물이라고도 하고 다른 말로 짐승이라고도 한단다. 그럼, 동물의 반대 ─㉢
말은 무엇일까?
영수 : 음… 모르겠어요.
교사 : 동물의 반대말은 식물이란다.

(나)

(3세 철수가 간식으로 나누어 준 사과를 들고 교사에게 온다.)
철수 : ㉣<u>쩐쨍님!</u> 하과 안 먹어.
교사 : ㉤<u>철수야, 사과 안 먹고 싶어요?</u>
철수 : ㉥<u>하과</u> 안 먹어요.
교사 : '사.과.' 맛있는데 먹어 보자.
철수 : 하과 싫어! (머리를 좌우로 흔든다.)
교사 : ㉦<u>'사.과.' 싫어요?</u>
철수 : 싫어요!
교사 : '사.과.' 싫으면 안 먹어도 돼요.
철수 : 응.
교사 : ㉧<u>네, '사.과.' 먹고 싶을 때 이야기해 줘요.</u>
철수 : 네.

1) (가)의 ㉠과 ㉡에서 ① 영수의 문장 구성 능력을 돕기 위해 교사가 사용한 방법을 각각 쓰고, ② ㉠과 ㉡의 차이점을 사례를 근거로 서술하시오. [2점]

① _____
② _____

2) ① 말하기의 지도 내용 중 ㉢에 해당하는 ⓐ를 쓰고, ② ㉢에서 교사가 지도하고자 하는 ⓐ의 하위 내용인 ⓑ의 용어를 1가지 쓰시오. [1점]

㉢의 말하기 지도 내용	ⓐ	
	ⓑ	동물 - 짐승
	반의어	동물 - 식물

① _____
② _____

3) (나)에서 ① ㉣과 ㉥에 공통된 발음 현상 1가지를 쓰고, ② ㉤, ㉦, ㉧에서 공통으로 교사가 지도하고자 하는 2019 개정 유치원 교육과정 '의사소통' 영역의 내용 1가지를 쓰시오. [2점]

① _____
② _____

01

다음은 ○○유치원 흥미 영역 배치에 대한 교사와 유아들의 토의 상황의 일부이다. 물음에 답하시오. [5점]

교사 : 다음 달 우리 반 생활 주제를 '우리나라'로 하기로 했잖아. 흥미 영역 배치는 어떻게 할지 의견이 있으면 이야기해 줄래?
아름 : 선생님, 성 쌓기놀이 해야 하는데 쌓기놀이 영역이 너무 좁아요.
교사 : 그래?
아름 : 요즘에 미술 영역은 애들이 잘 안 가니까 없애고 쌓기놀이 영역을 넓게 썼으면 좋겠어요.
교사 : 다른 흥미 영역을 없애면 안 되지. 성 쌓기놀이할 때에는 조금 작게 만들자.
중기 : 퍼즐 놀이 더 하고 싶은데 쉬운 것 말고 더 어려운 것은 없어요? 너무 시시해요.
아름 : 어, 난 재밌던데. 나 아직 안 해 본 것도 있는데. [A]
소희 : 우물터를 만들었으면 좋겠어요. 옛날에는 수도가 없어서 우물에서 물을 길어 먹었잖아요.
중기 : 재밌겠다! 정수기 있는 데를 우물터 영역으로 꾸며서 빨래 놀이도 하고 물 긷는 놀이도 하고 하면 좋겠는데.
교사 : 그런데 우물터 영역이라는 것은 없으니 안 될 것 같아. 우물터를 쌓기놀이 영역에 만들어 보면 어떨까?
혜린 : 역할놀이 영역에 거울이 있었으면 좋겠어요.
교사 : 선생님이 전신 거울을 가져다 놓을게.
슬기 : 미술 영역은 세면대 근처가 좋아요. 물을 쓸 때가 많거든요.
교사 : 그래, 그럼 세면대 근처로 하고, 선생님이 조용히 그림을 그릴 수 있도록 칸막이를 놓아 줄게.

1) 토의에서 나타난 4가지 흥미 영역을 다음처럼 구분할 때 ⓐ의 기준을 쓰시오. [1점]

기준	흥미 영역
ⓐ	수·조작 영역, 미술 영역
	쌓기놀이 영역, 역할놀이 영역

2) 다음은 2019 개정 유치원 교육과정 총론 '교수·학습'의 내용이다. ① ⓐ에 들어갈 말을 쓰고, ② 이에 근거하여 교사의 대화 내용 중 부적절한 것을 2가지 찾아 각각 바르게 수정하시오. [3점]

> 유아가 다양한 (ⓐ)을/를 경험할 수 있도록 실내외 환경을 구성한다.

① _____
② _____

3) [A]의 갈등을 해결하기 위한 교사의 환경 구성 방법을 1가지 쓰시오. [1점]

02 다음은 예비 유아 교사들의 대화 내용이다. 물음에 답하시오. [5점]

학생 A : 얘들아, 교육 철학에 따라 유치원 교육이 다른 거 같아.

학생 B : 맞아. 최초의 유치원(Kindergarten)에서는 (㉠)와/과 작업(occupation)을 활용해서 교육했지.

학생 C : 몬테소리(M. Montessori)도 일상생활 교구, 감각 교구, 언어 교구, 문화 교구, 수학 교구를 개발했어. ㉡ 이 교구는 자동교육이 가능하다는 것이 특징이야.

학생 A : 난 듀이(J. Dewey)에 관심이 많아. 듀이는 유아들이 생활 속에서 관심을 갖는 내용을 선정해서 운영하는 교육과정을 강조했어.

학생 B : 나도 듀이의 교육 철학이 기억나. 교육은 생활이고, 성장이며, 계속적인 (㉢)의 재구성이고, 사회적 과정이라고 했잖아. 그래서 듀이는 생활 중심, (㉢) 중심, (㉣) 중심, 아동 중심, 활동 중심을 강조하는 교육 철학자야.

학생 C : 그래. 유아들이 생활 속에서 겪을 수 있는 비슷한 것끼리 모아서 쌓기, 언어, 역할, 과학, 음률 등으로 교실을 구분해 (㉣) 영역으로 배치하는 것도 듀이의 영향을 받은 거야.

1) 최초의 유치원에서 사용한 교구인 ㉠에 해당하는 용어 1가지를 쓰고, ② 이를 고안한 학자의 이론과 거리가 먼 것을 ⓐ~ⓓ에서 1가지 찾아 기호를 쓰시오. [2점]

> ⓐ 만물의 직분·사명은 단지 그 본질인 자기 내부의 '신성'을 외부에 표현하는 것이다.
> ⓑ 인간이 갖고 있는 지적, 도덕적, 기능적인 능력의 조화로운 발전이 교육의 이상이다.
> ⓒ 유아는 체계적인 놀이교육을 받아야 한다.
> ⓓ 노작은 인간 형성의 원리이다.

①
②

2) ㉡에 나타난 교구의 특징을 설명하시오. [1점]

3) ① ㉢과 ㉣에 들어갈 용어를 각각 1가지 쓰고, ② ㉢을 설명하는 원리 2가지를 쓰시오. [2점]

①
②

03 다음은 자유선택활동 시간에 일어난 상황이다. 물음에 답하시오. [5점]

(자유선택활동 시간에 역할놀이 영역에서 프라이팬으로 요리하며 놀고 있는 세희 옆으로 지영이가 다가갔다.)
지영 : ㉠ (세희의 몸을 세게 밀치며) 나 이거 필요해.
세희 : (다시 프라이팬을 빼앗으며) 내 거야.
지영 : 안 돼.
세희 : ㉡ (지영이의 어깨를 세게 밀친다.)
교사 : 세희야, 왜 그랬니?
세희 : ㉢ 지영이가 미워서 아프라고 그랬어요.
교사 : 지영아, ㉣ 네가 프라이팬을 빼앗을 때 세희 기분이 어땠을까?
지영 : 몰라요. (큰 소리로) 나도 프라이팬이 필요하다고요.
교사 : 세희야, 지영이가 프라이팬을 빼앗을 때 기분이 어땠니?
세희 : 슬프고 화가 났어요.
교사 : 지영아, ㉤ 네가 프라이팬을 빼앗을 때 세희가 슬프고 화가 났대. 너희 둘 다 프라이팬을 가지고 놀고 싶은 거구나. 그럼 서로 싸우지 않고 놀 수 있는 방법이 뭐가 있을까?
세희 : 지영이랑 같이 가지고 놀아요.
지영 : 아니에요. 세희가 먼저 놀고 그다음에 내가 가지고 놀게요.
교사 : 지영이는 왜 지금 세희랑 같이 안 놀고, 나중에 놀려고 하니?
지영 : 난 혼자서 요리사 놀이를 하고 싶은데 지금 놀면 세희랑 같이 프라이팬을 나눠 써야 되잖아요. 그런데 나중에 놀면 프라이팬을 혼자 가지고, 마음껏 놀 수 있으니까요. ㉥
……(생략)……

1) 하트업(W. W. Hartup)의 ① 적대적 공격성과 ② 도구적 공격성의 정의를 ㉠, ㉡, ㉢의 사례를 분석하여 쓰시오. [2점]
① _____
② _____

2) 살로베이(P. Salovey)와 메이어(J. D. Mayer)의 정서지능 3요인 중 ㉣과 ㉤에 해당하는 것을 쓰고, 그 개념을 설명하시오. [1점]

3) ㉥에서 지영이에게 나타나는 것으로, ① 미쉘(W. Mischel)과 에브슨(E. B. Ebbesen)의 실험을 통해 밝혀진 정서 규제 관련 용어 1가지를 쓰고, ② 이와 관련하여 연령 변화에 따른 적대적 공격성과 도구적 공격성의 발달 양상을 설명하시오. [2점]
① _____
② _____

04 (가)는 5세 활동 계획안이고, (나)는 교사 저널의 일부이다. 물음에 답하시오. [5점]

(가)

활동명	도서관에 가요
활동 목표	○ 우리 동네 도서관에 관심을 가진다. ○ ㉠ 도서관에서 하는 일을 안다.
활동 자료	도서관 대출증(미리 제작함)
활동 방법	[도입] ○ 도서관에 가 본 경험에 대해 이야기를 나눈다. ○ 도서관에서 볼 수 있는 것을 이야기해 본다. [전개] ○ 도서관으로 차례를 지켜 이동한다. ○ 도서관에서 일하시는 분에 대해 알아보고 지켜야 하는 태도와 말씨를 알아본다. ○ 책을 빌리는 방법을 알아보고, 책을 빌리는 과정을 살펴본다. ○ 자신이 읽고 싶은 책을 골라 빌려 본다. [마무리] ○ 도서관에 다녀온 느낌을 이야기해 본다. ○ 도서관 건물에 있던 다양한 공간에 대해 이야기를 나눈다.
확장 활동	○ 도서관에 계신 분들께 감사의 편지를 쓴다. ○ 도서관 놀이를 해 본다.

(나)

오늘은 쌓기놀이 영역에서 승기가 실수로 지호가 만든 자동차 길을 부수어 둘이 싸우게 되었다. 싸운 후 승기와 지호가 서로 자신의 감정과 상황을 이야기하다 저절로 화가 풀려 다행히 화해를 하였다. ㉡ 유아들의 갈등은 자연스러운 발달 과정이므로 갈등 해결 과정을 통해 문제해결력을 기르고 친구를 이해하는 계기가 될 수 있도록 지도해야겠다.

지희는 요즘 관심을 끌려는지 부쩍 문제 행동을 보이고 있다. 오늘 아침 이야기 나누기 시간에도 계속 의자를 달그락거리며 괴성을 질렀다. 아무래도 ㉢ 지희가 문제 행동을 보일 때마다 관심을 보이고 반응하여 자신이 사랑받고 있음을 확인시켜 주어야겠다.

준영이가 친구들과 어울려 놀지 못하고, 고립되는 것 같아 며칠 동안 관찰하였다. 그 결과, 준영이는 또래에 비해 사회적 기술이 부족한 것으로 보였다. ㉣ 준영이에게 친구들과 놀 때 필요한 사과, 요청, 부탁 등의 사회적 기술을 지속적으로 지도해야겠다.

역할놀이 영역에서 연희와 수지가 서로 인형을 가지고 놀겠다고 싸움을 하다 연희가 수지를 할퀴어서 결국 수지가 울고 말았다. 그래서 유아들과 약속한 대로 연희에게 ㉤ 타임아웃의 방법을 활용하여 지도했다. (2022년 ○월 ○일)

1) (가)에서 이루어지는 활동과 같이 ① 유아교육 기관 내에서 경험할 수 없는 정보들을 얻는 데 효과적인 사회 교육 활동 유형 1가지를 쓰고, ② ㉠과 관련된 2019 개정 유치원 교육과정 '사회관계' 영역의 내용 범주 1가지를 쓰시오. [2점]

① _____

② _____

2) 다음은 2019 개정 유치원 교육과정 '사회관계' 영역의 내용이다. ⓐ에 들어갈 말을 쓰고, 이와 관련 있는 내용 1가지를 (가)에서 찾아 쓰시오. [1점]

내용 범주	내용
더불어 생활하기	친구와 어른께 (ⓐ) 행동한다.

3) (나)의 밑줄 친 ㉡~㉣ 중에서 생활 지도에 대한 교사의 부적절한 인식 1가지를 찾아 기호를 쓰고, 그 이유를 설명하시오. [1점]

4) (나)의 상황에서 ㉤의 구체적인 방법을 쓰고, 이 행동 수정 방법의 장점을 연희와 수지의 사례를 근거로 쓰시오. [1점]

05

(가)는 음악 감상 활동 계획안의 일부이고, (나)는 명화 감상 활동 계획안의 일부이다. 물음에 답하시오. [5점]

(가)

활동명	생상스의 '동물의 사육제' 감상하기
㉠ 활동 방법	○ 생상스의 사진과 함께 '동물의 사육제'를 소개한다. ○ 주의 깊게 들어야 할 부분을 알려 준다. ○ '동물의 사육제' 곡 전체를 들려준다. ○ 곡을 들어 본 느낌에 대해 이야기를 나눈다. ○ 그림 자료를 보며 주제 동물에 대해 이야기를 나눈다. ○ 동물을 표현하는 악기에 대해 이야기를 나눈다. ○ 동물을 상상하며 다시 곡을 듣는다.
㉡ 확장 활동	○ '동물의 사육제'를 움직임과 춤으로 표현하기 ○ '동물의 사육제'를 미술로 표현하기 ○ '동물의 사육제'를 극놀이로 표현하기

(나)

활동명	마티스의 '금붕어' 감상하기
활동 방법	○ 작품을 감상한다. ○ 작품에 대해 이야기를 나눈다. ㉢ - 이 그림의 바로 전에는 무슨 일이 일어났을까? - 이 그림을 어디에 걸어 두면 잘 어울릴까? - 금붕어는 어떤 모습을 하고 있니? - 화가는 왜 이 그림을 그렸을까? - 이 그림은 무엇으로 그렸을까? - 이 그림 속에는 어떤 것들이 보이니?

1) ㉠ 활동 방법에서 ① 음악 감상 지도 방법으로 부적절한 내용 1가지를 찾아 쓰고, ② 그것을 적절하게 고쳐 쓰시오. [2점]

①
②

2) ㉡ 확장 활동의 내용을 모두 포함하는 2019 개정 유치원 교육과정 '예술경험' 영역의 내용 범주를 1가지 쓰시오. [1점]

3) 다음은 펠드만(E. B. Feldman)의 미술 감상 단계이다. A 단계와 B 단계에 해당하는 발문을 ㉢에서 각각 1가지씩 찾아 쓰시오. [2점]

펠드만(E. B. Feldman)의 미술 감상 단계 :
　　기술하기 - (A) - 해석하기 - (B)

A
B

06

(가)는 활동 계획안의 일부이고, (나)와 (다)는 교사 저널의 일부이다. 물음에 답하시오. [5점]

(가)

활동명	비 오는 날의 산책
활동 방법	○ 교실에서 비에 대해 이야기를 나눈다. 　- 교실 창문에 맺힌 빗방울의 모양 관찰하기 ○ 빗속을 걸으며, 여러 감각을 활용해 비를 탐색한다. 　- 빗소리의 강함과 약함 느껴 보기 　- ㉠ 비가 손에 닿을 때의 촉감 느껴 보기 　- 비에 젖은 나뭇잎의 색깔 관찰하기 　- ㉡ 빗속에서 걸을 때 나는 소리를 목소리로 표현해 보고, 뛸 때 나는 소리를 목소리로 표현해 보기 　- 빗줄기의 방향과 모습 관찰하기 　- 비 냄새 맡아 보기

(나)

산책 활동 후, 이어서 비를 표현해 보는 활동을 전개하였다. 이번 표현 활동에서는 특히 창의성에 주안점을 두고 활동을 진행하였다. 그래서 ㉢ 유아들에게 종이를 나눠 주고 20분 동안 종이로 비를 표현하는 방법을 최대한 많이 생각해 보게 하였다. 유아들은 종이를 손으로 찢고, 구기고, 말고, 이어 붙이며 비를 다양하게 표현하였다. (2022년 ○월 ○일)

(다)

어제 활동과 연계하여 오늘은 비 오는 풍경을 그림으로 표현해 보는 활동을 하였다. 주연이는 빗속을 걸어가는 가족의 모습을 그렸는데, ㉣ 유독 형만 종이 귀퉁이에 아주 작게 그렸다. 지난번 활동에서도 형을 생략하거나 까맣게 칠해 놓았다. 주연이와 형의 관계에 대해 부모님과 상담이 필요하다는 생각이 들었다. (2022년 ○월 ○일)

1) ① ㉠과 관련있는 미술적 요소 1가지와, ② ㉡에 해당하는 음악적 요소 1가지를 각각 쓰시오. [2점]

　①ㅤㅤㅤㅤㅤㅤㅤㅤㅤㅤㅤㅤㅤㅤㅤㅤㅤㅤㅤ

　②ㅤㅤㅤㅤㅤㅤㅤㅤㅤㅤㅤㅤㅤㅤㅤㅤㅤㅤㅤ

2) 길포드(J. P. Guilford)가 제시한 창의성의 구성 요인 중에서 ① ㉢에 해당하는 요인 1가지를 쓰고, ② 그 요인의 정의를 쓰시오. [2점]

　①ㅤㅤㅤㅤㅤㅤㅤㅤㅤㅤㅤㅤㅤㅤㅤㅤㅤㅤㅤ

　②ㅤㅤㅤㅤㅤㅤㅤㅤㅤㅤㅤㅤㅤㅤㅤㅤㅤㅤㅤ

3) 개성표현 이론을 근거로 ㉣의 그림에 나타난 주연이의 정서 상태를 해석하시오. [1점]

2015학년도 유치원 교육과정 B

07 (가)는 5세반 활동 계획안이고, (나)는 (가)와 관련된 게임 장면이다. 물음에 답하시오. [5점]

(가)

활동명	바구니에 담아요.
활동 목표	……(생략)……
활동 자료	과일 그림 카드(빨간 사과, 초록 사과, 빨간 대추, 초록 대추 각 20개), 바구니 3개, 주사위 2개
활동 방법	1) 게임 준비물을 탐색한다. 　- ㉠ <u>빨간 사과는 모두 몇 개니?</u> 2) ㉡ <u>과일 그림 카드를 가지고 여러 가지 방법으로 배열해 본다.</u> 　- 빨간 과일만 모아 볼래? 　- 빨간 과일과 초록 과일로 나눠 볼래? 　- 사과와 대추로 나누고, 나눈 사과를 다시 빨강과 초록으로 나눠 볼래? 3) 교사와 유아가 함께 게임 방법을 알아본다. 〈게임 방법〉 ① 주사위 두 개를 동시에 던진다. ② 두 개 주사위의 수를 비교해서 큰 수에서 작은 수를 뺀다. ③ 뺀 수만큼의 과일 그림 카드를 바구니에 담는다. ④ 20개를 먼저 바구니에 담은 유아가 이긴다. 4) 게임을 해 본다. ……(생략)……

(나)

교사 : (세 명의 유아들 앞으로 주사위 두 개를 던지며) 얘들아, 몇 개니?
　┌ (두 개 주사위가 책상 위에 떨어지는 것과 동시에)
㉢┤ 미나, 다희 : 다섯, 넷.
　└ 지호 : 넷, 다섯

……(중략)……

미나 : (주사위 두 개를 던져 나온 다섯 개와 세 개를 보고 손가락 다섯 개를 펴며) 다섯 개. (펴진 다섯 개 손가락 중 세 개를 접고) 세 개. 하나, 둘, 두 개 담아야지. (바구니에 두 개의 과일 그림 카드를 담는다.)
지호 : (주사위 두 개를 동시에 던지며) 난 두 개랑 여섯 개가 나왔네. 여섯 개에서 두 개를 빼면 다섯 개네.
미나 : 아니야. (자신의 손가락을 펴 보이며) 이렇게 여섯 개에서 두 개를 빼면, 나머지 하나, 둘, 셋, 넷, 네 개지.
㉣ 지호 : (손가락 여섯 개를 펴며) 여섯 개에서 두 개를 빼면, 나머지 하나, 둘, 셋, 넷, 아~하! 넷이구나.

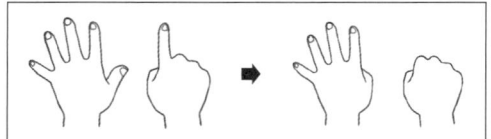

……(중략)……

지호 : (20개 과일 그림 카드를 바구니에 다 담고) 내가 이겼다!
미나 : 그럼, 다희와 나 중에 누가 더 많지?
다희 : 우리 하나씩 과일을 세어서 누가 더 많은지 보자. (미나와 다희가 동시에 과일 그림 카드를 각자 하나씩 바구니에서 꺼내 놓으며)
미나, 다희 : (동시에) 하나.
미나, 다희 : (동시에) 하나.
……(중략)……
㉤ 미나, 다희 : (동시에) 하나.
미나, 다희 : (동시에) 하나.
미나 : 난 이제 없어.
다희 : 와! (바구니에 남아 있는 과일 그림 카드를 보며) 내가 더 많다. 하나, 둘, 셋. 내가 너보다 세 개 더 많아!

1) 2019 개정 유치원 교육과정 '자연탐구' 영역 중 ① ㉠에 해당하는 내용을 쓰고, ② ㉡에 해당하는 내용을 쓰고, ㉡의 3가지 발문 중 분류 유형이 상이한 1가지의 발문을 찾아 쓰시오. [2점]

①＿＿＿＿＿＿＿＿＿＿＿＿＿＿＿＿＿＿

②＿＿＿＿＿＿＿＿＿＿＿＿＿＿＿＿＿＿

2) (나)의 ㉣에서 비고츠키(L. S. Vygotsky)의 이론에 따른 비계(scaffolding)에 해당하는 것을 1가지 쓰시오. [1점]

3) ① 유아들이 ㉢과 같이 수량을 인식하는 것을 지칭하는 용어 1가지와 그 특징을 쓰고, ② ㉤에서 다희와 미나가 수량 비교하기 활동에 사용한 방법 1가지를 각각 쓰시오. [2점]

①＿＿＿＿＿＿＿＿＿＿＿＿＿＿＿＿＿＿

②＿＿＿＿＿＿＿＿＿＿＿＿＿＿＿＿＿＿

08 다음은 유치원 활동의 예이다. 물음에 답하시오. [5점]

(가)

강 교사는 5세 반 유아들과 가을 동산에서 모아온 낙엽이 완전히 말랐다는 것을 확인한 후, 낙엽을 이용한 미술 활동을 전개하였다. 유아들은 낙엽을 색깔별로 분류한 후, 색에 따라 10장씩 세어서 도화지 위에 놓았다.

교사 : 낙엽끼리 이렇게 비비면 어떻게 될까?
소정 : 망가져요.
우진 : 뜨거워져요.
보경 : 부서져요.
교사 : 그럼, 어떻게 되는지 직접 해 볼까?
　　　(유아들이 낙엽을 비벼 본다.)
용우 : 가루가 되었어요.
교사 : 왜 가루가 되었을까?
용우 : 센 힘으로 비벼서요.
교사 : 가루를 만들 수 있는 다른 방법은 없을까?

유아들은 손바닥으로 비비거나 연필로 두드리는 등의 방법으로 낙엽을 가루로 만들었다. 유아들은 낙엽 가루를 도화지에 붙여 사자나 코끼리, 소방차 같은 모양을 만들어 자신의 작품을 완성하였다.

(나)

송 교사는 4세 반 유아들이 우리 동네 사람들이 하는 일에 관심을 가질 수 있는 활동을 전개하면서 빵 가게를 방문하였다. 유아들은 진열대에 놓여 있는 다양한 모양의 빵을 보고 자신들이 알고 있는 도형과 연관 짓기 시작하였다.

하영 : 이 빵 삼각형 모양이다.
민수 : 아니야, 그거 세모야.
하영 : 여기 봐, 봐. 뾰족한 곳이 세 개 있잖아. 그러니까 삼각형이 맞아.
민수 : 그게 왜 삼각형이야, 세모지.
하영 : 세모 아니야. 내가 맞거든, 삼각형!
민수 : 세모가 맞아. 내 말이 원래 맞거든!

1) 2019 개정 유치원 교육과정 '자연탐구' 영역 중 (가)의 미술 활동과 연관된 ① 내용 범주와 ② 내용을 쓰시오. [2점]

① _____

② _____

2) (가)의 교사 발문에서 과학적 탐구 과정 중 '추론하기'에 해당하는 부분을 찾아 쓰시오. [1점]

3) (나)에서 나타나는 하영이와 민수에게 부족한 ① 과학적 태도를 가리키는 용어 1가지를 쓰고, ② 그 이유를 설명하시오. [2점]

① _____

② _____

2016학년도 유치원 교직논술

2016 학년도

문제

다음은 ○○초등학교 병설유치원에서 교육과정 운영과 관련하여 교사들이 나눈 대화의 일부이다. 1) 유치원 교육 현장에서 교육과정의 탄력적 운영이 필요한 이유를 국가수준의 교육과정과 학습자, 현장의 특성 측면에서 각각 1가지씩 제시하고, 2) 정 교사와 권 교사가 교육과정을 변경하고자 할 때 고려하고 있는 점 4가지를 제시한 후, 2019 개정 유치원 교육과정 총론 누리과정 운영의 '편성·운영', '교수·학습'을 근거로 각각의 교육적 의의를 논하시오(고시문 생략 가능). 그리고 3) 교직의 전문직 관점에서 교육과정을 탄력적으로 운영하기 위해 교사에게 요구되는 특성과 역할을 각각 2가지씩 제시하시오. [총 20점]

정 교사 : 박 선생님, 오늘 나비 축제에 대한 참여 요청 공문이 왔어요. 우리 아이들이 개막식에서 노래를 불러 줬으면 좋겠다고 하는데, 그 날짜가 다음 주네요. 축제에 참여하려면 우리가 계획한 교육 일정을 변경해야 하는 상황이에요. 어떻게 하면 좋을까요?

박 교사 : 그러면 곤란하지 않을까요? 벌써 부모님들께 월간 학습 계획안이 나간 상황이라 축제에 참여하기가 어려울 것 같아요. 이미 계획한 활동을 그대로 진행하는 것이 낫지 않을까요? 노래를 준비할 시간도 별로 없고 부모님으로부터 사전 동의 받을 시간도 부족해요.

정 교사 : 박 선생님 말씀처럼 계획대로 하는 것도 좋겠지만 이번에는 조금 특별한 상황이잖아요. 저는 기존 계획을 바꿔서 운영할 수도 있다고 생각해요. 교육과정을 편성하고 운영할 때 여기치 못한 상황을 고려해야 한다고 교육과정에 제시되어 있어요. 특히 이번 축제는 1년 동안 기다려 온 프로그램이라서 놓치고 싶지 않아요. 아이들이 지역사회의 축제 문화에 참여해 볼 수 있는 좋은 기회이고요.

박 교사 : 권 선생님 반에는 장애 유아 두 명이 있는데 괜찮을까요?

권 교사 : 네, 마침 우리 반도 무리 없이 변경할 수 있을 것 같아요. 일단 축제 진행 담당자에게 장애 유아를 위해 특별한 서비스를 제공해 줄 수 있는지 알아보고, 두 아이가 함께 하기 힘든 활동은 조금 줄여서 계획하면 될 것 같아요. 그리고 작년에 개인적으로 다녀왔던 애들은 벌써부터 축제에 가기를 기대하고 있어요. 다른 아이들도 축제에 대한 기대가 크고요. 아이들이 나비를 실제로 보고 나비 되어 보기나 나비 따라 달리기 등 여러 가지 행사에도 놀이 활동처럼 참여하면, 나비에 대해 더 많이 배울 수 있어서 좋을 것 같아요.

정 교사 : 좋은 아이디어네요. 누리과정을 다시 한번 살펴보면서 축제와 관련하여 각 영역별로 어떻게 연결 지을 수 있을지 연구해 봐야겠어요. 나비 축제를 주제로 5개 영역에서 다양한 활동을 할 수 있을 것 같아요.

박 교사 : 국가 수준의 교육과정에 맞게 교육을 하고 싶은데 실제 교육활동을 하다 보면 변경이 불가피할 때가 있는 것 같아 어떤 기준을 가지고 교육을 해야 하는지 어렵네요.

답안 작성 시 유의사항	배점
• 주어진 답안지 면수(2매 이내)에 맞게 서술하시오. • 글의 체계를 논리적으로 짜임새 있게 구성하시오. • 글의 명료성, 타당성, 일관성을 고려하여 서술하시오.	• **논술의 내용 [총 15점]** 　- 교육과정의 탄력적 운영이 필요한 이유 [3점] 　- 교육과정의 탄력적 운영 시 고려한 사항 및 의의 [8점] 　- 교사에게 요구되는 특성과 역할 [4점] • **논술의 체계 [총 5점]** 　- 글의 논리적 체계성 [3점] 　- 맞춤법 및 어휘·문장의 적절성 [2점]

초안지

01 다음은 세 유치원의 견학에 대한 가정통신문이다. 물음에 답하시오. [5점]

가정통신문

㉠ 아이들이 몸담고 있는 가족과 지역사회, 문화와 같은 환경과 아이들의 관계는 매우 중요합니다. 이에 따라 우리 원에서는 3주에 걸쳐 지역사회 기관이 하는 일을 알아보기 위해 우체국과 도서관, 소방서 등 아이들에게 친숙한 기관을 방문할 계획입니다. 이 기관들은 우리 원 아이의 학부모님이 근무하는 곳으로, 견학을 통해 부모님의 직업 세계를 구체적으로 살펴보는 기회를 가질 것입니다. ㉡ 부모님이 일하는 직장을 직접 방문함으로써 아이들이 부모님에 대한 고마움과 지역사회 기관이 우리에게 주는 혜택을 알 수 있도록 하겠습니다.

……(중략)……

2022년 ○월 ○일 ○○유치원

♣ 가정통신문 ♣

이번 주에는 공공 기관에서 일하는 사람들이 사용하는 어휘와 용어를 습득할 수 있도록 견학을 계획하고 있습니다. 칭찬과 격려를 통해 아이들의 언어를 발달시키는 것은 우리 원에서 표방하는 언어습득 방법입니다. 우리 원은 이번 견학에서 ㉢ 아이들이 공공 기관에서 사용하는 어휘와 용어를 올바르게 말할 때마다 즉각적인 칭찬과 격려를 아끼지 않을 것입니다. 가정에서도 아이들이 견학을 통해 배운 언어를 여러 번 반복하고 연습할 수 있도록 지도해 주시기 바랍니다.

……(중략)……

2022년 ○월 ○일 △△유치원

가정통신문

이번 주 견학 장소는 과학관입니다. 이번 견학은 아이들 스스로 참여하고 싶은 체험 공간을 선택하고 찾아다니면서 궁금한 점을 해결하는 방식으로, 아이들의 타고난 호기심과 잠재력을 개발하는 데 주안점을 두고 있습니다. 우리 원은 ㉣ 아이들이 새로운 체험 활동에 대한 두려움을 극복하고 자발적으로 지식을 습득하여 세상을 탐색할 수 있도록 도와주고자 합니다. 아이들이 체험 활동을 통해 주변 세상을 보다 능동적으로 탐색할 수 있도록 적극적인 지지를 보내겠습니다.

……(중략)……

2022년 ○월 ○일 □□유치원

1) ① ㉠에서 나타난 발달 이론을 쓰고, ② 그 이론에서 ㉡을 지칭하는 용어를 쓰시오. [2점]

① _____

② _____

2) ① ㉢에 나타난 언어 학습 이론과 ② 학습 기제를 쓰시오. [2점]

① _____

② _____

3) 에릭슨(E. Erikson)의 심리사회적 이론에서 ㉣을 지칭하는 용어를 쓰시오. [1점]

02

(가)는 ○○유치원 5세반 황 교사의 일일 계획안이고, (나)는 반성적 저널이다. 물음에 답하시오. [5점]

(가)

반 이름	○○반	일시	2022년 ○월 ○일 ○요일	수업 일수	○○ /○○○일
생활 주제	여름	주제	여름에 볼 수 있는 곤충	소주제	개미의 생활
㉠ 목표	○개미의 생활에 관심을 갖는다. ○개미를 관찰한 것을 말로 표현한다. ○개미의 특성에 대해 알게 한다.				

시간 / 활동 유형	활동 내용
10:30 ~10:50 이야기 나누기	1. 개미에 대해 알고 있는 것을 이야기 나눈다. 2. 개미 동영상 자료를 보고, 개미에 대해 이야기 나눈다.
10:50 ~11:20 바깥놀이	1. 개미를 관찰한다. ……(하략)……

(나)

 오늘 우리 반은 '여름에 볼 수 있는 곤충'이라는 주제로 바쁜 하루를 보냈다. 하루 일과는 ㉡ 자유놀이, 오전 간식, 이야기 나누기, 바깥놀이, 소집단 활동(미술 활동), 새 노래, 점심 및 휴식, 동화 듣기 순으로 이루어졌다. ㉢ 실내 자유놀이는 1시간, 바깥놀이는 계획대로 30분 정도 실시하였다. 유아들이 바깥놀이를 매우 즐거워하며 바깥놀이 시간이 너무 짧다고 아쉬워했다.
……(중략)……
 일일 계획안을 충실히 따라 하는 것이 교사의 의무라고 생각해 왔다. 오늘 승우가 매미의 허물을 가져왔고, 유아들은 개미보다 일일 계획안에 포함되지 않았던 매미에 더 관심을 보였다. 하지만 나는 계획된 수업을 진행했다.

 나의 수업을 평가해 보니, 유아들에게 '매미의 허물'에 대해 탐구하는 기회를 제공하지 못했다는 생각이 들어 반성하게 되었다. 오늘 잠깐의 시간을 내어 승우가 가져온 '매미의 허물'을 소개했다면, 유아들은 개미뿐만 아니라 매미도 탐구하는 기회를 가졌을 것이다. 계획한 수업을 고집하는 것보다 유아의 관심에 귀 기울이는 융통성을 발휘할 때, 유아들이 주도하는 수업이 되어 교육적 가치가 더 클 것이라는 생각이 들었다. 내일은 반드시 승우의 매미 허물을 소개하는 시간을 가져 교사의 계획과 유아의 흥미가 균형을 이루는 수업을 펼쳐 나가야겠다. [A]

1) ① ㉠에서 목표 진술 방식이 적절하지 <u>않은</u> 것을 쓰고, ② 그 이유를 쓰시오. [1점]

 ① _____
 ② _____

2) 2019 개정 유치원 교육과정에 근거하여 ㉡의 하루 일과를 다음과 같이 구분할 때 ① ⓐ, ⓑ에 들어갈 말을 각각 쓰고, ② ⓒ에 들어갈 말을 모두 쓰시오. [1점]

놀이	자유놀이, 바깥놀이
ⓐ	ⓒ
ⓑ	이야기 나누기, ……(생략)……

 ① _____
 ② _____

3) 2019 개정 유치원 교육과정의 '편성·운영' 원리의 내용에 근거하여 ㉢이 바람직하지 <u>않은</u> 이유를 쓰시오. [1점]

4) 반 매넌(M. van Manen)이 제시한 반성적 사고의 3가지 수준 중 ① [A]에 해당하는 수준은 무엇인지 쓰고, ② 그 수준에 해당하는 특징을 쓰시오. [2점]

 ① _____
 ② _____

03 다음은 ○○유치원 혼합연령 학급의 윤 교사가 '우리 동네'를 주제로 작성한 일일 활동 계획의 일부이다. 물음에 답하시오. [5점]

활동명	활동유형	연령	활동 내용	유의점
우리 동네 견학	견학	3, 4, 5세	○ 형님과 동생이 짝이 되어 우리 동네 견학하기 ○ 알고 싶은 것 함께 조사하기	○ ㉠ 3세와 5세가 짝을 지어 견학한다.
㉡ 우리가 살고 싶은 동네	이야기 나누기	4, 5세	○ 우리 동네를 돌아본 것에 대해 이야기 나누기 ○ 우리가 살고 싶은 동네에 대해 이야기 꾸미기	○ 4, 5세가 이야기 나누는 동안 3세에게는 언어 영역에서 그림책 보기와 낱말 그림 카드 맞추기 활동을 하도록 하고, 주의 깊게 살펴본다.
우리 동네 만들기	자유선택활동	3, 4, 5세	○ 만들고 싶은 것 의논하기 ○ 사전 설계도에 기초하여 만들기 ㉢ ○ 만든 작품을 모아 우리 동네 구성하기	○ 유아가 원할 경우 3, 4, 5세가 서로 협력하여 만들도록 한다. ○ 5세 사전 활동(사전 설계도 만들기)과 연계한다.
㉣ 로지의 산책 (판게임)	자유선택활동	3, 4, 5세	○ 게임 자료 살펴보기 ○ 게임 규칙 알아보기 - 게임판을 나눠 가진 후, 카드를 뽑아 제시된 방향에 따라 이동하기 ○ 게임하기	○ 3세에게는 카드 12장과 색깔 주사위, 4세에게는 카드 20장과 색깔 주사위, 5세에게는 카드 30장과 색깔 주사위, 숫자 주사위를 제공한다.

1) 윤 교사가 일일 활동 계획에 반영한 혼합연령 학급 운영의 기본 방향 2가지를 쓰시오. [1점]

2) ① ㉠의 연령 간 연계 전략 명칭을 1가지 쓰고, ② ㉢에 '분업하기'를 위한 다음의 ⓐ~ⓒ의 활동을 3, 4, 5세의 발달 특성에 맞게 연령별로 나누시오. [1점]

| ⓐ 블록으로 길 만들기 |
| ⓑ 폐품으로 건물 만들기 |
| ⓒ 블록으로 울타리 세우기 |

① _____
② _____

3) ㉡의 활동에서 윤 교사가 3세 유아를 위해 고려한 점 2가지를 혼합연령 학급 교육 활동 운영 전략에 근거하여 쓰시오. [2점]

① _____
② _____

4) ㉣의 활동에서 3, 4, 5세 유아에게 동일한 내용의 활동을 제시하기 위해 윤 교사가 사용한 전략을 쓰시오. [1점]

04
다음은 ○○유치원 교사들이 나눈 대화의 일부이다. 물음에 답하시오. [5점]

김 교사 : 저는 유아 교사의 다양한 역할 중에서 ㉠ 단기, 중기 등 시기별로 세웠던 계획을 반영하여 교육 목표를 달성할 수 있도록 교육 활동을 적절히 구성하는 역할이 가장 중요하다고 생각해요. 그 역할에는 교육 활동에 필요한 자원을 찾고 활용하는 것도 포함되고요. 선생님은 어떠셨어요?

윤 교사 : 저는 유아들의 스트레스를 다루는 것이 교사의 가장 큰 역할이라고 생각해요. 저는 이를 위해 ㉡ 자유놀이 시간이나 휴식 시간, 낮잠 시간 등 시간이 날 때마다 그날 조금 활동이 힘들어 보이는 유아들과 그 이유에 대해 이야기 나누기 위해 노력하고 있어요.

……(중략)……

최 교사 : 선생님, 초임교사라 적응이 힘드시죠?
김 교사 : 네, 조금 힘들어요.
최 교사 : 저도 초임교사 시절에 힘들었던 것 같아요.
김 교사 : 선생님도 그러셨군요.
최 교사 : 그런데 저는 어느 정도 교사 생활에 적응했을 때 ㉢ 계속 발전하고 싶어 전문서적을 읽고, 연수도 다녔어요. 배운 것을 활용해서 수업을 계획하고 실행, 평가하면서 혼자 열심히 노력했어요. [A]
김 교사 : 정말 열심히 하셨네요.
최 교사 : 주임 교사 때는 대학원도 다녔고, 저의 능력을 향상시키기 위해 노력을 많이 했던 것 같아요.
김 교사 : 저도 선생님처럼 열심히 해야겠어요. 요즘은 어떠세요?
최 교사 : 만족스럽지만은 않아요. 경력이 있어도 올해는 많이 힘드네요. 지도하기 어려운 유아가 있거든요. 컨설팅 장학을 통해서 이 어려움을 극복할 수 있지 않을까 생각해요.

……(중략)……

김 교사 : 컨설팅 장학은 원장님께서 시키신 거예요?
최 교사 : 그렇지 않아요. ㉣ 제가 원해서 신청한 거예요.
김 교사 : 어떠세요?
최 교사 : 많은 도움이 되는 것 같아요. 컨설턴트가 처음 만날 때부터 저를 동등하게 대해 주었어요. ㉤ 컨설팅 과정에서 저는 지식과 기술을 배우고, 그 분도 저랑 만나면서 계속 배우고 성장할 수 있어서 좋다고 하시더라고요.

……(하략)……

1) 사라초(O. Saracho)의 교사 역할에 근거하여 ㉠과 ㉡은 각각 무엇에 해당하는지 1가지씩 쓰시오. [1점]
㉠ _____
㉡ _____

2) ㉢에 해당하는 장학의 명칭을 쓰시오. [1점]

3) ㉣과 ㉤에 해당하는 컨설팅 장학의 원리와 특징을 각각 쓰시오. [1점]
㉣ _____
㉤ _____

4) 버크(P. Burke), 훼슬러(R. Fessler)와 크리스텐슨(J. Christensen)이 제안한 교직 발달 모델에 근거하여, ① 최 교사의 사례에서 나타난 특징을 쓰고, ② [A]에 해당하는 최 교사의 교직 발달 단계의 명칭을 쓰시오. [2점]
① _____
② _____

05

다음은 ○○유치원 5세반 민 교사의 활동 계획안의 일부이다. 물음에 답하시오. [5점]

활동명	나의 공놀이
목표	○ 자신만의 공놀이 방법을 찾는다. ……(하략)……
활동 자료	작은 비치볼
활동 방법	1. 다양한 공놀이 방법을 찾아보도록 한다. 　- 공을 가지고 어떻게 놀 수 있을까? 2. ㉠ 자신이 찾은 방법으로 공놀이를 하도록 한다. ㉡　　　　　　　㉢  3. 유아들의 동작을 관찰하고 유아들이 자신의 동작을 자유롭게 표현하도록 격려한다. 　- ㉣ 공을 굴리는구나. 　- ㉤ 공을 위로 던지는구나. 4. 유아가 표현한 동작에 '동작 요소'를 변화시켜 다시 표현하도록 한다. 　- ㉥ 공을 발에서 가슴까지 굴려서 올려 볼까?
확장 활동	1. 다 같이 공놀이 　- ㉦ 원형으로 옆 사람과 붙어 서서 옆으로 공을 건네주게 하고, ㉧ 원형을 유지한 상태에서 다시 손을 뻗을 정도로 옆 사람과의 간격을 넓혀 공을 옆으로 건네주게 한다. 2. 리듬에 맞춰 공놀이

1) ① 민 교사가 활동 방법에 적용한 유아 동작 교육 교수 방법의 유형과 그 이유를 쓰고, ② 할시(E. Halsey)와 포터(L. Porter)가 제시한 기본 절차 중 ㉠에 해당하는 용어를 쓰시오. [1점]

　①＿＿＿＿＿＿＿＿＿＿＿＿＿＿＿

　②＿＿＿＿＿＿＿＿＿＿＿＿＿＿＿

2) ㉡과 ㉥에 공통으로 나타난 ① 기본 동작의 유형과 ② 동작의 명칭을 쓰시오. [1점]

　①＿＿＿＿＿＿＿＿＿＿＿＿＿＿＿

　②＿＿＿＿＿＿＿＿＿＿＿＿＿＿＿

3) ㉣과 ㉤과 같은 교사 발문의 장점을 동작 활동 지도 측면에서 2가지 쓰시오. [1점]

4) 라반(R. Laban)의 이론에 근거하여, 다음 두 동작 간의 차이를 공간의 하위 요소 측면에서 쓰시오. [2점]

　㉢과 ㉦＿＿＿＿＿＿＿＿＿＿＿＿

　㉦과 ㉧＿＿＿＿＿＿＿＿＿＿＿＿

06 (가)는 ○○유치원 교사들의 대화의 일부이고, (나)는 유치원 생활기록부의 일부이다. 물음에 답하시오. [5점]

(가)

황 교사 : ㉠ 건강검진 결과, 우리 반에 청각장애는 아니지만 좌측 청력이 약해서 되도록 얼굴을 보면서 말해 주어야 하는 아이가 있어요. 이런 사실도 생활기록부에 기입해야 하나요? 김 교사 : 그런 경우에는 유의해야 해요. ……(중략)…… 황 교사 : 민준이가 ㉡ 원장님 허락을 받고 외할머니댁 방문으로 10일 정도 결석했는데 일주일 이상 장기 결석한 경우니까 사유를 써야겠지요? ……(하략)……

(나)

6. 유아발달상황	
5세	한번 구성물을 만들기 시작하면 삼십 분 이상 놀이를 지속하며 구성물이 무너지면 다시 쌓는 끈기와 집중력을 보인다. 친구가 하는 놀이에 관심을 갖고 잘 지켜보며, 거기에 자기 생각을 더하여 새로운 놀이를 창안해 내는 창의력을 지니고 있다. 긍정적인 태도로 친구와 함께하는 놀이에 즐겁게 참여하며 놀이 후에는 스스로 자신이 사용한 놀잇감을 바르게 정리하는 태도를 지녔다.

1) 「유치원생활기록부 작성 및 관리지침」[교육부고시 제2020-315호, 2020. 8. 27., 일부 개정]에 의거하여 ① (가)의 ㉠을 생활기록부의 특기사항에 기입해야 하는 경우를 쓰고, ② 기입 시 교사가 유의할 점을 쓰시오. [2점]

① _____

② _____

2) ㉡이 **부적절한** 이유를 쓰시오. [1점]

3) 다음은 생활기록부의 '유아발달상황'에 대한 기재 요령 중 일부이다. ① ⓐ에 들어갈 말을 1가지 쓰고, ② (나)의 기재 내용이 기재 요령에 맞지 **않는** 이유를 쓰시오. [2점]

유치원 교육과정(교육부고시 제2019-189호)에서 제시된 (ⓐ), 목적과 목표, 5개 영역 등을 통합하여 기술한다.

① _____

② _____

07

다음은 ○○유치원 5세반 김 교사의 언어 교육과 관련된 내용이다. 물음에 답하시오. [5점]

(가) 김 교사의 메모

활동명	활동 방법
전이 활동으로 '성씨 부르기'	○ '성씨' 카드(예: 김)를 유아에게 보여 주면서 읽고, 해당 유아가 이동하기 ○ '성씨' 카드를 보여만 주고, 해당 유아가 이동하기
이름과 같은 음절로 시작하는 낱말 카드 놀이	○ 유아의 낱자 이름 낱말카드를 이용한 놀이 예: 김, 김치, 김밥 등과 같은 낱말카드
"○○야! ~해라!" 지시 따르기 게임	○ 교사가 유아를 호명하며 ㉠ "○○야! ~해라!" 하면 해당 유아는 지시에 따르기 예: "수지야! 손뼉 쳐라!"
인형극 놀이	○ 유아 사진으로 막대 인형을 만들어 인형극 놀이하기

(나) 김 교사의 저널

등하원 시, 지난주에는 유아의 사진과 이름이 있는 이름카드(예: 김수지)를 보여 주면서 이름 부르기를, 이번 주에는 유아의 사진은 없고 글자만 있는 이름카드(예: 김수지)로 이름 부르기를 매일 반복하였다. 이러한 반복 활동으로 유아들은 친구 사진이 없는 이름카드의 친구 이름도 읽을 수 있게 되었다. 그런데 오늘 자유놀이 시간에 보니, ㉡ 낱자카드로 제시된 '지'를 읽지 못하는 유아도 이름카드 '김수지'는 읽을 수 있었다. 유아들의 수준에 맞도록 (㉢)을/를 제시해야겠다.

(다) 낱말카드 놀이 중 교사와 유아의 대화

교사 : 우리 낱말카드 놀이를 하자. 선생님이 낱말을 말하면 너희들은 낱말이 쓰여 있는 카드를 찾아서 선생님한테 주는 거야.
 (교사는 책상 위에 '호루라기', '호랑이', '호롱불', '호박', '호떡' 낱말카드를 놓는다.)
교사 : '호·랑·이'
호재 : ('호루라기' 낱말카드를 집어 교사에게 건네며) '호·랑·이'
교사 : 왜 이 카드를 골랐니?
호재 : 내 이름의 '호'와 ('호루라기'의 호를 가리키며) 여기 '호'가 같아요.
수지 : 제가 찾아볼게요. ('호랑이'와 '호롱불' 카드의 글자를 한 자 한 자 손가락으로 짚으며 읽는다.) '호', '랑', '이' ('호랑이' 카드를 보며) 아, 여기도 호랑이 있다. '호·랑·이'
 (수지는 '호랑이'와 '호롱불' 카드 2개를 교사에게 건넨다.)
교사 : 왜 이 두 카드를 골랐니?
수지 : 글자 수가 똑같잖아요.
 ……(하략)……

1) 할리데이(M. Halliday)가 제시한 언어의 기능 중, (가)의 ㉠에 나타난 언어의 기능은 무엇인지 쓰고 그 의미를 쓰시오. [1점]

2) ㉡의 현상이 나타난 이유를 (나)에서 찾아 쓰시오. [1점]

3) (나)에서 유아들이 다음 읽기 단계로 나아가기 위해 교사가 제시할 수 있는 ① ㉢에 들어갈 활동을 1가지 쓰고, ② 이와 관련된 활동명을 (가)에서 2가지 찾아 쓰시오. [1점]

 ①_____
 ②_____

4) ① 호재와 ② 수지의 한글 해독 방법을 (다)의 내용과 연결 지어 각각 쓰시오. [2점]

 ①_____
 ②_____

08 (가)는 ○○유치원 5세반 읽기 영역에서의 활동의 일부이고, (나)는 홍 교사의 저널이다. 물음에 답하시오. [5점]

(가)

(진우와 수미가 교사에게 『○○○ 음악대』 그림책을 들고 온다.)
진우 : 선생님, 『○○○ 음악대』 그림책 읽어요.
교사 : 그래, 우리 같이 읽어 볼까?

……(상략)……

고양이가 도둑의 얼굴을 야옹하며 할퀴었습니다. 도둑은 겁이 잔뜩 나서 문 쪽으로 도망쳤습니다. 문 쪽에서 기다리고 있던 개가 컹컹하며 도둑의 다리를 물려고 했습니다. 도둑은 놀라서 급히 마당으로 뛰어나갔습니다. 마당에서 기다리고 있던 당나귀는 뒷발로 도둑을 걷어차 버렸습니다. 마지막으로 닭은 꼬끼오, 꼬끼오 큰 소리를 내며 도둑에게 푸드덕, 푸드덕 날갯짓을 했습니다.

……(하략)……

……(중략)……

수미 : 고양이가 도둑의 얼굴을 야옹하며 할퀴었습니다.
진우 : 도둑은 무서워서 도망갔습니다.
수미 : 아니야, '도둑은 겁이 잔뜩 나서 문 쪽으로 도망쳤습니다.'잖아. [A]
진우 : 개가 깨물려고 했습니다.
수미 : 야, 너 왜 글자도 모르면서 네 마음대로 읽고 그래. 열받게.
교사 : 수미야, ㉠ 열받는다는 말 말고 다른 말은 없을까?

……(중략)……

교사 : ㉡ 이 그림책에서 가장 재미있었던 것이 무엇이니?
진우 : 고양이가 할퀴고, 개가 멍멍하고, 당나귀가 발로 뻥 차고, 닭이 소리치는 거요.

……(중략)……

교사 : ㉢ 이 그림책 이야기 속에 어떤 동물들이 있었지?
수미 : 당나귀, 개, 고양이, 닭이요.
교사 : 이 이야기에서 어떤 일들이 일어났니?

……(하략)……

(나)

진우가 좀 더 정확하게 글자를 읽을 수 있도록 『○○○음악대』에 나오는 동물 낱말카드 활동을 소개했다. ㉣ 동물 낱말카드에서 한 글자씩 가리면서 낱자로 읽어 보게 하였다. 앞으로 ㉤ 동물 이름 점선 따라 써 보기 활동과 낱말카드 베껴 쓰는 활동, 동극 활동 등을 계획해야겠다.

1) 자롱고(M. Jalongo)의 읽기 수준에 근거하여 [A]에 나타난 ① 수미와 ② 진우의 책읽기 수준을 각각 쓰시오. [1점]

① _____
② _____

2) 2019 개정 유치원 교육과정 '의사소통' 영역 '듣기와 말하기' 내용 범주에 근거하여 ㉠에 나타난 교사의 지도에 해당하는 내용을 쓰시오. [1점]

3) 매니(J. Many)와 와이즈만(D. Wiseman)의 질문 유형 분류에 근거하여 ㉡과 ㉢의 질문 유형과 목적을 각각 쓰시오. [2점]

㉡ 유형 _____
목적 _____
㉢ 유형 _____
목적 _____

4) ① ㉣에서 강조하는 언어 교육 접근법의 명칭을 쓰고, ② ㉤에 근거한 ㉤의 활동들 중 적절하지 않은 것을 1가지 찾아 이유를 쓰시오. [1점]

① _____
② _____

01 (가)와 (나)는 유아 평가와 관련된 교사들의 대화이다. 물음에 답하시오. [5점]

(가)

박 교사 : 지금 우리 반 유아들이 손 씻기나 옷 입기 같은 자조 기술이 있는지 확인하고 싶은데, 어떻게 해야 하나요?

최 교사 : 관찰 방법 중 (㉠)을/를 활용해 평가하는 것은 어때요? (㉠)은/는 '예'나 '아니오'로 표시하면 되니까 자조 기술이 형성되었는지 여부를 알기가 쉬워요. 그리고 ㉡ 결과에 따라 유아들의 자조 기술 형성에 도움을 줄 수 있는 방안을 교육과정 계획에 반영해 볼 수도 있잖아요.

신 교사 : 맞아요. (㉠)은/는 편하게 기록할 수 있어요. 또 관찰한 행동이 얼마나 자주 일어나는지도 알 수 있어요. 그렇지만 유아의 행동 발달을 단계적으로는 파악할 수 없죠.

송 교사 : 우리 반에 자유선택활동 시간에 공격적 행동을 종종 보이는 유아가 있어 걱정인데, 진짜 공격성이 있는 건지 잘 모르겠어요. 어떤 관찰 방법을 사용해야 하나요?

최 교사 : 사건표집법의 하나인 (㉢)을/를 활용하여 관찰하면 그 유아의 공격성 원인은 알아내기 어렵지만, (㉣)은/는 알 수 있어요.

……(하략)……

(나)

오 교사 : 저는 요즘 (㉤)을/를 활용해서 유아들의 언어 발달이 1년 동안 어떻게 변화되는지 알고 싶어 자료를 모으고 있어요.

강 교사 : (㉤)은/는 단순히 자료를 수집하는 것보다 유아 언어 발달이나 진보가 나타나는 언어나 음률 활동 동영상이나 놀이 사진, 활동 결과물 등을 선별하여 수집하는 것이 중요해요.

……(하략)……

1) ① ㉠에 공통으로 들어갈 용어를 쓰고, ② (가)에서 관찰 방법에 대한 신 교사의 말 중 잘못된 내용을 2가지 찾아 각각 그 이유를 쓰시오. [2점]

① _____

② _____

2) 다음은 ㉡과 관련하여 2019 개정 유치원 교육과정의 누리과정의 운영에 제시된 내용이다. ( )에 들어갈 말을 쓰시오. [1점]

평가의 결과는 유아에 대한 이해와 ( )을/를 위한 자료로 활용할 수 있다.

3) ㉢에 들어갈 평가 방법을 쓰고, ㉣에 들어갈 장점을 1가지 쓰시오. [1점]

4) ㉤에 들어갈 평가 방법을 쓰시오. [1점]

02

(가)는 4세반 민수 어머니와 담임인 김 교사의 개별 면담 내용이고, (나)는 김 교사와 원장의 대화이다. 물음에 답하시오. [5점]

(가)

> 어머니 : 민수가 처음 동생이 생겼을 때는 안 그랬는데, 요즘 동생만 보면 밀고 때리고 그래요. 동생이 너무 밉고 싫어서 그런대요. 그럴 때는 제가 어떻게 해야 할지 모르겠어요.
> 교 사 : 민수가 집에서 그랬군요. 제 생각에는 민수 입장에서 민수의 마음을 이해해 주시면 좋을 것 같은데, 혹시 (㉠)(이)라는 방법 들어 보신 적 있으세요?
> 어머니 : 그게 뭐예요?
> 교 사 : 우선 민수가 하는 말을 잘 들어 주고, 마음을 읽어 주세요. 이때 비판이나 판단 없이 진심으로 이해하려는 태도가 중요해요. 그리고 민수의 속마음을 파악해서 민수를 이해하고 있다는 것을 알려 주시면 돼요.
> 어머니 : 아, 그렇군요.
> 교 사 : ㉡ <u>지난번에 승연이 어머니도 비슷한 일로 고민하시길래 이 방법을 알려 드렸더니, 나중에 하시는 말씀이 효과적이었다고 하시더라고요.</u>

(나)

> 원 장 : 민수 어머니께서 오래 계시다 가신 것 같은데, 민수에게 무슨 일이 있었나요?
> 교 사 : 민수가 집에서 동생을 자꾸 때리고 미워하고 그러나 봐요. 민수 문제로 면담을 요청하셔서, (㉠) 방법을 집에서 해 보시라고 자세히 알려 드렸어요.
> 원 장 : 네, 그것도 적절한 방법이죠. 그런데 ㉢ <u>민수 어머니께서 동생이 태어나기 전에는 민수가 어리광을 부려도 받아줬는데, 동생이 생기면서 민수가 더 의젓하게 행동하기를 바라는 것 같아요. 민수 어머니에게 그 부분을 확인해 보도록 안내하는 것이 필요할 것 같아요.</u>
> 교 사 : 아, 그렇군요. 제가 부모님과 이야기를 더 해 봐야겠어요.

> 원 장 : 다음 달에 할 예정인 부모교육은 부모님들께서 관심을 갖는 주제를 미리 조사해서 강연회나 워크숍으로 계획해 보면 어떨까요?
> 교 사 : 부모님들은 자녀 양육방법이나 ㉣ <u>유아의 건강 문제</u>에 대해 관심이 많으신 것 같아요.

1) 고든(T. Gordon)의 부모효율성 훈련 이론에 근거하여, ① ㉠에 공통으로 들어갈 용어, ② 교사가 민수 어머니에게 ㉠을 권유할 때 고려했던 기준, ③ ㉡이 가리키는 단계를 쓰시오. [3점]

①
②
③

2) ㉢에서 제시된 부모 상담 과정에서 김 교사가 개선해야 할 점과 이유를 쓰시오. [1점]

3) 다음은 「유아교육법 시행령」[2022. 8. 9. 타법 개정] 중 일부이다. ㉣과 관련 있는 ⓐ에 해당하는 말을 쓰시오. [1점]

> **제21조(평가의 기준)** ① 법 제19조제1항에 따른 유치원 평가는 다음 각 호의 사항을 기준으로 하여 실시한다.
> 〈개정 2020. 2. 25.〉
> 1. 교육과정의 편성·운영 및 교수·학습 지원
> 2. 방과후 과정의 편성·운영
> 3. 교원에 대한 연수 지원
> 4. (ⓐ)
> 5. 그 밖에 유치원 운영에 관한 사항으로 교육감이 필요하다고 인정하는 사항

03

다음은 5세반 쌓기놀이 상황의 일부이다. 물음에 답하시오. [5점]

(유아들은 블록으로 놀이를 하고, 교사는 유아의 놀이를 지켜보고 있다.)
승연 : 우리 제일 높은 주차 빌딩을 만들자!
민희 : ㉠ 내가 아빠랑 갔는데, 거기에는 엘리베이터도 있어.
주영 : 우리도 엘리베이터 만들자. 그런데 뭐로 엘리베이터를 만들지?
민희 : 빈 상자로 만들면 좋겠어.
  (지켜보던 교사는 미술 영역에 있는 재활용 상자를 가져다준다.)

주영 : (주차 빌딩 옆에 상자를 놓아 보면서) 이걸로 만들면 좋겠다.
  ……(중략)……
민희 : 와! 완성이다. 이제 주차장 놀이하자.
  (교사와 유아들은 함께 주차장 놀이를 하려고 역할을 정하였다. 유아들은 역할을 정한 후에도 주차장 놀이를 시작하지 못하고 자동차만 굴리고 있다.)
교사 : ㉡ (주인을 맡은 주영이와 승연이를 보면서) 아저씨, 어디에 세워야 하는지 자세하게 알려 주세요!
주영 : 아! 손님, 여기로 오세요.
  (승연이는 자동차가 들어와도 보고만 있다.)
영채 : ㉢ 야! 무슨 주인이 그래? '어서 오세요.' 인사하고 안내를 해 줘야지!
승연 : 아, 어서 오세요! 손님!
민희 : 내 차가 제일 먼저 왔어요. 들어갈게요.
교사 : ㉣ 이제 내 차가 들어갈 차례지요. 들어갑니다.
  ……(중략)……

승연 : 안녕하세요? (엘리베이터 쪽을 가리키며) 여기로 오세요.
영채 : 네. (가장 위층인 10층을 가리키며) 내 차는 여기에 세울래요.
주영 : 손님, 아래부터 세워야 해요.
민희 : 나도 제일 위에 세우고 싶어요.   [A]
주영 : 승연아, 주차 빌딩에 차가 가득 차서 10층만 남았다고 하자.
영채 : 그럼, 내 차 먼저 10층에 세워 주세요.
주영 : 손님, 이제 10층에 자리가 얼마 안 남았어요.

1) 위의 놀이 상황은 '각본이론'으로 설명할 수 있다. ① ㉠에 근거하여 각본이론의 관점을 쓰고, ② 이 이론에 근거하여 위 놀이 상황을 에피소드 수준으로 볼 수 있는 이유를 쓰시오. [2점]

① _____

② _____

2) 베이트슨(G. Bateson)의 이론에 근거하여, ㉢에 나타난 유아의 의사소통 유형에 해당하는 말을 [A]에서 찾아 쓰시오. [1점]

3) 존슨(J. Johnson), 크리스티(J. Christie)와 야키(T. Yawkey)가 제안한 교사의 놀이 지도 방법에 근거하여 ① ㉡에 나타난 교사의 역할과 특징을 쓰고, ② ㉣에 나타난 교사의 역할과 특징을 쓰시오. [2점]

① _____

② _____

04 (가)는 ○○유치원의 가게 놀이 계획과 관련된 4세반 교사들의 대화이며, (나)는 4세반의 가게 놀이 상황이다. 물음에 답하시오. [5점]

(가)

> 김 교사 : 가게 놀이를 할 때 역할 영역에 각 나라의 기념품을 비치해서 사고파는 물건으로 사용하면 어떨까요? 지난주 시장 견학을 갔을 때, 아이들이 다른 나라의 기념품에 관심을 많이 가지더라고요. 가게 놀이도 하고 다문화에 대한 이해도 높일 수 있는 기회가 될 것 같아요.
>
> 임 교사 : ㉠ 기념품을 제시하는 것만으로는 문화의 차이나 가치를 이해하기 어려울 것 같아요. '세계 여러 나라' 생활 주제를 다룰 때 교육과정 목표나 내용은 그대로 두고, 우리 반 다문화 가정 아이의 나라별 전통 음식과 일상용품을 추가해서 다루기로 해요.
>
> 최 교사 : 좋은 생각이에요. 그런데 이번 가게 놀이에서는 아이들이 좋아하는 물건을 직접 고르고 사 보게 하는 것이 좋겠어요. 아이들이 현재 자신이 있는 곳부터 출발하여 주변 세계를 자꾸 경험하다 보면 그 과정 속에서 스스로 중요한 개념과 가치를 발견할 수 있거든요.

(나)

> 민호 : 우리 무슨 놀이 할까? 문방구 놀이 할래?
> 연수 : ㉡ 문방구가 뭐야?
> 민호 : 연필이나 공책 같은 거 파는 가게야. 우리 동네에 있잖아.
> 연수 : 그래?
> 가희 : 난 문방구 알아. 문방구 놀이 하자.
>   (유아들이 색종이로 만든 돈을 가지고 가게 놀이를 시작한다.)
> 민호 : (연수와 가희를 향해) 어서 오세요, 손님.
> 연수 : (가희에게) 나 오늘 공책이랑 연필 살 거야.
> 가희 : (연수에게) 나는 더 구경하고 살래.
> 연수 : (공책과 연필을 보여 주며) 이거 귀엽지?
> 가희 : 응. 공책이랑 연필 사고 싶다. 그리고 저 인형도 사고 싶어. 하지만 돈이 2장뿐이야.
> 연수 : 가게 놀이는 사고 싶은 거 다 살 수 있는 건데.
> 가희 : 아냐, 안 그래. ㉢ 갖고 싶은 것 있어도 참아야 다음에 더 필요한 것 살 수 있어.
>   ……(중략)……
> 가희 : 공책 못 사서 아쉽지만, 이번엔 연필이랑 인형 사야지.
>   (가희와 연수는 자신이 고른 물건을 민호에게 건넨다.)
> 민호 : (물건을 돌려주며) 손님, 여기 있어요.
> 연수 : 고맙습니다. (다른 영역으로 이동하며) 재미있다. 또 사러 오자.
> 민호 : 어, 그냥 가면 안 되는데.
>   ……(하략)……

1) ① 시펠트(C. Seefeldt)의 유아 사회 교육 접근 방식 중 (가)에 나타난 최 교사의 접근 방식 유형을 쓰고, ② 뱅크스(J. Banks)의 다문화 교육 이론에 근거하여 ㉠에 해당하는 단계를 쓰시오. [1점]

① _____
② _____

2) ㉡을 지도하기 위한 2019 개정 유치원 교육과정 '사회관계' 영역의 내용 범주 '사회에 관심 가지기'의 내용을 쓰시오. [1점]

3) 다음에서 ① ⓐ에 들어갈 용어와 해당되는 유아의 말을 (나)에서 찾아 쓰고, ② ⓑ에 들어갈 정의를 쓰고, 해당되는 유아의 말을 (나)에서 찾아 쓰시오. [2점]

> ① (ⓐ)은/는 경제 개념으로 사람들의 무한한 욕망에 비해 그 욕망을 충족시켜 주는 재화나 서비스가 충분하지 않은 것을 의미한다.
> ② 레니(J. Laney)와 셔그(M. Schug)는 교사들이 유아에게 기회비용이라는 경제 개념을 가르칠 것을 제안하였는데, 이는 (ⓑ).

① _____
② _____

4) ㉢과 관련 있는 경제 소비자 교육 개념 요소를 1가지 쓰시오. [1점]

05

다음은 ○○유치원 4세반 김 교사가 '동물'을 주제로 진행한 활동 계획안의 일부이다. 물음에 답하시오. [5점]

활동명	그림 속 고양이
목표	……(생략)……
활동 자료	타일, 폼보드, 골판지, 신문지, 여러 종류의 끈, 단추, 물감
[A] 활동 방법	1. 그림을 살펴본다. - 그림 속 고양이를 만지면 어떤 느낌이 들 것 같니? - ㉠ 어떤 고양이를 만지면 딱딱하게 느껴질까? - ㉡ (〈작품 2〉를 보고) 여기 이곳은 왜 그림을 그리지 않고 비워 두었을까? 〈작품 1〉 〈작품 2〉 2. 각자 만들고 싶은 고양이에 대해 이야기 나눈다. 3. ㉢ 다양한 재료와 도구의 특성을 살펴보고, 고양이를 타일이나 폼보드 위에 꾸며 본다. 4. 모두의 작품을 모아 함께 벽화를 구성해 본다. 5. 완성된 공동 벽화를 보며 이야기 나눈다.
[B] 확장 활동	○ 고양이의 소리 흉내 내기 ○ 고양이 왈츠 감상하기 ○ 고양이 동시 짓기 ○ 고양이 관찰하기

1) ㉠은 어떤 미술적 요소를 학습하기 위한 것인지 쓰시오. [1점]

2) ① ㉡과 같은 공간 표현을 나타내는 말을 1가지 쓰고, ② 2019 개정 유치원 교육과정 '예술경험' 영역의 내용 범주 '예술 감상하기'에 근거하여 ㉡과 관련된 내용을 쓰시오. [1점]

   ① _____
   ② _____

3) 다음은 ㉢ 활동 중에 나타난 교사의 언어적 반응이다. ⓐ와 ⓑ가 부적절한 이유를 쓰고, 공통으로 보완해야 할 점을 쓰시오. [1점]

교사 : (현수의 작품을 가리키며) 이것은 무엇을 만들려고 한 거니? 현수 : 거칠거칠한 종이로 울퉁불퉁 고양이를 만들었어요. 교사 : ⓐ 잘했네. 교사 : (태현의 작품을 가리키며) 무엇을 만든 거니? 태현 : 끈으로 고양이 몸을 만들고, 등에는 단추를 붙였어요. 교사 : ⓑ 멋있구나.

4) 2019 개정 유치원 교육과정 '예술경험' 영역의 내용 범주 '창의적으로 표현하기'를 근거로 ㉢에 해당하는 내용을 쓰시오. [1점]

5) 2019 개정 유치원 교육과정에 근거하여 5개 영역 중 [B]에 통합된 영역을 모두 쓰시오. [1점]

06 다음은 ○○유치원 5세반 송 교사의 활동 계획안이다. 물음에 답하시오. [5점]

활동명	전래동요 '매미' 노래 부르기
목표	○ 장단에 맞춰 전래동요를 부른다. ○ ㉠ 다양한 방법으로 가락을 표현해 본다. ○ ㉡ 악기를 연주하며 전래동요를 부른다.
[A] 활동 자료	○ 음원, 악보, 가사판 디오라마, 장구, 소고 (악보: 주월재 열 내려오라 개 통 범 벅 주 마 / 박 박 긁 어 먹 고 쫙 쫙 올 라 가 라)
[B] 활동 방법	······(상략)······ ○ 첫 소박 '주'와 '개'를 큰 소리로 노래 부른다. ○ 장단에 맞춰 노래 부른다. ○ 음의 높낮이와 길이를 손가락으로 그려 본다. ○ 장단을 소고로 연주해 본다. ○ 소고를 연주하며 자유롭게 노래 부른다.
[C] 확장 활동	○ ㉢ '매미' 노랫말로 이야기 꾸미기 ○ 매미 그림책 만들기 ○ 사물악기로 '매미' 연주하기 ○ (㉣)

1) ① ㉠의 목표와 관련이 없는 것을 [B]에서 찾아 쓰고, ② ㉡과 관련된 것을 [B]에서 찾아 쓰시오. [1점]

① _____
② _____

2) 다음은 ㉡에 제시된 전래동요의 특징이다. ① 적절하지 않은 것의 기호를 쓰고, ② 이를 바르게 고쳐 쓰시오. [2점]

> ⓐ 시김새(꾸밈음)가 없는 4음 음계의 노래이다.
> ⓑ 2소박 장단으로 이루어진 반복 구조의 노래이다.
> ⓒ 자진모리 장단에 어울리는 노래이다.
> ⓓ 곤충을 잡으며 부르던 노래이다.
> ⓔ 의태어가 포함되어 유아의 흥미를 유발할 수 있는 노래이다.

① _____
② _____

3) ① 2019 개정 유치원 교육과정 '의사소통' 영역 '책과 이야기 즐기기' 내용 범주에 근거하여 ㉢과 관련된 내용을 1가지 쓰고, ② 활동 자료와 관련하여 다음의 두 가지 내용에 근거한 ㉣의 활동을 쓰시오. [2점]

내용 범주	내용
창의적으로 표현하기	노래를 즐겨 부른다.
	극놀이로 경험이나 이야기를 표현한다.

① _____
② _____

07 다음은 바깥놀이 중 마당에 떨어져 있는 나뭇잎 놀이를 하고 있는 동수와 영희의 대화 내용의 일부이다. 물음에 답하시오. [5점]

동수 : 영희야, 내가 나뭇잎 놓은 것 좀 봐. 은행잎, 단 ─┐
풍잎, 은행잎, 단풍잎, 은행잎, 단풍잎 놓았어.
너는 어떻게 놓을래?
영희 : 음…. 모르겠어. 나도 네가 놓은 것처럼 은행잎, [A]
단풍잎, 은행잎, 단풍잎, 은행잎, 단풍잎 이렇게
놓고 싶어. 봐, 봐. 나도 너랑 똑같이 놓는다. ─┘
동수 : 영희야! 네가 나뭇잎 놓을 때마다 우드블록으로 ─┐
소리를 다르게 내 볼게.
(동수는 영희가 은행잎을 놓을 때는 우드블록을 쳐 [B]
서 '틱' 소리를 내고, 단풍잎을 놓을 때는 '톡' 소리를
낸다. 동수가 틱, 톡, 틱, 톡, 틱, 톡… 소리를 낸다.) ─┘
……(중략)……
동수 : 영희야, 우리 나뭇잎 기차 만들자. 우리 누가 더 길게 놓는지 한번 시합해 볼래?
영희 : 와! 정말 기차 같네? 내 것이 네 것보다 길지?
동수 : ㉠ 그래, 맞아. 그런데 네 것이 내 것보다 얼마나 더 길까? 음…. 아, 내가 알 수 있어. 이 나뭇가지로 재 볼게. 내 나뭇잎 기차는 이 나뭇가지로 두 번 갔고, 네 것은 세 번 갔어. 네 것이 한 번 더 갔어.

……(중략)……
영희 : ㉡ 여기 단풍잎만 세어 보자. 이쪽부터 세어도 하나, 둘, 셋이고, 저쪽부터 세어도 하나, 둘, 셋이야.
동수 : 응, 그래. 그런데 나뭇잎 크기가 다 달라.
영희 : 그러네. (큰 단풍잎을 가리키며) 이건 아빠 단풍잎, (중간 단풍잎을 가리키며) 이건 엄마 단풍잎, (작은 단풍잎을 가리키며) 이건 애기 단풍잎. 애기 단풍잎이 제일 귀엽다. 그렇지? 우리 이 단풍잎을 접시에 담아 볼까?

동수 : 그래, 그러자. 내가 접시 가지고 올게.
(동수는 모래놀이 옆에 있는 역할놀이 교구장에서 큰 접시, 중간 접시, 작은 접시 세 개를 찾아서 영희에게로 온다.)
동수 : ㉢ 아빠 단풍잎은 여기에 담고(큰 접시 위에 큰 단풍잎을 올려놓는다.), 엄마 단풍잎은 여기에 담고(중간 접시 위에 중간 단풍잎을 올려놓는다.), 애기 단풍잎은 여기에 담자(작은 접시 위에 작은 단풍잎을 올려놓는다.).

1) ① [A]에서 알 수 있는 동수와 영희의 규칙성 인식 수준의 차이점을 서술하고, ② [B]에서 동수가 영희를 보면서 '틱', '톡'으로 소리 낸 것을 가리키는 용어를 쓰시오. [2점]

①

②

2) ① ㉠에서 동수가 측정할 때 사용한 나뭇가지를 지칭하는 용어를 쓰고, ② 측정 경험 초기에 사용할 수 있는 측정 단위 유형의 명칭을 1가지 쓰시오. [1점]

①

②

3) ① ㉡에서 나타난 영희의 수 세기 원리를 쓰고, ② ㉢에서 나타난 순서 짓기의 특징을 쓰시오. [2점]

①

②

08 다음은 ○○유치원 5세반 유아들이 실외 놀이터에서 비눗방울 놀이를 하는 상황이다. 물음에 답하시오. [5점]

동주 : 우리 비눗방울 놀이하자.
진서 : 좋아.
동주 : 그런데 여기 틀 모양이 여러 가지야. 넌 어떤 것으로 할 거야?
진서 : 나는 세모 모양 비눗방울을 만들 거니까 세모로 해야지.
동주 : 야, 세모 모양 비눗방울을 어떻게 만들어?
진서 : 만들 수 있어.
동주 : 비눗방울은 다 동그래.
진서 : 아니야, 세모 모양 비눗방울 있어.
동주 : 내가 하는 거 잘 봐.
　　　(동주는 사각형 틀로 비눗방울을 만든다.)
동주 : 봤지? 동그랗지?
진서 : 어, 이상하다.
동주 : 너도 해 봐.
　　　(진서는 삼각형 틀로 비눗방울을 만든다.)
동주 : ㉠ 봐, 네가 한 거랑 내가 한 거랑 둘 다 동그랗잖아.
진서 : 그러네, 진짜 동그랗다.
동주 : ㉡ 우리 다른 틀로도 해 볼까?
　　㉢ (동주와 진서는 구름, 하트, 강아지, 토끼 모양의 틀로 비눗방울을 만든다.)

---

1) 위 상황에서 나타난 ① 유아의 오개념을 쓰고, ② 그 오개념이 과학적 개념으로 변하게 된 이유를 사회적 구성주의(social constructivism) 관점에서 쓰시오. [2점]

①ㅤ
②ㅤ

2) ① ㉠에서 사용된 탐구기술 2가지를 쓰고, ② ㉠, ㉡, ㉢에 공통으로 나타나는 2019 개정 유치원 교육과정 '자연탐구' 영역의 '탐구 과정 즐기기' 내용 범주의 내용을 쓰시오. [1점]

①ㅤ
②ㅤ

3) ㉢에 제시된 ① 조작변인을 쓰고, ② 조작변인과 관련하여 유아들이 설정한 가설을 쓰시오. [2점]

①ㅤ
②ㅤ

2017학년도 유치원 교직논술

문제

다음은 교사 학습공동체에서 나눈 교사들 간 대화이다. 1) 유아 교사의 역할 4가지를 대화에 근거하여 제시하시오. 2) 김 교사의 대화를 바탕으로 역할갈등의 개념을 설명하고, 이에 근거하여 최 교사와 박 교사의 역할갈등 내용을 각각 1가지씩 제시하시오. 그리고 3) 최 교사와 박 교사 각각의 역할갈등 해결 방안을 개인 차원에서 2가지씩 논하고, 4) 이러한 역할갈등 해결을 지원하기 위한 조직 차원의 방안 2가지를 논하시오. [총 20점]

> 정 교사 : 선생님들께서 고민하시는 부분에 대해 이야기를 나누어 볼까요?
>
> 김 교사 : 요즘 저는 유아 교사의 역할에 대해 고민하고 있어요. 저는 아이들을 잘 가르치는 것이 가장 중요하다고 생각하는데, 학부모님이나 원장님이 저에게 바라는 것은 조금 다른 것 같아요. 제 일은 아닌 것 같은데 해야 하기도 하고, 그러다 보면 정말 해야 할 일은 못 하게 될 때도 있어요. 그런데 주위에서 바라는 것은 너무 많고……. 정말 힘드네요.
>
> 최 교사 : 저도 비슷한 고민을 하고 있어요. 저희 반에 최근 발달장애 진단을 받은 아이가 한 명 있는데 오늘 그 아이 어머니와 이야기를 나누고 나니 마음이 좀 복잡해요. 전에도 아이의 학급 내 생활과 관련해서 조언을 여러 번 해 드렸는데, 오늘은 그것 말고 문제행동 중재방법에 대해 물어보시네요.
>
> 정 교사 : 그 부분은 특수교육 전문가에게 도움을 받아야 하지 않을까요?
>
> 최 교사 : 네, 저도 그렇게 생각해요. 그래서 저보다는 우리 유치원의 특수교사와 상담하시는 것이 좋겠다고 말씀드렸더니 표정이 조금 안 좋아지시더라고요.
>
> 박 교사 : 제가 현재 근무하고 있는 곳은 3학급으로 구성된 병설유치원이잖아요. 이번에 저희 유치원에 부임한 선생님들이 모두 초임이에요. 저도 이제 경력이 2년밖에 안 되었는데 제가 선임교사이다 보니 교장 선생님께서 유치원에 관련된 대부분의 업무들에 제가 관여하기를 원하세요. 물론 저도 제가 해야 할 일이라고 생각하지만 부담이 많이 돼요.
>
> 정 교사 : 정말 힘드시겠네요.
>
> 박 교사 : 네. 제가 맡은 학급과 관련한 행정 업무도 해야 하고, 원내장학에도 참여해야 하고요. 또 전담 원감 선생님이 안 계시다 보니 유치원의 업무도 총괄하면서 교육지원청과 업무 협조도 자주 해야 하거든요. 챙겨야 할 일이 너무 많아서 오히려 무엇 하나도 제대로 못 하고 있는 것 같아 속상해요.

답안 작성 시 유의사항

- 주어진 답안지 면수(2매 이내)에 맞게 서술하시오.

- 글의 체계를 논리적으로 짜임새 있게 구성하시오.

- 글의 명료성, 타당성, 일관성을 고려하여 서술하시오.

배점

- **논술의 내용 [총 15점]**
  - 유아 교사의 역할 [4점]
  - 역할갈등의 개념(3점)과 내용(2점) [5점]
  - 개인 차원의 역할갈등 해결 방안 [4점]
  - 조직 차원의 지원 방안 [2점]

- **논술의 체계 [총 5점]**
  - 글의 논리적 체계성 [3점]
  - 맞춤법 및 어휘·문장의 적절성 [2점]

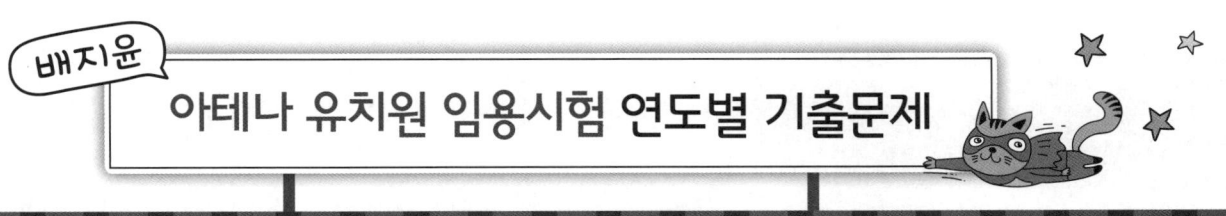

초안지

2017학년도 유치원 교육과정 A

01 다음은 ○○유치원의 자율연수 시간에 교사들이 나눈 대화 내용이다. 물음에 답하시오. [5점]

> 홍 교사 : 유치원 교육과정 운영에 있어서 가장 근간이 되는 것은 국가수준 교육과정이잖아요. ㉠ <u>우리나라에서 국가수준 유치원 교육과정이 처음 만들어진 해가 언제인지 기억하세요?</u>
> 곽 교사 : 오래전 일이라 잘 모르겠는데, 한번 찾아봐야겠어요. 교육과정 변천사를 보면, 2019 개정 유치원 교육과정에 이르기까지 중요한 변화들이 있었더군요. 예를 들면, ㉡ <u>제3차 유치원 교육과정은 제2차 유치원 교육과정이 개정되고 난 후 불과 2년 만에 개정되었어요. 또 그 당시 교육과정의 1일 시간 편성 기준은 변경되지 않았지만 현재의 2019 개정 유치원 교육과정과는 달랐어요.</u>
> 최 교사 : 그렇군요. 저는 유치원 입학 연령에 관심이 많은데, 관련법을 살펴보니 연령이 바뀌면서 유아에 대한 정의가 달라졌더라고요. 현재 ㉢ <u>「유아교육법」에서 유아는 "만 3세부터 5세까지의 어린이"로 규정되어 있지요?</u>
> 곽 교사 : 그것도 확인해 봐야겠네요. 그런데 무엇보다 교사로서 현재 가장 중요하게 숙지하고 있어야 할 것은 2019 개정 유치원 교육과정이지요.
> 홍 교사 : 맞아요. 저는 교육 계획안을 작성할 때, 우선 2019 개정 유치원 교육과정의 구성의 중점에 따라 3~5세 모든 유아에게 적용할 수 있도록 구성하고, 신체운동·건강, 의사소통 등 5개 영역을 중심으로 구성하려고 노력해요. 그런데 쉽지는 않네요.
> 곽 교사 : ㉣ <u>교육과정의 구성의 중점은 이 외에도 3가지가 더 있어요.</u>
> ……(하략)……

1) ① ㉠의 해당 연도를 쓰고, ② 다음 ⓐ에 들어갈 말을 쓰시오. [1점]

> 1970년대부터 인지 발달을 강조하는 세계적 추세에 맞추어 1979년 개정된 2차 유치원 교육과정에서는 인지 발달과 정서 발달을 강조했다. 이는 당시 1960년경부터 미국에서 나타나기 시작한 (ⓐ)중심 교육과정의 영향을 받은 것으로 대표적 학자는 브루너(J. Bruner)나 피아제(J. Piaget)가 있다.

① _____
② _____

2) ㉡과 관련하여 ① 유치원 교육과정이 2년 만에 개정된 이유를 쓰고, ② 2019 개정 유치원 교육과정의 편성·운영에서 제시된 1일 시간 편성 기준을 쓰시오. [2점]

① _____
② _____

3) ㉢의 유아에 대한 정의에서 <u>잘못된</u> 부분을 찾아 바르게 고쳐 쓰시오. [1점]

4) 2019 개정 유치원 교육과정에서 ㉣에 해당하는 것으로 올바르지 <u>않은</u> 것 2가지를 ⓐ~ⓒ에서 찾아 기호를 쓰고, 바르게 고쳐 쓰시오. [1점]

> ⓐ 누리과정 목표 달성을 위한 지식, 기능, 태도 및 가치를 반영하여 구성한다.
> ⓑ 3~5세 유아가 경험해야 할 내용을 연령별로 구성한다.
> ⓒ 0~2세 보육과정 및 초등학교 교육과정과의 연계성을 고려하여 구성한다.

① _____
② _____

02

다음은 ○○유치원 4세반 언어 활동에 대한 박 교사와 최 교사의 대화 내용이다. 물음에 답하시오. [5점]

박 교사 : 제가 다음 주 언어 활동을 몇 가지 선정해 보았어요. 한번 살펴봐 주세요.

활동명	활동 내용
○ 주말 지낸 일 그리기	㉠ 주말 지낸 일을 그림이나 글로 나타내기
○ 친구에게 편지 쓰기	좋아하는 친구에게 하고 싶은 말 쓰거나 그리기
○ 그림책 『무지개 물고기』 읽기	그림책 『무지개 물고기』를 읽고 이야기 나누기

최 교사 : 목록을 보니 유아들이 글자를 익히도록 하기 위해서는 뭔가 추가적인 활동이 필요하지 않을까요?

박 교사 : 글쎄요. 그림책을 읽고 내용을 이해하는 것으로 충분하지 않을까요? 생활 속에서 ㉡ 상표나 간판을 자주 보다 보면 자연스럽게 글자에 흥미를 붙이게 되고 저절로 읽고 쓸 수 있게 되리라 믿어요.

최 교사 : 물론 저도 기본적으로는 그렇게 생각해요. 그러나 유아마다 특성이나 성장 환경, 요구가 다르잖아요.

박 교사 : 유아의 듣기, 말하기, 읽기, 쓰기는 통합적으로 발달해요. ㉢ 자음이나 모음의 이름을 외우게 하거나 반복해서 베껴 쓰도록 훈련시키면 오히려 유아들이 글자에 대한 흥미를 잃게 돼요.

최 교사 : ㉣ 자음과 모음의 이름을 외우게 하거나 형태 변별을 가르치자는 것이 아니에요. 그림책을 읽은 후 같은 글자가 들어간 낱말을 찾아보게 하였더니, 그렇게 한 글자는 쉽게 익히더라고요. 특히 그림책에 반복해서 나오는 낱말이나 구절은 유아들이 재미있어하기도 하고 기억도 잘 하더라고요.

……(하략)……

---

1) ① 박 교사가 지지하는 문자언어 지도 접근법의 명칭과 그 이유를 사례에 근거하여 쓰고, ② 최 교사가 지지하는 문자언어 지도 접근법의 명칭과 그 이유를 사례에 근거하여 쓰시오. [2점]

① _____

② _____

2) ㉠의 근거가 되는 2019 개정 유치원 교육과정 '의사소통' 영역 '읽기와 쓰기에 관심 가지기' 내용 범주의 내용을 쓰시오. [1점]

3) ① ㉡과 같은 자료를 무엇이라고 하는지 쓰고, ② 이 자료가 유아의 문식성 발달의 기초가 되는 이유를 쓰시오. [1점]

① _____

② _____

4) ㉢, ㉣이 공통적으로 기초하고 있는 발달과 학습에 대한 심리학적 관점을 쓰시오. [1점]

03
다음은 ○○유치원 5세반 역할놀이 영역에서 일어난 놀이에 대한 일화기록이다. 물음에 답하시오. [5점]

관찰대상 : 권임규 (남) 관찰자 : ○○○
……(생략)……
관찰일시 : 2022년 ○월 ○일 09:45~09:55

임규는 혜미, 민호, 지수가 놀고 있는 역할놀이 영역에 와서 두리번거린다. 혜미가 민호에게 "야, 우리 과일가게 놀이하자! 여기가 과일가게야."라고 말한다. 민호가 "그래, 좋아. 난 배달할래."라고 말하자 혜미가 "배달? 그래. 너 배달해."라고 말한다. 옆에 있던 임규가 "나도 가게 놀이하고 싶다. 배달하면 재밌을 것 같은데……."라고 중얼거린다. 이 말을 듣고 지수가 임규에게 ㉠"너 우리랑 놀고 싶구나. 그럼 함께 놀자. 네가 손님해."라고 말한다. 임규는 ㉡"남자는 힘이 세니까 배달을 잘할 수 있어."라고 지수에게 말한다. 그러자 지수가 "민호가 배달하고 있는데 어떡하지……."라고 말한다. 임규는 "알았어. 손님할게. 여기 사과 있어요? 얼마예요?"라고 말하자 지수가 "천 원입니다. 아주 맛있어요."라고 말한다. 임규가 주머니에서 놀이 카드를 꺼내며 "여기 천 원 있어요."라고 말한다. 갑자기 혜미가 "손님이 한 명밖에 없어서 가게 놀이 재미없다. 우리 미용실 놀이하자."라고 말한다. 지수가 "그거 재밌겠다. ㉢난 미용사 할래."라고 말한다. 그러자 민호는 "난 미용실 놀이 재미없어."라고 말하자 임규도 "나도!"라고 하면서 함께 과학 영역으로 간다. 그러자 혜미가 지수에게 "우리 다른 놀이 하자."라고 하면서 둘은 미술 영역으로 간다.

〈분석〉
……(생략)……

1) ㉠과 관련하여 ① 2019 개정 유치원 교육과정 '사회관계' 영역 '더불어 생활하기' 내용 범주의 내용을 쓰고, ② 가드너(H. Gardner)의 다중지능 이론에서 제시한 지능 중 1가지를 쓰고 사례에 비추어 이유를 쓰시오. [2점]

①
②

2) ① ㉡에 해당하는 성역할 개념을 쓰고, ② 애드워즈(Edwards)의 이론에 근거하여, ㉡에서 임규가 이러한 성역할 개념을 드러낸 이유를 1가지 쓰시오. [1점]

①
②

3) 스밀란스키(S. Smilansky)가 제시한 사회극놀이의 준거 중 ① ㉢에 해당하는 것을 쓰고, ② 일화기록 내용에 드러나지 않은 준거 1가지와 그 이유를 쓰시오. [2점]

①
②

04 다음은 자율장학연구회 소모임에서 유치원 교사들이 나눈 대화 내용이다. 물음에 답하시오. [5점]

> 홍 교사 : 유아는 단계적으로 발달하면서 감각을 통해 모든 것을 받아들이잖아요. "감각에 의하지 않고 지성을 따르는 것은 하나도 없다."라고 한 (㉠)의 주장은 유아교육의 중요성을 잘 드러내 주는 것 같아요. 그 사상가는 유아들을 위한 세계 최초의 그림책도 만들었지요.
>
> 김 교사 : ㉡ 몬테소리(M. Montessori)를 포함하여 여러 교육자는 유아를 위한 다양한 교구를 만들었죠. 저도 그런 교구를 보면 가지고 놀고 싶다니까요.
>
> 최 교사 : 사람은 자연의 일부이기 때문에 교구를 활용할 때도 자연의 순서에 따라 서두르지 말고, 쉬운 것에서 어려운 것으로, 연령에 적합한 내용과 방법으로 교육해야 한다고 생각해요. 세계 최초로 영상 촬영 기술을 이용하여 유아의 행동을 관찰함으로써 표준화된 행동 목록을 만든 (㉢)도 ㉣ 유아가 배울 준비가 되어 있지 않다면 준비될 때까지 기다려야 한다고 했잖아요.
>
> 임 교사 : 그래서 발달적으로 적합한 교육을 통해 최적의 교육 기회를 제공해 주고자 미국의 전국유아교육협회(NAEYC)에서는 1984년부터 약 2년 동안 방대한 연구를 통해 유아 연령의 적합성과 ㉤ 개인의 적합성이 반영된 통합된 교육과정의 운영 지침을 제공했지요.
>
> 김 교사 : 이후 이 지침은 개정되어 기존의 두 가지 원칙에 (㉥)을/를 하나 더 추가했지요.
> ……(하략)……

1) ① ㉠에 들어갈 사상가의 이름을 쓰고, ② 홍 교사와 최 교사의 대화에서 공통적으로 나타나는 ㉠ 사상가의 교육원리 1가지를 쓰시오. [2점]

①
②

2) 다음은 ㉡에 관련된 내용이다. ⓐ~ⓔ 중 틀린 내용 2가지를 찾아 기호를 쓰고, 이를 바르게 고쳐 쓰시오. [1점]

> ⓐ 교구를 통한 감각 훈련과 언어지도 및 기본생활습관 훈련을 철저하게 실시하였다.
> ⓑ 교사는 유아가 교구와 상호작용하는 동안 호기심을 유발하도록 질문한다.
> ⓒ 유아는 스스로 성장할 수 있는 내적 생명력을 지니고 있다.
> ⓓ 유아 스스로 특정 과제를 숙달하고자 강하게 집중하는 현상이 나타난다.
> ⓔ 교구의 사용법은 정해져 있지 않으며 유아 나름대로의 방법으로 교구를 활용하는 것을 권장한다.

①
②

3) ① ㉢에 들어갈 학자의 이름과 ㉣이 의미하는 용어를 순서대로 쓰고, ② ㉤의 의미와 ㉥에 들어갈 원칙 1가지를 쓰시오. [2점]

①
②

05

(가)는 ○○유치원 5세반 윤 교사의 저널이고, (나)는 윤 교사와 최 원감이 놀이시설 안전점검에 대해 나눈 대화이다. 물음에 답하시오. [5점]

(가)

> 오늘 자유선택활동 시간에 태훈이가 넘어지면서 손가락을 다쳤다. 태훈이가 많이 울었고 피가 나지는 않았지만 손가락이 약간 휘어 보였다. 손가락 골절로 생각이 되어 즉시 ㉠ 손톱이 보이도록 ㉡ 손바닥에 부목을 대고 붕대를 감아 고정하였다. 바로 병원으로 가면서, 차 안에서 ㉢ 몸을 따뜻하게 해 주었고, 태훈이가 불안해하지 않도록 이야기를 나누며 ㉣ 우유를 먹였다.
> ……(중략)……
> 병원에서 치료한 후 나는 나의 응급처치가 부적절했음을 알게 되었다. 그래서 태훈이에게 미안했고, 교사로서의 역할을 제대로 하지 못한 것 같아 속상했다. 앞으로는 응급처치에 대한 지식을 좀 더 정확하게 알고 대처해야겠다.

(나)

> 윤 교사 : 바깥놀이할 때 살펴보니 그네의 연결 부분이 조금 헐거워진 것 같아요.
> 최 원감 : 내일은 우리 유치원 놀이시설의 안전점검 하는 날인데 더 주의 깊게 살펴봐야겠네요. 놀이시설의 안전점검은 월 (㉤) 이상 실시해야 해요. 놀이시설의 연결 상태나 노후 정도, 변형 및 청결 상태, 안전수칙 등의 표시 상태 등등을 봐야 하죠. 그리고 그 결과를 (㉥)에 양호, 요주의, 요수리, 이용금지 등으로 표시해서 기록해야 해요.
> 윤 교사 : 네, 알겠습니다. 안전검사 기관으로부터 정기시설검사 횟수도 알아놔야 할 것 같아요.
> 최 원감 : 안전검사 기관으로부터의 정기시설검사는 (㉦)(이)에요.
> ……(하략)……

1) (가)의 ㉠~㉣ 중 적절하지 않은 응급처치 2가지를 찾아 기호를 쓰고, 각각 바르게 고쳐 쓰시오. [2점]

   ① _____
   ② _____

2) ①「어린이 놀이시설 안전관리법 시행령」[대통령령 제31805호, 2021. 6. 22., 일부 개정]에 근거하여 ㉤과 ㉥에 들어갈 말을 쓰고, ②「어린이 놀이시설 안전관리법」[법률 제17695호, 2020. 12. 22., 일부 개정]에 근거하여 ㉦에 들어갈 말을 쓰시오. [2점]

   ① _____
   ② _____

3) 「학교보건법」[법률 제18640호, 2021. 12. 28., 일부 개정]에 근거하여 다음에서 잘못된 부분을 찾아 바르게 고쳐 쓰시오. [1점]

> 공기 질의 위생점검은 상·하반기 각각 2회 이상 실시하여야 함.

06
다음은 ○○유치원 5세반 줄넘기 활동 상황이다. 물음에 답하시오. [5점]

민 교사 : 줄넘기를 하나씩 들었니? 오늘은 줄넘기를 들고 활동해 보자. ㉠ 우선 두 팔을 양쪽으로 벌려 옆의 친구와 닿지 않도록 서 보자.
유아들 : 네.
민 교사 : 자, 손잡이를 두 손으로 잡아 보자. 이제 줄넘기 동작을 해 볼까? 다 같이 이렇게 줄을 발 뒤쪽에 놓아 보자.
유아들 : 네.
민 교사 : 선생님을 보자. 이렇게 줄을 뒤에서 앞으로 크게 돌리고 줄이 발밑에 왔을 때 자연스럽게 걷는 것처럼 타고 넘어가는 거야. 한 번 더 보여 줄게. (줄을 넘는다.) 자, 이제 너희들 차례야. 준비되었니?
유아들 : 네.
민 교사 : 하나! 줄을 발 뒤에 놓아 보자.
유아들 : (줄을 발 뒤에 놓는다.)
민 교사 : 둘! 줄을 앞으로 돌려 보자.
유아들 : (줄을 앞으로 돌린다.)
민 교사 : 셋! 줄이 발밑에 왔을 때 이렇게 넘어 보자.
유아들 : (걷는 것처럼 줄을 타고 넘는다.) [A]
은 지 : 선생님, 저 보세요. (줄을 넘으면서) 이렇게 하는 거지요? 이거 재미있어요. (반복해서 넘는다.)
민 교사 : 와, 은지 잘한다.
은 지 : (어깨를 으쓱거리며) 저 잘하죠?
지 연 : (발이 줄에 계속 걸린다.) 왜 안 되지?
은 지 : (지연이를 보며) 너 왜 자꾸만 발이 줄에 걸려? 난 안 그러는데. 이거 쉬운 거야! 나처럼 좀 해 봐. [B]
지 연 : 난 못 해. (시무룩한 표정을 지으며) 나 안 할래.
……(하략)……

1) 다음은 ㉠에서 ① 민 교사가 유아에게 경험하게 하려는 공간의 하위 요소를 쓰고, ② 특징을 사례에 비추어 설명하시오. [1점]

① _____
② _____

2) 민 교사가 [A]에서 적용한 유아 동작 교육의 교수 방법의 명칭을 1가지 쓰고, 사례에 비추어 그 이유를 쓰시오. [1점]

3) 모든 유아들이 함께 실내외 활동에 자발적으로 참여하게 하기 위해 [B]에서 민 교사가 은지에게 지도해야 할 태도 1가지를 쓰시오. [1점]

4) 다음은 동작의 구성요소 중 1가지에 대한 설명이다. ① ⓐ, ⓑ에 들어갈 말을 각각 쓰고, ② 위 활동에서 ⓑ와 관련하여 유아들이 인식해야 하는 것이 무엇인지 쓰시오. [2점]

(ⓐ)은/는 혼자서, 둘이서, 소집단으로, 그리고 대집단으로 움직여 볼 수 있는 기회를 제공한다. 또한, (ⓐ)의 하위 요소 중 (ⓑ)은/는 소도구나 기구가 신체와 어떻게 관련되는가를 나타내는 것이다.

① _____
② _____

07

(가)는 ○○유치원 5세반 언어 활동 상황이고, (나)는 박 교사가 유아들과 함께 개작한 동화 내용이다. 물음에 답하시오. [5점]

(가)

(박 교사는 유아들과 함께 ⊙ 동화 개작하기를 하고 있다.)
……(중략)……
박 교사 : 그럼, 민수는 어떤 나라에 갔을까?
제 훈 : 초콜릿! 초콜릿 나라에 간 민수!
박 교사 : 그래, 초콜릿 나라에 간 민수 이야기를 지어 보자. 민수가 어쩌다가 초콜릿 나라에 가게 됐을까?
……(중략)……
창 수 : 민수는 초콜릿 나라의 왕이 돼서 초콜릿만 먹었습니다.
수 진 : (장난스럽게 웃으며) 치과도 안 가고…….
박 교사 : 민수는 초콜릿 나라의 왕이 돼서 초콜릿만 먹고 치과도 안 갔습니다.
창 수 : 민수는 초콜릿 나라의 왕이 돼서 초콜릿만 먹고 칫솔질도 안 하고 치과도 안 갔습니다. (아이들이 모두 깔깔거리며 웃는다.)
……(하략)……

(나)

민수는 초콜릿을 많이 먹었습니다. 엄마가 이 닦으라고 했지만 민수는 방으로 도망갔습니다. 엄마도 화가 나서 "이 못된 녀석, 어디 있는 거야?" 하고 소리쳤습니다. 민수는 방에 숨었습니다. ⓒ 갑자기 방은 숲이 되고 초콜릿 바다가 되었습니다. 민수는 배를 타고 초콜릿 나라로 갔습니다. 초콜릿 나라의 왕을 만나 초콜릿 먹기 내기를 해서 이겼습니다. 민수는 초콜릿 나라의 왕이 돼서 초콜릿만 먹고, 칫솔질도 안 하고 치과도 안 갔습니다. 매일 초콜릿만 먹다 보니 민수는 초콜릿 먹는 것에 질렸습니다. ⓒ 그때, 어디선가 "얘가 어딨나?" 하는 엄마의 목소리가 들렸습니다. 민수는 "이제 집에 갈 거야. 네가 다시 왕 해."라고 말했습니다. ㉣ 민수는 초콜릿 바다를 건너 숲을 지나 방으로 돌아왔습니다. 민수는 이를 닦고 잠자리에 들었습니다.

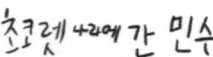

1) 박 교사가 (가)의 ⊙과 같은 활동을 전개한 근거가 되는 2019 개정 유치원 교육과정 '의사소통' 영역의 내용 범주를 쓰시오. [1점]

2) ① (나)의 ⓒ~㉣에 공통으로 나타난 환상동화의 특징을 쓰고, ② (나)와 같이 사건이 시간의 흐름에 따라 순서적으로 이루어지는 동화의 구성 형식을 쓰시오. [2점]

① _____
② _____

3) 다음은 전래동화와 환상동화의 문학적 요소에 대한 설명이다. ① ⓐ에 들어갈 말을 쓰고, ② ⓑ에 들어갈 말과 이와 같은 결말의 개념을 쓰시오. [2점]

전래동화의 등장인물은 전형적이고 평면적인 성격 특성을 갖는 반면, 환상동화에서는 개성을 가진 입체적 성격의 주인공이 등장한다. ……(중략)…… 또한, 전래동화는 권선징악, 인과응보 등 (ⓐ)이/가 한정적인 반면, 환상동화는 (ⓑ) 결말을 통해 다양한 가치를 보여 주는 경우가 많다.

① _____
② _____

08
다음은 ○○유치원 4세반 김 교사의 언어 활동 상황이다. 물음에 답하시오. [5점]

김 교사 : (글 없는 그림책인 '빨간 우산'의 앞표지를 보여 주며) 오늘은 선생님이 글은 없고 그림만 있는 책을 보여 줄 거야. ㉠ 제목을 읽어 볼까?
준　태 : 내가 읽어 볼게요.
영　민 : 야, 너 글자 모르잖아.
준　태 : 글자 몰라도 읽을 수 있어. ㉡ (손가락으로 한 글자 한 글자 가리키며) 빨-강-우-산! ──[A]

김 교사 : 어머, 어떻게 알았어? 잘 읽었어. 이번에는 선생님이 읽어 볼게. (손가락으로 제목을 한 글자 한 글자 차례로 짚어 가며 읽는다.) 빨-간-우-산 ('간'자를 읽을 때는 'ㄴ' 부분을 손가락으로 따라 쓰며 강조하여 읽는다.) ㉢ 무슨 이야기일까? 자, 그림을 자세히 보자. (그림책을 천천히 넘기며 끝까지 보여 준다.) ──[B]

(앞표지를 보여 주며) 선생님이 한 쪽 한 쪽 천천히 보여 줄게.
(유아들을 쳐다보며) 누가 먼저 이야기를 지어 볼까?
준　태 : (준태가 손을 든다.) ──[C]
김 교사 : 준태가 이야기해 보자.
진　우 : (준태가 말을 하려는데, 진우가 큰 소리로 먼저 말한다.) 빨강 우산이 힝 날려서 바이에 부디쳤어요.

……(하략)……

1) 2019 개정 유치원 교육과정 '의사소통' 영역에 근거하여 ① ㉠의 근거가 되는 내용을 1가지 쓰고, ② ㉢의 근거가 되는 내용 1가지를 쓰시오. [1점]

① _____
② _____

2) ㉡에서 준태가 인식하고 있는 한국어의 음운론적 특징을 쓰시오. [1점]

3) ① 읽기의 성격이 다른 [A]와 [B]의 차이점에 대해 설명하고, ② [A]의 읽기에 해당되는 문식성 발달에 대한 관점을 쓰고 그 이유를 설명하시오. [2점]

① _____
② _____

4) [C]에서 김 교사가 진우에게 지도해야 할 말하기 태도와 관련하여, ① 2019 개정 유치원 교육과정 '의사소통' 영역 '듣기와 말하기' 내용 범주의 내용을 쓰고, ② 그 이유를 쓰시오. [1점]

① _____
② _____

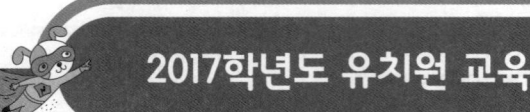

01

○○유치원 현장학습과 관련하여 (가)는 진 원감과 교사들이 회의 중에 나눈 대화 내용이고, (나)는 5세 반 송 교사와 유아들이 나눈 대화 내용이며, (다)는 진 원감과 송 교사의 평가회의 장면이다. 물음에 답하시오. [5점]

(가)

> 진 원감 : 이번 주는 전통 시장 현장학습이 있어요. 전통 시장은 볼거리가 많으니 유아들이 길을 잃지 않도록 특히 주의해 주세요.
> 우 교사 : 작년에 놀랐던 일이 생각나요. 송이가 없어져서 가슴이 철렁했었어요. 30분 만에 찾았을 때 정말 눈물이 날 뻔했다니까요.
> 진 원감 : 그러니까요. 이번에는 관할 경찰서에 의뢰해서 「실종아동 등의 보호 및 지원에 관한 법률」에 따라 유아의 (㉠) 및 얼굴 등에 관한 정보를 등록해야 할 것 같아요. 보호자 동의를 받아서요.
> 송 교사 : 이번엔 미아 방지 손목 띠를 착용하게 하면 어떨까요? 유치원과 유아 이름, 비상연락처를 적어서요.
> 우 교사 : 미아 방지 손목 띠요? 좋네요. 그런데 ㉡ 그것에 관한 특별한 기준이 있을 듯해요. 유아들 피부에 직접 닿는 것이니 아무것이나 하면 안 될 것 같거든요.
> ……(하략)……

(나)

> 송 교사 : 전통 시장 가는 날이 바로 내일이에요.
> 유아들 : 와! 신난다.
> 송 교사 : 그래서 오늘 전통 시장 가게들에 대해 알아보려고 해요. 우리가 제일 처음에 갈 곳은 떡집이에요. '떡집' 하면 생각나는 것을 자유롭게 말해 볼까요?
> 유아들 : 떡이 많아요. 떡은 맛있어요. 생일, 꿀떡, 무지개 떡, 송편, 쫄깃쫄깃…… (각자 아는 것을 신나게 말한다.)
> 지 영 : 호랑이.
> 수 민 : 야, 우리 지금 떡집 이야기하는 거잖아? 호랑이가 떡이냐? ⎤
> 현 철 : 하하하. 호랑이가 떡 먹는대요. 어흥 어흥. ⎬[A]
> 지 영 : 떡 하나 주면 안 잡아 먹지. 그 호랑이잖아. ⎦
> 유 정 : 나도 그 이야기 알아.
> 송 교사 : 지영이, 유정이는 선생님이 들려준 그 옛날이야기가 생각났구나.
> 현 철 : 추석 때 엄마랑 떡집 갔는데 사람이 많았어요.
> 지 영 : 나도 갔었는데……. 근데 나는 안 기다렸어.
> 송 교사 : 와! 재미있는 생각들이 많네. 그럼 너희들이 떡을 만든다면 어떤 모양의 떡을 만들고 싶어?
> 유아들 : 동그란 떡, 별 모양 떡, 하트 모양 떡. (생각나는 것을 각각 이야기한다.)
> 현 철 : ㉢ 호랑이 모양 떡.
> ……(하략)……

(다)

> ……(상략)……
> 진 원감 : 이번 전통 시장 현장학습은 즐겁기도 했지만 문제점도 있었어요.
> 송 교사 : 맞아요. ㉣ 전화로 확인했던 것보다 시장이 넓어서 떡집을 찾느라 너무 헤맸어요.
> ……(하략)……

1) (가)의 ㉠에 들어갈 용어를 쓰시오. [1점]

2) 다음은 (가)의 ㉡에 해당하는 「어린이제품 안전 특별법」 [법률 제18819호, 2022. 2. 3., 일부 개정]의 일부이다. ⓐ에 들어갈 용어를 쓰시오. [1점]

> "(ⓐ)"(이)란 제품검사(어린이제품을 시험·검사하는 것을 말한다. 이하 같다)와 공장심사(제조설비·자체검사설비·기술능력 및 제조체제를 심사하는 것을 말한다. 이하 같다)를 모두 거치거나 제품검사만을 거쳐 어린이제품의 안전성을 증명하는 것을 말한다.

3) 오스본(A. Osborn)의 관점을 토대로 ① (나)에서 송 교사가 유아의 창의적 사고를 향상시키기 위해 사용한 기법을 쓰고, ② (나)의 [A]와 같은 상황에서 수민이와 현철이를 지도하기 위해 필요한 원리 1가지와, ㉢에서 나타나는 원리를 1가지 쓰시오. [2점]

① _____
② _____

4) (다)의 ㉣과 같은 문제가 발생하지 않도록 하기 위해 현장학습 준비 단계에서 송 교사가 했어야 할 일 1가지를 쓰시오. [1점]

02

(가)는 ○○유치원 4세반 역할놀이 영역에서의 놀이 상황이고, (나)는 조작놀이 영역에서의 놀이 상황과 루빈(K. Rubin) 등이 개발한 '사회/인지적 놀이 기록 양식'이며, (다)는 박 교사가 작성한 관찰기록이다. 물음에 답하시오. [5점]

(가)

(역할놀이 영역에서 수진, 병규, 성진이가 병원놀이를 하고 있다.)
수진 : 의사 선생님, 다리가 아파요.
병규 : 다쳤나요?
수진 : 계단에서 넘어졌어요.
병규 : (청진기를 다리에 대면서) 여기가 아픈가요? 약을 먹으면 나을 것 같습니다. (초콜릿 2알을 준다.)
수진 : (㉠ 초콜릿을 받은 후, 손에 컵을 쥔 시늉을 하며 약을 먹는 척한다.)
성진 : 나도 초콜릿 먹고 싶어. 나도 먹을래.
병규 : ㉡ 안 돼! 약은 의사 선생님만 줄 수 있어.
수진 : 약은 의사 선생님만 주는 걸로 했잖아.
병규 : 그래. 넌 그것도 모르냐?
수진 : 초콜릿 먹고 싶으면 아픈 사람 해야 하는 거야.
성진 : ㉢ 싫어, 먹을 거야. (그릇에 담겨 있는 초콜릿을 한 주먹 얼른 움켜쥐고 다른 영역으로 간다.)

(나)

(조작놀이 영역에서 영준, 석민이는 끼우기 블록으로 로봇을 만들고 있다.)
영준 : (로봇을 다 만든 후) 슝, 날아라!   ⎤
석민 : (영준이를 흘깃 쳐다본 후, 다시 로봇 만들기를 계속한다.)   ⎦ [A]

관찰 유아 : _____ 관찰 일시 : _____				
	인지적 수준			
	기능놀이	구성놀이	(㉣)	규칙 있는 게임
사회적 수준 혼자놀이				
병행놀이				
집단놀이				

[B]

……(하략)……

(다)

……(상략)……
주로 놀잇감만 가지고 놀던 은정이가 혜진, 진서와 함께 역할놀이를 한다. 은정이는 놀이를 통해 자아를 조절하면서 주변 세계를 익혀 가고 있다. 은정이는 에릭슨(E. Erikson)의 놀이 발달 단계 중 (㉤) 단계에 속한다고 할 수 있다.
……(하략)……

1) (가)의 ① ㉠에 해당하는 피아제(J. Piaget)의 놀이 유형을 쓰고, ② (가)에서 나타난 가작화의 종류와 사례의 예를 3가지씩 쓰시오. [1점]

① _____
② _____

2) 비고츠키(L. Vygotsky)의 놀이 관점에 근거하여 유아 행동 ㉡과 ㉢의 차이를 쓰시오. [1점]

3) (나)의 ① ㉣에 들어갈 명칭을 쓰고, ② [A]의 놀이가 [B]의 '사회/인지적 놀이 기록 양식'에서 해당하는 수준을 쓰고 사례에 비추어 그 이유를 쓰시오. [1점]

① _____
② _____

4) (다)의 ① ㉤에 들어갈 말을 쓰고, ② 그렇게 생각하는 이유 1가지를 쓰시오. [2점]

① _____
② _____

03 (가)는 ○○유치원 5세반 유아의 굴렁쇠 놀이 상황이고, (나)는 굴렁쇠 놀이 상황을 지켜본 민 교사가 반편견 교육을 실시한 후 작성한 저널이며, (다)는 「인성교육진흥법」 [시행 2020. 9. 12.] [법률 제17472호, 2020. 8. 11., 타법 개정]의 일부이다. 물음에 답하시오. [5점]

(가)

(용호와 진수가 굴렁쇠 놀이를 하고 있다. 다문화 가정의 용호가 굴렁쇠를 굴려 보려 애를 쓰지만 굴렁쇠는 자꾸 넘어진다. 그것을 본 진수가 깔깔거리면서 용호의 흉내를 내며 놀린다.) 진 수 : (흉내 내며 놀리듯) 에, 꽈당! (넘어지는 시늉을 하며) 야, 말도 제대로 못하면서 이것도 못하냐? 용 호 : (눈물을 글썽이며) 네가 좀 가르쳐 주면 되잖아! 진 수 : 내가 왜 널 가르쳐 주냐? 넌 뭘 잘하냐, 대체? 용 호 : 난 영어 할 줄 아는데……. 진 수 : 영어면 다냐? ……(하략)……

(나)

나는 효과적인 반편견 교육을 위해 유아들에게 세계 여러 나라의 다양한 정보와 지식을 알려 주는 것이 무엇보다 필요하다고 생각했다. 그래서 나는 유아들에게 ㉠ 세계 여러 나라의 인사법, 의상, 음식, 노래 등에 관한 다양한 정보와 지식을 제공해 주고 함께 활동하였다. 원래 반편견 교육이란 인종이나 성에 관계없이 모든 사람을 존중하고 특정 부분에 대해 편견을 갖지 않도록 지도하는 것인데, 결과적으로 내가 실시한 방법은 단순히 피상적인 지식 전달에만 그쳤다는 것을 알게 되었다. 이와 관련하여 ㉡ 반편견 교육과정을 제시한 더만-스파크스(L. Derman-Sparks)도 이런 방법으로 수업하는 것이 바람직하지 않다고 주장하였다. 그래서 앞으로 나도 이런 점에 주의하여 일상생활 속에서 유아들의 경험과 밀접하게 연관된 활동을 통해 수업을 전개해야겠다. 나는 유아들이 자연스럽게 ㉢ 자신에 대해 긍정적으로 생각하고 다른 사람에 대한 편견을 버리고, 서로 협력하는 진정한 시민정신을 함양할 수 있도록 생활 속에서 지도해 주어야겠다.

(다)

제2조(정의) 이 법에서 사용하는 용어의 뜻은 다음과 같다. ……(중략)…… 2. "핵심 가치·덕목"이란 인성교육의 목표가 되는 것으로 예(禮), 효(孝), 정직, 책임, (㉣), 배려, 소통, 협동 등의 마음가짐이나 사람됨과 관련되는 핵심적인 가치 또는 덕목을 말한다. ……(하략)……

1) 다음의 ⓐ는 (가)의 놀이 상황과 (나)의 저널에서 공통적으로 추출할 수 있는 사회과학 지식 영역 중 하나이다. ① ⓐ에 들어갈 말을 쓰고, ② 진수가 다문화에 대해 편견적인 태도를 보이고 있음을 알 수 있는 유아의 말 1가지를 찾아 쓰시오. [1점]

미국의 전국사회교육협회(NCSS, 2010)에서는 사회교육에서 다루어야 할 사회과학 지식 영역으로 지리, 역사, 경제, 정치, 사회, (ⓐ), 세계, 인류, 환경, 시민정신을 제시하였다.

① _____
② _____

2) ① (나)의 ㉠을 지칭하는 용어를 ㉡과 관련하여 쓰고, ② 더만 스파크스가 제시한 반편견 교육 목표 중 ㉢에 나타나는 3가지를 쓰시오. [2점]

① _____
② _____

3) ① (나)와 관련하여 2019 개정 유치원 교육과정 '사회관계' 영역 '사회에 관심 가지기' 내용 범주 중 내용 1가지를 쓰고, ② (다)의 ㉣에 들어갈 말을 쓰시오. [2점]

① _____
② _____

04 (가)는 ○○ 유치원 4세반 박 교사의 저널이고, (나)는 유아들과 함께 한 이야기 나누기 활동이다. 물음에 답하시오. [5점]

(가)

> 오늘 블록 영역에서 영민이와 지희가 서로 장난감을 차지하겠다고 싸우던 중 영민이가 지희를 밀어서 넘어뜨렸다.
> ……(중략)……
> 최근에 교실에서 종종 일어나는 일이라 더 이상 싸움이 발생하지 않도록 이야기 나누기를 계획해야겠다.

(나)

(박 교사는 유아들에게 그림 자료를 보여 주며 그림에서 보이는 상황에 대해 이야기를 한다.)

……(중략)……

박 교사 : 그럼 토돌이의 기분은 어떨까?
영　희 : 토돌이는 장난감을 혼자만 가지고 놀고 싶었는데 토순이가 와서 화가 났어요.
박 교사 : 그래서 토돌이가 화가 났구나. 화가 나면 밀쳐도 될까?
유아들 : 그러면 안 돼요. 나빠요.
박 교사 : 그럼 토돌이가 토순이를 밀치지 않으려면 어떻게 해야 할까?
진　희 : 참아요.
박 교사 : 그래, 진희 말대로 참을 수도 있구나. 숨을 한번 크게 쉬어 보는 건 어떨까? [A]
준　영 : 우리 엄마가 셋까지 세어 보래요.
영　민 : 맞아. 하나, 둘, 셋!
박 교사 : 친구가 장난감을 가지고 놀지 못하게 하면 너희들은 기분이 어떻겠니?
유아들 : 속상해요. 나도 가지고 놀고 싶어요.
박 교사 : 그런데 너희들이 가지고 놀고 싶어 하는 장난감이 하나밖에 없을 때는 어떻게 해야 할까?
민　수 : 기다려요.
박 교사 : 그래, 민수가 말한 것처럼 기다리면 되겠구나. 그럼 ㉠ 토돌이가 장난감을 가지고 노는 동안 토순이는 다른 장난감을 가지고 놀면 어떨까?
유아들 : 좋아요.
박 교사 : 그럼 기다리지 않으면 어떻게 될까?
유아들 : 싸워요. 사이좋게 놀지 못해요.
박 교사 : 그럼 친구들과 사이좋게 지내려면 어떻게 해야 할까?
유아들 : ㉡ 친구들과 장난감을 나눠 써요.

1) (가)에서 박 교사가 계획하고자 하는 교수법은 다음의 2019 개정 유치원 교육과정 누리과정의 운영에서 제시한 '교수·학습' 방법에 근거한 것이다. ⓐ에 들어갈 말을 쓰시오. [1점]

> "유아와 유아, 유아와 교사, 유아와 환경 간에 (ⓐ)이/가 이루어지도록 한다."

2) (나)의 [A]에서 박 교사의 질문 중 골만(D. Goleman)의 5가지 정서지능 구성요소인 ① 자기조절의 방법을 제시하는 질문 1가지와 ② 감정이입을 인식시키는 질문 1가지를 각각 찾아 쓰고, ③ ㉠에 해당하는 구성요소 1가지를 쓰고 그 이유를 설명하시오. [2점]

①_____
②_____
③_____

3) (나)에서 박 교사는 유아를 위한 친사회적 행동 지도법 중 하나를 활용하여 ㉡과 같은 결과를 얻었다. ① 다음의 ⓐ에 들어갈 말을 쓰고, ② 사례에 비추어 ⓑ에 들어갈 장점을 쓰시오. [2점]

지도법	(ⓐ) 추론 방법
장점	(ⓑ)

①_____
②_____

05

(가)는 ○○유치원 5세반 강 교사의 음악 활동 계획안이고, (나)는 확장 활동으로 사용한 전래동요 악보이며, (다)는 활동 후 동료 교사와 나눈 대화 내용이다. 물음에 답하시오. [5점]

(가)

활동명	즐거운 사물놀이
활동 목표	㉠ 사물놀이에 관심을 갖는다. ㉡ 사물놀이에 사용되는 악기의 이름과 연주 방법을 안다. ㉢ 사물놀이 악기 연주를 하며 빠르기, 강약, 멜로디, 리듬을 탐색한다.
활동 자료	장구, 꽹과리, 북, 징, 그림 악보
활동 방법	○ 지난주에 실시한 사물놀이 악기 탐색 경험에 대해 이야기를 나눈다. ○ 사물놀이 악기의 연주 방법을 소개한다. ○ 자신이 원하는 사물놀이 악기를 선택한다. ○ 사물놀이 악기를 장단에 맞춰 다 함께 연주해 본다.
활동의 유의점	○ 사물놀이에 익숙해질 수 있도록 자유선택활동 시간에 음률 영역에 비치한 악기들을 탐색할 수 있는 기회를 제공한다.
활동 평가	……(생략)……
확장 활동	○ 전래동요 '이박저박'과 '어디까지 왔나?'에 맞춰 사물놀이 악기 합주를 한다.

(나)

(다)

강 교사 : 오늘 유아들과 장구 연주 활동을 했어요. 그런데 잘 안돼서 속상해요. 민 교사 : 왜요? 장구 연주 활동은 유아들이 좋아하는 활동인데요. 악기의 개수나 환경이 적절하지 않았나요? 강 교사 : 아니요. 장구 개수도 충분했고, 유희실이라 공간도 넓었어요. 민 교사 : 그래요? 혹시 장구를 나눠 주는 시간이 너무 길었던 것은 아닌가요? 강 교사 : ㉥ 유아들이 빨리 해 보고 싶다고 해서 차례대로 장구를 나눠 주었어요. 그런데 유아들이 장구를 받자마자 자기들 마음대로 두드려서 소란스러웠을 뿐만 아니라 옆에 있던 친구의 장구채에 맞으우는 유아도 있었어요.

1) (가)의 ㉠~㉢ 중 적절하지 <u>않은</u> 것 1가지를 찾아 기호를 쓰고, 그 이유를 쓰시오. [1점]

2) (가)의 활동 목표의 근거가 되는 2019 개정 유치원 교육과정 '예술경험' 영역 '예술 감상하기' 내용 범주의 내용 1가지를 쓰시오. [1점]

3) 다음은 (나)에 제시된 ㉣, ㉤의 공통점을 정리한 것이다. ① ⓐ~ⓔ 중에서 틀린 것 1가지를 찾아 기호를 쓰고, 바르게 고쳐 쓰시오. ② ㉤의 대표적인 노래 부르기 방법 1가지를 쓰시오. [2점]

ⓐ 3음으로만 이루어진 안정적인 멜로디와 반복 형식을 지닌다. ⓑ 8분음표와 16분음표가 나타난다. ⓒ 휘모리 장단에 맞춰 연주할 수 있다. ⓓ 즐겁게 놀이를 하면서 노래 부를 수 있다. ⓔ 음악적으로 매우 소박하며 조상들의 생활상을 엿볼 수 있다.

①
②

4) ① (다)의 ㉥ 상황을 예방하기 위해 악기 연주 활동 계획 시 강 교사가 고려해야 할 점 1가지를 쓰고, ② 유아에게 다양한 악기의 음색을 인식시키기 위해 (다)의 상황에서 개선해야 할 점 1가지를 쓰시오. [1점]

①
②

06 (가)는 ○○유치원 최 교사의 미술 활동 계획이고, (나)는 유아의 그림과 그 그림에 대한 유아의 설명이며, (다)는 협동화 그리기 상황이다. 물음에 답하시오. [5점]

(가)

> 최 교사는 생활 주제 '봄'과 관련하여, 이번 한 주 동안 유아들에게 다양한 미술 활동을 제공하려고 한다. 그래서 ㉠ 주말 경험 그리기, 나비 데칼코마니, 봄 동산 협동화 그리기, 봄 느낌 마블링, 봄 음악 들으며 풀 그림 그리기 활동 등을 계획하였다.

(나)

> 유아의 그림 설명 : 아빠랑 낮에 차 타고 공원에 갔어요. 그리고 밤에 집에 왔어요.

(다)

> 최 교사는 처음으로 협동화 그리기 활동에 참여하는 유아들을 위해 먼저, ㉡ '협동화'란 무엇인지에 대해 유아들과 이야기를 나누고, ㉢ 친숙한 재료를 준비해 준 후, ㉣ 재료를 충분히 탐색할 수 있는 시간을 주었다. 다음으로 ㉤ 10명씩 조를 짜 주고, 어떻게 봄 동산을 그릴 것인지 ㉥ 유아들끼리 토의하여 정해 보도록 하였다.

1) (가)의 ㉠에서 ① '나비 데칼코마니'에서 나타나는 미술의 원리 1가지와 그 이유를 쓰고, ② ① 이외에 우연적 효과를 즐길 수 있는 미술 표현 방법 1가지를 찾아 쓰시오. [1점]

① _____

② _____

2) (나)에 나타난 유아기 미술 표현의 특징 2가지와 그 예를 그림에서 찾아 각각 쓰시오. [2점]

① _____

② _____

3) (다)의 ㉡~㉥ 중 만 4세의 협동화 그리기 발달 수준에 비추어 적절하지 않은 지도 방법 2가지를 찾아 기호와 개선 방안을 각각 쓰시오. [2점]

① _____

② _____

07

(가)는 ○○유치원 5세반 윤 교사의 수학 활동 계획안이고, (나)는 윤 교사가 동료 교사와 나눈 대화 내용이다. 물음에 답하시오. [5점]

(가)

활동명	모양 조각으로 교통기관 만들기
활동 목표	……(생략)……
활동 자료	여러 가지 색깔과 모양(□○△■●▲)의 우레탄 조각 20개
활동 방법	○ 여러 가지 모양 조각의 특징을 탐색해 본다. - 이 조각을 만져 보자. - 만져 보니 어떠니? - 어떤 점이 같으니? [A] - 어떤 점이 다르니? - (㉠) ○ 여러 가지 모양 조각을 이용하여 만들고 싶은 교통기관에 대해 생각해 본다. ……(하략)……

(나)

윤 교사: 오늘은 수·조작 영역에서 여러 가지 모양 조각으로 교통기관 만들기 활동을 해 보았어요. 수학 활동으로 좀 더 확장해 보고 싶은데 어떤 활동이 있을까요?

허 교사: 저는 늘 모양 조각 탐색 후에는 여러 가지 특성을 기준으로 분류해 보기 활동을 해요.

김 교사: 모양이나 색깔 패턴 만들기 활동도 좋아요. 패턴 만들기 활동에서 ○△□○△ 다음에 어떤 모양이 와야 하는지 생각해 보게 하고, ㉡ 왜 네모 모양이 와야 한다고 생각하는지 이야기해 보는 활동으로 전개해도 좋을 것 같아요.

허 교사: ㉢ 동그라미, 세모, 네모로 패턴을 만드는 활동을 확장해서 이 패턴을 몸으로 표현해 보는 활동도 재미있을 것 같아요. 이처럼 ㉣ 한 활동에서 학습한 수학적 개념을 다른 활동에 적용해서 설명해 보는 과정은 유아들의 수학적 사고를 확장시켜 줄 수 있을 것 같아요.

윤 교사: 선생님들의 의견을 들어 보니 ㉤ 색깔과 모양이 다른 조각을 주고 분류해 보는 활동을 먼저 해 보아야겠어요.
……(하략)……

1) (가)에서 ① 윤 교사가 [A]와 같이 발문을 계획한 근거가 되는 2019 개정 유치원 교육과정 '자연탐구' 영역 '생활 속에서 탐구하기' 내용 범주의 내용 1가지를 쓰고, ② ㉠에 도형의 속성을 통해 △와 □를 구별시킬 수 있는 발문 1가지를 쓰시오. [1점]

①

②

2) (나)의 ㉡, ㉣의 활동을 통하여 유아가 학습할 수 있는 수학적 과정 기술(mathematical process skill)을 각각 쓰고, 개념에 대해 각각 설명하시오. [2점]

㉡

㉣

3) (나)의 ㉢과 관련하여 ① 나타난 패턴의 표상 양식 2가지를 쓰고, ② ㉢과 같은 패턴 활동의 명칭을 쓰시오. [1점]

①

②

4) (나)에서 윤 교사는 ㉤을 하기 위해 유아에게 색깔이 다른 세모, 네모, 동그라미 모양 조각을 제공해 주었다. 다음의 그림에서 유아가 적용한 ① 분류의 유형과 그 이유를 쓰고, ② 분류의 준거를 쓰시오. [1점]

①

②

08

(가)는 ○○ 유치원 5세반 김 교사의 저널이고, (나)는 유아들의 과학 활동 상황이다. 물음에 답하시오. [5점]

(가)

며칠 동안 유아들이 유희실에서 공으로 볼링핀을 맞히는 놀이에 흥미를 보이고 있다. 이 놀이는 물체의 반응이 관찰 가능하고 즉각적이며, 유아 자신의 행위를 통해 (㉠)을/를 만들 수 있고, (㉡) 때문에 유아에게 적합한 물리적 지식 활동이라는 생각이 든다.

……(하략)……

(나)

……(상략)……

김 교사: 볼링핀을 쓰러뜨리려면 공을 어떻게 굴려야 할까?
유 리: 힘을 세게 해요.
나 은: 잘 보고 볼링핀이 있는 쪽으로 살살 굴려요.
준 서: 앞으로 더 가까이 가서 굴려요.
유 리: 똑같은 데서 굴려야지! 앞으로 가면 반칙이야!

(김 교사는 유아들의 의견을 토대로 ㉢ 교실 바닥에 마스킹 테이프로 출발선과 볼링핀의 위치를 표시한 후 크기와 무게가 같은 공과 볼링핀을 유아들에게 제공해 주었다.)

……(중략)……

나 은: 준서야! 살살 굴려!
준 서: (나은이가 제안한 대로 살살 굴려 보지만 공이 볼링핀에 닿질 않는다.) 에이! 꽝이야! ┐
유 리: ㉣ 그럼 세게 굴려 봐. 나 봐 봐! (공이 볼링핀 옆으로 굴러간다.)   │ [A]
준 서: (유리를 보고) 에이! 또 꽝이네! (자리를 오른쪽으로 옮기며) 유리야. ㉤ 이쪽으로 와 봐. 여기서 굴리면 성공할 것 같아.
나 은: ㉥ 더 세게 굴려!
유 리: 하나, 둘, 셋! (유리가 공을 굴려 볼링핀 한 개를 쓰러뜨린다.) 와! 한 개 쓰러졌다!

……(하략)……

1) 카미와 드브리스(C. Kamii & R. DeVries)의 '좋은 물리적 지식 활동 선정 기준'에 근거하여 ① (가)의 ㉠에 들어갈 말을 쓰고, ② ㉣, ㉤, ㉥에 근거하여 ㉡에 들어갈 활동 선정 기준을 쓰시오. [1점]

① _____

② _____

2) 다음은 (나)에서 이루어진 과학적 과정에 대한 설명이다. ① ⓐ에 들어갈 말을 쓰고, ② ㉢을 통해 김 교사가 통제하고자 하는 변인 1가지를 쓰시오. [2점]

유아들이 궁금한 것을 알아보기 위해 과정을 계획하고 구체적인 자료들을 직접 조작하여 결과를 알아보는 과학적 과정을 (ⓐ)(이)라고 한다.

① _____

② _____

3) (나)와 관련하여 ① 2019 개정 유치원 교육과정 '자연탐구' 영역 '생활 속에서 탐구하기' 내용 범주의 내용을 쓰고, ② [A]에서 유아들이 볼링핀을 쓰러뜨리기 위해 적용한 방법과 관련된 변인 1가지를 쓰시오. [2점]

① _____

② _____

2018학년도 유치원 교직논술

문제

다음은 교사 학습공동체에서 나눈 교사들 간 대화이다. 1) 브론펜브레너(U. Bronfenbrenner)의 생태학적 체계 이론에 근거하여 유치원-가정 연계의 필요성을 논하시오. 2) 앱스테인(J. L. Epstein)의 유치원-가정 연계 유형 중 대화에 나타난 3가지를 쓰고, 각각의 유형에 해당하는 사례를 찾아 제시하시오. 그리고 3) 김 교사가 근무하는 유치원이 가정과 관계를 맺는 방식에서 초래되는 교육상 문제점을 유아, 부모, 유치원 차원에서 각각 1가지씩 논하고, 이를 해결하기 위한 방안 3가지를 제시하시오. [총 20점]

이 교사 : 오늘은 2015 개정 유치원 교육과정에서 강조하는 유치원과 가정의 연계에 대해 이야기해 볼까요?

최 교사 : 우리 유치원은 워크숍, 부모교육 등을 활용하여 학부모님들에게 자녀교육에 관한 다양한 정보를 제공하고 있어요. 그리고 알림장을 이용하여 아이들의 발달 상황과 생활 지도에 대해 학부모님들과 의견도 교환해요.

박 교사 : 우리 유치원은 유치원 운영위원회나 학부모회를 통한 학부모님들의 참여가 활성화되어 있는 편이에요. 지난 가을 운동회 때도 유치원 운영위원회를 몇 차례 개최하여 아이들에게 의미 있는 운동회가 되도록 운영 방법을 같이 고민하고 토론하며 계획을 수립했어요.

김 교사 : 그러면 시간이 많이 걸리지 않아요? 안내문을 각 가정에 보내 드리는 것만으로도 충분할 텐데요.

박 교사 : 시간은 걸리지만 장점이 많아요. 실제로 많은 학부모님들이 관심을 보여 주셨고 다양한 피드백도 주셨어요. 그래서 내년에는 더 좋은 운동회를 할 수 있을 것 같아요.

이 교사 : 그러고 보니 요즘에는 학부모 의견을 묻는 경우가 많아지지 않았어요?

박 교사 : 맞아요. 우리 유치원에서는 자체적으로 학부모 만족도 조사를 자주 실시해요. 그리고 학부모님들이 주신 좋은 의견에 대해 유치원 운영위원회에서 활발히 논의해서 유치원 운영에 반영해요.

김 교사 : 그렇군요. 지금까지는 학부모님들께 주로 정보만 제공해 왔는데, 이제부터는 우리 유치원도 가정과 유치원이 서로를 지원할 수 있는 방법을 적극적으로 모색해야겠어요.

답안 작성 시 유의사항

- 주어진 답안지 면수(2매 이내)에 맞게 서술하시오.

- 글의 체계를 논리적으로 짜임새 있게 구성하시오.

- 글의 명료성, 타당성, 일관성을 고려하여 서술하시오.

배점

- **논술의 내용 [총 15점]**
  - 유치원-가정 연계의 필요성 [3점]
  - 유치원-가정 연계의 유형(3점)과 사례(3점) [6점]
  - 김 교사 유치원이 가정과 관계 맺는 방식에서 초래되는 교육상 문제점(3점)과 해결 방안(3점) [6점]

- **논술의 체계 [총 5점]**
  - 글의 논리적 체계성 [3점]
  - 맞춤법 및 어휘·문장의 적절성 [2점]

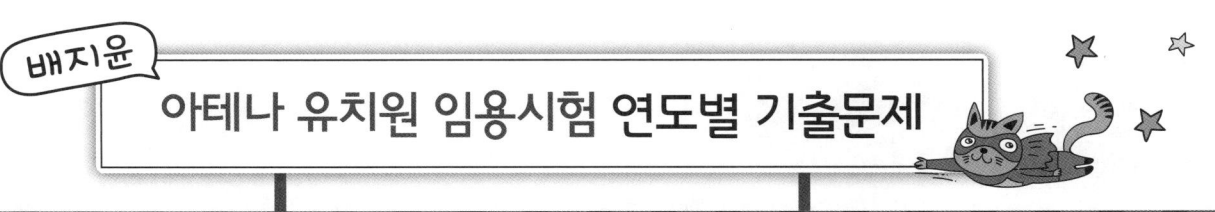

초안지

2018학년도 유치원 교육과정 A

01 (가)는 교사의 저널이고, (나)는 교사 협의 장면의 일부이다. 물음에 답하시오. [5점]

(가)

학부모 면담을 앞두고 한 달 전부터 유아들의 놀이를 관찰하고 있다. 생활 주제 '우리 동네'를 진행하며 우리 반 역할놀이 영역 벽에 남녀 운전기사, 남녀 간호사, 남녀 경찰관 사진을 붙여 두었다.

유아들 놀이를 관찰하던 중, 남자 유아들은 주로 쌓기놀이 영역에서 로봇을 합체하며 놀이하고, 여자 유아들은 역할놀이 영역에서 공주 놀이를 하거나, 미술 영역에서 그림을 그리며 놀이하는 빈도가 높다는 것을 알게 되었다. ㉠ 관찰하면서 새롭게 발견한 점은 유아들이 자신의 성과 관련된 놀잇감을 선택하여 놀이하기를 좋아한다는 것이었다.

오늘도 지난주와 마찬가지로 미영이가 쌓기놀이 영역에 가서 로봇을 가지고 놀이하고 싶어 하였는데, ㉡ 민수가 "넌, 여자니까 역할놀이 영역에 가서 놀아. 우리끼리 놀 거야."라고 말하며, 로봇 놀이에서 미영이를 제외시켰다. 이 광경을 보고 유아들이 ㉢ 여자놀이와 남자놀이에 대한 고정관념을 갖지 않을까 염려가 되었다. 앞으로 유아들이 성별에 관계없이 자신의 소질과 능력을 충분히 개발할 수 있도록 좀 더 적극적으로 개입하여 교육 계획을 세워야겠다고 생각했다. 그러기 위해서는 무엇보다 성역할에 대한 나 자신의 생각이나 가치관을 먼저 돌아봐야 하겠다. 또한 ㉣ 교사로서 성별 간의 차이로 인한 일상생활 속에서의 차별과 유·불리함을 이해하고 불평등을 인지하여 이를 해결하고자 하는 관점과 태도를 갖도록 노력해야겠다.

(나)

임 교사 : 요즘 우리 반 유아들은 역할놀이를 할 때, 남자 여자를 너무 구분해서 놀고 있더라고요. 유아들이 성별에 관계없이 함께 놀이할 수 있도록 돕는 교수 방법이 무엇이 있을까 고민하면서 그동안 제가 알고 있는 방법으로 지도를 했었는데요, 잘 안 되네요. 유아들에게 새로운 방법을 적용하고 싶은데 교수 방법에 대한 정보나 교수 자료가 부족한 것 같아요.

최 교사 : 저는 민수 같은 유아들이 아직은 눈에 들어오지 않아요. 학교에서 배운 이론과 현장의 실제가 다르다는 것을 정말 실감하고 있어요. 일단 배운 것을 적용하는 일이나 업무도 아직은 익숙하지 않아서 매일 바쁘게 지내고 있어요.

송 교사 : 민수 같은 유아들이 성역할 고정관념을 갖는 것은 나름대로 이유가 있다고 생각해요. 특히 민수는 로봇 놀이를 할 때, 여자 유아들과는 전혀 놀이하려고 하지 않아요. 작년에 저도 민수 담임으로서 민수와 긍정적인 관계를 맺으면서 민수의 개별적인 특성이나 요구 등을 파악하려고 노력했어요. 무엇보다 유아들 개인에게 관심을 갖는 것이 중요하다는 걸 깨달았어요.

1) (가)의 ㉠의 원인을 벰(S. L. Bem)의 성도식 이론에 근거하여 쓰시오. [1점]

2) ① 밑줄 친 ㉡을 지도하기 위한 교육의 명칭을 쓰고, ② 이와 관련하여 교사가 이미 실천한 사례를 (가)에서 1가지를 찾아 쓰시오. 그리고 ③ ㉢과 ㉣의 명칭을 각각 쓰시오. [3점]

① _____
② _____
③ _____

3) (나)의 대화를 바탕으로 풀러와 브라운(F. Fuller & F. Brown)의 교사 관심사 발달 단계 중 ① 최 교사의 단계명과 사례에 근거하여 특징을 쓰고, ② 송 교사의 단계명과 사례에 근거하여 특징을 쓰시오. [1점]

① _____
② _____

02 (가)와 (나)는 유아교육에 영향을 미친 사상에 대한 내용이다. 물음에 답하시오. [5점]

(가)

듀이(J. Dewey)는 "학생이 학습을 통하여 실현해야 하는 (㉠)을/를 설정함에 있어서 학생이 이 일에 참여하여 능동적으로 협력하도록 만들지 못한 것이야말로 전통적인 교육이 범한 가장 커다란 잘못이며, ……(중략)…… (㉠)을/를 설정할 때는 학생이 참여하는 것이 중요하고, (㉠)은/는 수업을 받는 학생들이 활동하는 방법을 직접 시사할 수 있는 것이어야 한다."라고 하였다. ……(중략)…… 또한 듀이는 "(㉠)이/가 교육적으로 중요하다는 점이 강조되면 될수록 (㉠)(이)란 무엇이며, 그것이 경험 속에서 어떻게 형성되어 어떠한 기능을 수행하게 되는지를 이해하는 일이 더욱 중요한 문제로 부각된다."라고 하여 교육의 수단이자 (㉠)(으)로서의 경험을 강조하였다.

로크(J. Locke)는 인간 형성의 기초로서 (㉡) 교육을 강조하였다. 로크는 "신체의 (㉡)이/가 일과 행복에 얼마나 필요한지, 난관과 고통을 견뎌 낼 수 있게 하는 강한 체질이 세상에 유의미한 사람이 되기 위해 얼마나 필수불가결한 요소인지는 너무 자명해서 따로 증명할 필요가 없을 것 같다."라고 하였다. 또한 그는 아이의 (㉡)을/를 관리하기 위한 몇 가지 규칙으로, "바깥 공기를 충분히 마시게 하고, 운동을 시키고, 잠은 충분히 재우고, 식사는 검소하게 하며, ……(중략)…… 너무 따뜻하거나 꽉 끼이는 옷은 입히지 말고, 특히 머리와 발은 차게 유지하고 ……(중략)…… 습관을 들이라는 것이다. ……(중략)…… 어떤 경우에도 이성적 동물인 인간으로서 존엄과 덕성에 어울리지 않는 행위는 하지 않도록 아이에게 올바른 정신을 심어 주어야 한다."라고 하였다.

루소(J. J. Rousseau)는 "우리는 모든 것이 결핍된 상태로 태어나므로 도움이 필요하며, 우둔한 상태로 태어나므로 판단력이 필요하다. 어른이 되면 필요하겠지만 태어나면서 가지지 못한 모든 것은 교육을 통해 우리에게 주어진다. 그 교육은 (㉢)(이)나 (㉣) 또는 인간의 소산이다. 우리의 능력과 기관들의 내적인 성장은 (㉢)의 교육이다. 반면 그 성장을 이용하도록 우리에게 가르치는 것은 인간의 교육이다. 그리고 우리와 접촉하는 대상들에 대한 경험 획득은 (㉣)의 교육이다. 그러므로 우리는 세 종류의 선생을 통해 교육받는다."라고 하였다.

(나)

(㉤)은/는 전통적 교육의 형식주의에 반대하여 어린이의 자유·경험·생활·창의 등을 존중할 것을 기본으로 한다. (㉤)의 대표적인 교육자인 듀이는 교육을 실험적 과정으로 이해하고 학습자, 교육과정, 학교에 대한 새로운 관점을 제시하였다. 그의 사상은 전통적인 학교를 개혁하고자 하는 교육개혁운동으로 전개되었고, 이후 전통적 교육관에 대비되는 교육사조로 발전하였다.

(㉥)은/는 18세기 후반에 일어난, 구습(舊)의 사상을 타파하려던 혁신적 사상운동이다. (㉥)을/를 대표하는 로크와 루소는 교육을 강조하였는데, 이는 교육을 통해 사회개혁과 발전이 이루어질 수 있다고 믿었기 때문이다. 이들의 철학은 이성을 통해 사회의 무지를 타파하고 상식, 경험, 과학을 강조하는 사상운동에 영향을 주었다. 이러한 사상운동은 전통적 관습, 의례, 도덕에 대한 비판적 사고를 핵심으로 하며, 인간의 존엄과 평등, 자유권을 강조한다.

1) (가)의 ㉠, ㉡에 들어갈 말을 각각 쓰시오. [2점]

㉠ _____

㉡ _____

2) (가)의 ㉢, ㉣에 들어갈 말을 순서대로 각각 쓰시오. [1점]

3) (나)의 ㉤과 ㉥에 들어갈 사조의 명칭을 각각 쓰시오. [2점]

㉤ _____

㉥ _____

03 (가)는 만 5세반 김 교사의 '재미있는 공놀이' 교육 계획의 일부이고, (나)는 (가)의 ㉠~㉢ 활동에 2019 개정 유치원 교육과정 '신체운동·건강' 영역의 '신체활동 즐기기'를 반영한 응용 활동이다. 물음에 답하시오. [5점]

(가)

활동명	재미있는 공놀이
활동 목표	……(생략)……
활동 자료	다양한 종류의 유아용 공(탱탱볼, 비치볼 등)
활동 방법	㉠ 공 던지기를 한다. ㉡ 공 튀기기를 한다. ㉢ 공 차기를 한다. ㉣ 공을 던져서 서로 주고받는다.
활동의 유의점	공으로 친구를 다치게 하지 않도록 조심한다.

(나)

활동 방법	움직임 요소	응용 활동의 예	협응된 신체 부분
㉠	㉤	공을 높이 던지고 공이 공중에 있는 동안 손뼉을 한 번 치고 공을 받는다.	눈, 손
㉡	힘	공을 (㉥) 튀기고 가슴으로 안는다.	㉦
㉢	시간	공을 (㉧) 차면서 지그재그로 이동한다.	㉨

1) (나)의 ㉤에 들어갈 용어를 쓰시오. [1점]

   ㉤ _____

2) (나)의 ① ㉥에 들어갈 '힘' 요소를 반영한 표현 1가지와 ㉦에 들어갈 신체 부분 2가지를 쓰고, ② ㉧에 들어갈 '시간' 요소를 반영한 표현 1가지와 ㉨에 들어갈 신체 부분 2가지를 쓰시오. [1점]

   ① _____
   ② _____

3) 김 교사는 브레드캠프와 로즈그란트(S. Bredekamp & T. Rosegrant)의 교수 행동 유형을 적용하여 (가)의 ㉣ 활동을 지도하고자 한다. ① 김 교사의 다음 발문에 해당하는 교수 행동 유형 ⓐ를 쓰고, ② (가)의 ㉣ 활동 시 ⓑ와 ⓒ에 해당하는 교사의 발문을 각각 1가지씩 쓰시오. [2점]

비지시적	←	중재하기	→	지시적
인정하기	(생략)	(ⓐ)	지원하기	(생략)	함께 구성하기	(ⓑ)	(ⓒ)

김 교사 : "공을 떨어뜨리지 않고 주고받으려면 어떻게 해야 할까?"

   ① _____
   ② _____

4) (가)의 활동에서 주로 나타나는 동작의 유형을 1가지 쓰고, 특징을 설명하시오. [1점]

04 (가)는 시설 여건이 다른 유치원에 근무하는 교사들의 바깥놀이 운영에 대한 대화이고, (나)는 2019 개정 유치원 교육과정 '신체운동·건강' 영역 내용의 일부이며, (다)는 유치원에서 안전사고 발생 시 대처 방안의 일부이다. 물음에 답하시오. [5점]

(가)

A 유치원 김 교사 : 오늘 유치원 연구보고회에 참석해 보니, 유아들을 위한 충분한 바깥놀이 시설 환경과 공간이 부럽네요.

B 유치원 나 교사 : 그러게요. 우리 유치원은 바깥놀이 시설도 없고, 학급도 많거든요. 바깥놀이 운영시간에 대근육 활동을 포함해서 하고 있지만 다양한 바깥놀이 활동을 할 수 없다는 게 유아들한테 미안하네요.

C 유치원 안 교사 : 바깥놀이는 대근육 활동도 있지만 ㉠ 바깥의 자연을 탐구하거나 그림 그리기, 그림책 읽기 등을 할 수 있어요.

A 유치원 김 교사 : 유치원에 바깥놀이 활동 공간이 없을 경우에는 ㉡ 근처에 있는 인근 놀이터나 공원, 지역사회 시설 등을 활용할 수도 있을 것 같아요.

C 유치원 안 교사 : 좋은 생각이네요. 그런데 저는 일일 교육 계획안 작성 시 고민이 있어요. ㉢ 유아들의 심신 스트레스 해소나 신체발달을 위해 맘껏 뛰어놀 수 있도록 교육과정 운영 시 놀이시간은 바깥놀이를 포함하여 (㉣)시간 이상은 확보해야 하는데, ㉤ 요즘에는 날씨도 춥고 따뜻한 날은 미세먼지가 많아서 바깥놀이를 나갈 수 없는 날이 많은데 어떻게 해야 할지 모르겠어요.

A 유치원 김 교사 : 2019 개정 누리과정 해설서를 보면, ㉥ 놀이시간은 짧게 여러 번 제공하기보다는 긴 시간으로 편성하도록 되어 있어요.

(나)

내용 범주	내용
신체활동 즐기기	(㉦)

(다)

1. 상황에 맞는 (㉧) 하기	유아의 상황을 신속히 파악한 후 필요한 (㉧)을/를 한다.
2. 사고 알리기	……(생략)……
3. 학급 안정시키기	다른 유아들이 동요하지 않도록 차분히 안내하고 다른 교사에게 학급 관리를 인계한다.
4. 필요한 의료조치 받기	……(생략)……
5. 사고 후 처리하기	사고 발생 24시간 이내에 (㉩)을/를 작성하여 부모에게 전달한다.

1) ㉠을 위한 유치원의 실외 놀이 공간 확장 방법을 쓰시오. [1점]

2) ① ㉡과 관련 있는 2019 개정 유치원 교육과정 '편성·운영'의 내용을 1가지 쓰고, ② ㉦과 관련 있는 (나)의 ㉦을 쓰시오. [1점]

① _____
② _____

3) 2019 개정 유치원 교육과정에 근거하여 ① ㉣에 들어갈 시간을 숫자로 쓰고, ② ㉤의 경우 대처 방안에 대해 2가지 쓰시오. [1점]

① _____
② _____

4) ㉥의 장점을 쓰시오. [1점]

5) ① (다)의 ㉧과 다음 ( )에 공통으로 들어갈 말을 쓰고, ② (다)의 ㉩에 들어갈 말을 쓰시오. [1점]

유치원에서는 매년 유아 입학 시 안전사고에 대비하여 유아에 대한 ( ) 동의서를 받아 비치해 두고 있다.

① _____
② _____

05 (가)는 언어 지도에 관한 최 교사와 부장 교사의 대화이고, (나)는 자유선택활동 중 최 교사와 유아의 대화이다. 물음에 답하시오. [5점]

(가)

최 교사 : 그동안 우리 반 유아들에게 의미 있는 실제 상황과 연계한 활동으로 언어 능력이 통합적으로 발달하게 도와줬어요.
부장 교사 : 대부분의 유치원에서 선생님처럼 통합적인 언어지도를 하지요.
최 교사 : 그런데 최근에 우리 반 유아들이 책읽기를 하면서 이전보다 글자에 더 관심을 보이기 시작해요. 유아들이 책을 좀 더 효과적으로 읽을 수 있게 지원해 줘야 할 것 같은데 어떻게 하면 좋을까요?
부장 교사 : 선생님이 주로 하던 활동들에 ㉠ 철자 형태, 글자-소리의 대응 관계, 자음-모음 조합 원리 등과 같은 읽기 기초 지식을 유아들에게 직접적으로 가르쳐 줄 수 있는 활동을 포함시켜 운영해 보면 어떨까요?
최 교사 : 네, 좋은 제안이에요. 그런데 ㉡ 유아들의 특성과 환경, 발달 요구가 다르기 때문에 유아 개개인의 필요와 상황에 맞춰 적절하게 지도하는 것이 필요한 것 같아요. 먼저 유아들의 수준부터 파악해 봐야겠어요.
부장 교사 : 좋네요. 유아들의 특성은 모두 다르니까요. 어떤 유아는 혼자 글자를 익혀 나가는 것을 좋아하기도 하고 어떤 유아는 ㉢ 또래들과 함께 다양한 상호작용 속에서 글자를 더 잘 익히기도 하니까요.

(나)

(동화 『개구쟁이 ㄱㄴㄷ』을 읽고 있는 유아와 최 교사가 나눈 대화 중 일부이다.)
……(상략)……
최 교사 : 소윤아, ㉣ '다다다닥!'의 '닥'에서 /ㄱ/를('ㄱ'을) 빼면 무슨 소리가 남을까?
소 윤 : '닥!'… 음…, 잘 모르겠어요.
최 교사 : 소윤아, (㉤)?
……(중략)……
최 교사 : 그럼 '물장난'의 '물'과 '개구리'의 '개'가 만나면 어떤 새로운 말이 될까?
소 윤 : '물'… '개'… (잠시 생각 후) '물개'요.
최 교사 : (책을 함께 보면서) 아이가 출렁출렁 춤을 추고 있구나. 소윤아, '출렁출렁'처럼 네 개의 글자로 된 낱말에는 어떤 것이 있었니?
소 윤 : (손가락으로 글자를 짚으면서) '출렁출렁'… (잠시 후) '방울방울'이요.
최 교사 : (책을 함께 보면서) 트럭을 '탈탈탈' 타고 가는구나. 소윤아 '타'에 /ㄹ/를('ㄹ'을) 더하면 무슨 소리가 될까?
소 윤 : '타'… (잠시 후) 모르겠어요.
……(하략)……

1) (가)의 ① 밑줄 친 ㉠에 해당하는 문자언어 지도 접근법의 명칭과 이 접근법의 장점을 쓰고, ② 밑줄 친 ㉡과 ㉢에 나타난 교수 원리를 순서대로 각각 쓰시오. [2점]

① _____
② _____

2) (나)의 ① 밑줄 친 교사 발문 ㉣에서 유아의 음운 인식을 돕기 위해 사용한 음운 조작의 유형은 무엇인지 쓰고, ② ㉤에 들어갈 의성어·의태어를 활용한 '음소 대치'의 음운 조작 유형의 발문을 1가지 쓰시오. [1점]

① _____
② _____

3) 다음의 ① ⓐ, ⓑ에 들어갈 용어를 순서대로 쓰고, ② 유아의 ⓐ 인식을 돕기 위한 교사 발문 2가지를 (나)에서 찾아 쓰시오. [2점]

한글은 글자를 운용하는 과정에서 (ⓐ) 단위로 모아쓰기를 한다. (ⓐ)은/는 더 이상 작게 나눌 수 없는 음운론상의 최소 단위인 (ⓑ)이/가 하나 이상 모여 이루어진다.

① _____
② _____

06 (가)는 『야! 우리 기차에서 내려』의 줄거리이고, (나)~(라)는 만 5세반 교사 3명의 교육 계획의 일부이며, (마)는 자유선택활동 시간에 『야! 우리 기차에서 내려』를 읽고 있는 유아들의 대화이다. 물음에 답하시오. [5점]

(가)

기차놀이를 하다가 소년이 잠이 듭니다. 소년과 강아지가 기차를 타고 가다가 기차에 태워 달라는 여러 동물들을 만나게 됩니다. 처음에는 "야! 우리 기차에서 내려."라고 말하지만, 인간의 환경 파괴로 보금자리를 잃은 코끼리, 물개, 두루미, 호랑이, 북극곰을 태워 줍니다. 소년과 동물들은 들판에서 신나게 놀고 나서 소년은 집으로 돌아옵니다.

(나) 김 교사

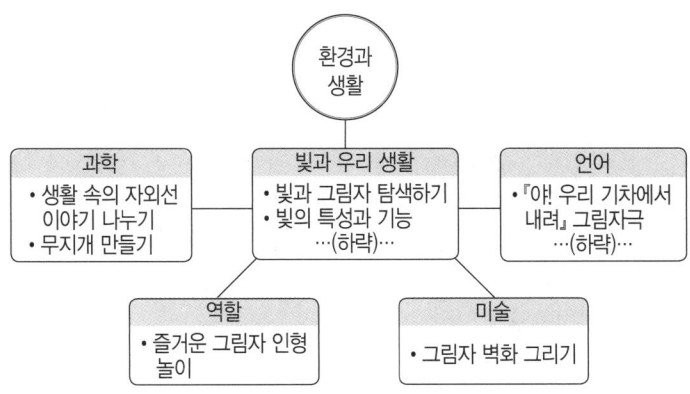

(다) 박 교사

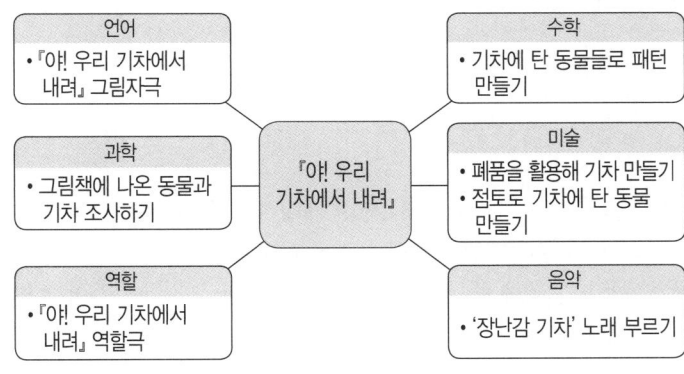

(라) 이 교사

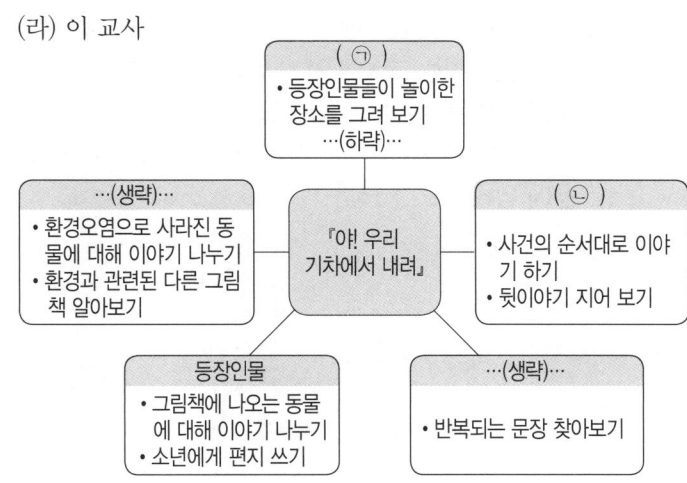

(마)

| 영희 : (기차에 발을 올린 코끼리가 나온 장면을 보며) 코끼리가 불쌍해 보여. |
| 철수 : 기차에서 내리라니 너무해. 그러다 나쁜 사람들이 코끼리를 잡아가서 상아를 자르면 어떻게 해. | [A] |
| 영희 : 그러게. 나라면 태워 줄 거야. |
| ……(중략)…… |
| 철수 : (증기기관차를 가리키며) 이 기차는 이름이 뭐지? |
| 영희 : 글쎄. (『교통기관』 책을 가리키며) 저 책에서 봤는데. 거기 기차가 많이 나와. 이름도 있고. | [B] |
| 철수 : 그래? 그럼 그 책에서 이름을 찾아봐야겠다. (철수가 『교통기관』 책을 들고 와서 책장을 넘기며) 어디 있지? 여기 있다. 증기기관차. |

1) ① (가)의 동화 장르를 1가지 쓰고, ② (가)에 나타난 이 동화 장르의 특징을 2가지 쓰시오. [1점]

　①

　②

2) ① (나)의 김 교사와 ② (다)의 박 교사가 문학 교육을 위해 각각 사용한 접근법을 순서대로 쓰시오. [1점]

　①

　②

3) (라)의 ㉠과 ㉡에 들어갈 문학적 요소를 쓰시오. [1점]

　㉠

　㉡

4) 로젠블랫(L. Rosenblatt)이 제시한 읽기에 대한 2가지 입장 중 (마)의 [A]와 [B]에 해당하는 것의 명칭을 쓰고, 각각의 특징을 쓰시오. [2점]

07

(가)는 '살기 좋은 우리 동네를 만들어요'라는 활동을 준비하는 교사들의 대화이고, (나)는 '전단지, 피켓, 흉띠를 만들어요'의 활동 계획안이며, (다)는 (나)의 활동 후 작성한 교사 저널의 일부이다. 물음에 답하시오. [5점]

(가)

김 교사 : 우리 반 아이들은 글쓰기를 두려워하는 것 같아요. 그래서 캠페인 활동을 준비하면서 자연스럽게 글쓰기 활동을 경험하도록 계획하고 싶어요. 캠페인 활동을 위한 이야기 나누기 후 어떤 활동을 하면 좋을까요?

이 교사 : 캠페인에 필요한 표어 만들기, 포스터 그리기, 흉띠 만들기, 노래 개사하기 등을 해 보시면 어떨까요?

김 교사 : 표어를 넣은 전단지를 만들어서 유치원 안에서 다른 사람에게 나누어 주는 경험을 하면 아이들이 의미 있는 언어를 실제적으로 사용해 볼 수 있어서 글쓰기와 친해질 수 있겠네요.

이 교사 : ㉠ 표어에 쓸 내용을 말해 보고 글로 써서 읽다 보면 자연스럽게 말과 글의 관계를 알게 될 거예요.

김 교사 : 피켓이랑 흉띠도 함께 만들면서 ㉡ 자신의 느낌, 생각, 경험을 다양하게 표현하도록 격려해 주어야겠어요.

이 교사 : 피켓에 쓰는 글에서 아이들이 잘못 쓴 철자는 수정해 주셔야 해요.

김 교사 : 전단지, 피켓, 흉띠를 만들기 위해서 크레파스, 매직, 사인펜, 붓, 물감, 나무판, 광목, 도화지 등의 재료를 준비하고, 사용법을 궁금해하는 유아들에게는 어떻게 쓰기에 사용해야 할지를 알려 주어야겠어요.

……(하략)……

(나)

생활 주제	우리 동네	주제	우리 동네 전통과 문화
활동명	전단지, 피켓, 흉띠를 만들어요.	연령	만 5세
활동 목표	○ (㉢)에 관심을 가진다. ○ 전단지, 피켓, 흉띠에 들어갈 표어를 (㉣)(으)로 표현해 본다.		

(다)

재윤이가 ""라고 쓴 종이를 들고 나에게 달려와 자신이 쓴 철자가 맞는지를 물어보았다. 재윤이는 소리에 기초한 단어 철자는 주변에서 볼 수 있는 단어와 다름을 인식하고 있기에 성인인 나에게 확인받기를 원하였다.

1) (가)의 대화에 나타난 지도 방법 중 ① 부적절한 지도 방법 1가지를 찾아 쓰고, ② 유아기 언어 발달을 고려하여 부적절한 이유 1가지를 쓰시오. [2점]

①
②

2) (가)의 밑줄 친 ㉠, ㉡과 2019 개정 유치원 교육과정 '의사소통' 영역 중 '읽기와 쓰기에 관심 가지기'의 내용에 근거하여, (나)의 ① ㉢에 들어갈 목표를 1가지 쓰고, ② ㉣에 들어갈 말을 쓰시오. [2점]

①
②

3) 쉬케단츠(J. Schickedanz)가 제시한 유아의 쓰기발달에 따른 철자 만들기 전략 중 (다)에 해당하는 전략의 명칭을 1가지 쓰고, (다)에 근거하여 특징을 쓰시오. [1점]

08
다음은 김 교사와 박 원감의 대화이다. 물음에 답하시오. [5점]

박 원감 : 선생님, 현장학습은 잘 다녀오셨어요?
김 교사 : 네. ㉠ 추석맞이 전통 놀이 체험 코너를 운영한다고 해서 다녀왔어요. 아이들이 추석에 관한 여러 전시와 공연을 보고 놀이 체험도 했어요.
박 원감 : 추석과 관련된 후속 활동도 계획하셨나요?
김 교사 : 그럼요. ㉡ 행사 참여로 끝나면 관광하는 것처럼 본래의 취지나 의미를 생각하지 못하는 일회성의 교육이 되잖아요.
박 원감 : 어떤 후속 활동을 계획 중이세요?
김 교사 : 유치원에서 송편을 만들어 보려고 해요. 올해, 작년과 다른 모양의 송편을 만들지만 매년 같은 일이 반복된다는 것을 이해하도록 도우려고 합니다.
박 원감 : 유아들이 ㉢ 시간의 흐름을 이해하고, ㉣ 시간이 지나며 나타나는 여러 변화가 있지만 ㉤ 여전히 지속되는 경험이 있다는 것을 이해하도록 도울 수 있겠네요.
김 교사 : 네. 맞아요. 지난 8월 15일에는 ㉥ 안중근 독립운동가를 알아보기도 했어요.
박 원감 : 아이들이 좋아했겠네요. 그런데 견학지에서 다른 특별한 일은 없었나요?
김 교사 : 다정이가 박물관 입구에 있는 장승을 보고 너무 놀라 안으로 들어가지 않겠다고 했어요. 그러자 경수가 다정이에게 "너 놀이터에서 놀고 싶어서 그러는 거지?"라고 해서 ㉦ 다정이가 아니라며 울었어요. 경수는 아직 ㉧ 다정이의 행동을 보고 다정이가 어떤 생각으로 그런 행동을 했는지 추론하지 못하는 것 같아요.
박 원감 : ㉨ 사람에게는 감정, 욕구, 의도, 믿음, 지식과 같은 내적 정신 과정이 있고, 이것이 사람의 행동을 이끌고 사람마다 다를 수 있다는 것을 이해하는 것이 아직 유아들에게는 어렵죠.
김 교사 : 네. 경수뿐 아니라 다른 유아들도 아직 다른 사람을 이해하고 (㉩)하는 것이 어려운가 봐요. 현정이도 친구들을 걱정하고 도와주려 하면서도 지시하고 평가하는 말투를 자주 사용하네요. 이런 유아들을 어떻게 도와주어야 할지 모르겠어요.

박 원감 : 자신의 생각이나 기분을 그대로 표현하는 방법을 알려 주면 어떨까요? 주로 부모들에게 소개되었던 방법이어서 유아들에게는 좀 어려울 수도 있지만 시도해 볼 만한 것 같아요.
김 교사 : 네. 자신의 감정이나 생각에 대한 책임을 상대방에게 전가하지 않아 상대방의 감정도 상하지 않게 하는 방법이라고 배웠어요. 문제가 생긴 상황과 그 결과에 대한 자신의 느낌을 표현하는 방법이지요. [A]
……(하략)……

1) 다음 ( )는 시펠트(C. Seefeldt)가 구분한 유아 사회 교육 접근법으로, 위의 밑줄 친 ㉠, ㉡을 통해 설명할 수 있다. ① ( ) 안에 들어갈 말을 쓰고, ② 이 접근법의 ㉡ 이외의 단점을 1가지 쓰시오. [1점]

( )은/는 유아가 가족, 지역사회, 국가에 대하여 자연스럽게 인식할 수 있도록 도울 수 있다.

①
②

2) 사회과학 지식의 영역에서 ① 밑줄 친 ㉢, ㉣, ㉤을 포함하는 영역 1가지를 쓰고, 이와 관련하여 ② ㉣과 ㉤에 해당하는 하위 내용을 쓰시오. [1점]

①
②

3) 사회성 발달을 위한 인지적 능력을 나타내는 것으로, ① 밑줄 친 ㉧, ㉨을 통해 설명할 수 있는 이론 1가지를 쓰고, ② ㉦의 다정이에게 필요한 교사의 지도 내용과 관련된 2019 개정 유치원 교육과정 '사회관계' 영역의 내용 범주 '나를 알고 존중하기'의 내용을 1가지 쓰시오. [1점]

①
②

4) ㉩과 다음 ( ) 안에 공통으로 들어갈 말을 쓰시오. [1점]

콜버그(L. Kohlberg)는 개인의 권리와 공정성에 기초하여 도덕성 발달 이론을 제안하였지만 길리건(C. Gilligan)은 ( )지향적 도덕성 발달 이론을 제안하였다.

5) [A]에서 설명하는 대화 기법으로 고든(T. Gordon)이 제안한 방법 1가지를 쓰시오. [1점]

01

(가)는 김 교사가 보조교사 최 교사와 시영이의 행동을 관찰한 일화기록의 일부이며, (나)는 (가)를 다른 관찰기록으로 옮겨 기술한 것이다. 물음에 답하시오. [5점]

(가)

관찰유아	이시영	생년월일	2018. 3. 15.
관 찰 자	김○○	관찰날짜	2022. 3. 15.
관찰장면	자유놀이 후 정리시간	관찰시간	11:00 ~ 11:10

관찰내용

피아노 소리와 함께 최 교사가 "자, 이제 장난감 정리해 주세요."라고 한다. 다른 아이들은 가지고 놀던 장난감을 정리하고 자기 자리를 찾아 앉고 있다. 시영이는 장난감을 가지고 놀이를 계속하고 있다. 최 교사는 시영이에게 "시영아, 지금은 정리할 시간이야."라고 한다. 시영이는 장난감을 가지고 계속 놀고 있다. 최 교사는 시영이가 가지고 노는 장난감을 정리한다. 그러자, 시영이는 두 다리를 뻗고 소리를 지르며 운다.
(㉠)
……(하략)……

(나)

관찰유아	이시영	생년월일	2018. 3. 15.
관 찰 자	김○○	관찰날짜	2022. 3. 15.
관찰장면	……(생략)……	관찰행동	(㉡)

시간	(㉢)	행동	……(생략)……
11:00	(㉣)	시영이는 장난감을 가지고 논다.	최 교사가 시영이에게 지금은 정리할 시간이라고 알려 준다.
11:04	최 교사가 시영이가 가지고 노는 장난감을 정리한다.	(㉤)	최 교사가 시영이에게 자리에 앉을 것을 요구한다.
……(하략)……			

1) ① (나)의 관찰기록 방법의 명칭을 1가지 쓰고, ② (가)의 일화기록을 (나)로 정리한 이유에 대해 1가지 쓰시오. [1점]
① _____
② _____

2) (가)의 ㉠에 들어갈 내용을 (나)에서 찾아 일화기록의 작성 방법에 맞게 쓰시오. [1점]

3) (나)에서 ① 관찰자가 보고자 하는 유아의 행동 ㉡과, ② ㉢에 들어갈 말을 쓰시오. [2점]
① _____
② _____

4) (나)의 ㉣과 ㉤에 들어갈 내용을 (가)에서 찾아 순서대로 쓰시오. [1점]

아테나 유치원 임용시험 연도별 기출문제

02 (가)는 「아동복지법」의 일부이고, (나)는 「아동학대범죄의 처벌 등에 관한 특례법」의 일부이며, (다)는 이와 관련하여 ○○유치원에서 김 교사가 실천한 내용이다. 물음에 답하시오. [5점]

(가)

「아동복지법」 [법률 제18619호, 2021. 12. 21., 일부 개정]
제15조의2(아동(㉠)정보시스템의 구축·운영) ① 보건복지부장관은 아동복지 관련 자료 또는 정보의 효율적 처리 및 통합관리를 위하여 「사회보장기본법」 제37조제2항에 따라 설치된 사회보장정보시스템 및 「사회보장급여의 이용·제공 및 수급권자 발굴에 관한 법률」 제24조의2에 따라 설치된 사회서비스정보시스템을 연계·활용하여 아동(㉠)정보시스템(이하 "아동정보시스템"이라 한다)을 구축·운영하여야 한다.
……(중략)……
제22조의2(학생등에 대한 학대 예방 및 지원 등) ① 국가와 지방자치단체는 「유아교육법」에 따른 유치원의 유아 및 「초·중등교육법」에 따른 학교의 학생(이하 이 조에서 "학생등"이라 한다)에 대한 아동학대의 (㉡) 발견 체계 및 아동보호전문기관 등 관련 기관과의 연계 체계를 구축하고, 학대피해 학생등이 유치원 또는 학교에 안정적으로 적응할 수 있도록 지원하여야 한다. 〈개정 2019. 1. 15.〉
② 교육부장관 또는 교육감은 아동학대의 발견과 신속한 보호조치를 위하여 대통령령으로 정하는 바에 따라 장기결석 학생등의 정보 등을 보건복지부장관과 공유하여야 한다. 〈개정 2020. 12. 29.〉
……(중략)……
제23조(아동학대예방의 날) ① 아동의 건강한 성장을 도모하고, 범국민적으로 아동학대의 예방과 방지에 관한 관심을 높이기 위하여 매년 11월 (㉢)일을 아동학대예방의 날로 지정하고, 아동학대예방의 날부터 1주일을 아동학대예방주간으로 한다.
……(중략)……
제26조(아동학대 신고의무자에 대한 교육) ① 관계 중앙행정기관의 장은 「아동학대범죄의 처벌 등에 관한 특례법」 제10조제2항 각 호의 어느 하나에 해당하는 사람(이하 "아동학대신고의무자"라 한다)의 (㉣)(이)나 보수교육 과정에 아동학대 예방 및 신고의무와 관련된 교육 내용을 포함하도록 하여야 하며, 그 결과를 보건복지부장관에게 제출하여야 한다. 〈개정 2021. 12. 21.〉
……(중략)……
제26조의2(아동학대 예방교육의 실시) ① 국가기관과 지방자치단체의 장, 「공공기관의 운영에 관한 법률」에 따른 공공기관과 대통령령으로 정하는 공공단체의 장은 아동학대의 예방과 방지를 위하여 필요한 교육을 연 (㉤)회 이상 실시하고, 그 결과를 보건복지부장관에게 제출하여야 한다.

(나)

「아동학대범죄의 처벌 등에 관한 특례법」 [법률 제17932호, 2021. 3. 16., 일부 개정]
제10조(아동학대범죄 신고의무와 절차) ……(중략)……
② 다음 각 호의 어느 하나에 해당하는 사람이 직무를 수행하면서 아동학대범죄를 알게 된 경우나 그 의심이 있는 경우에는 시·도, 시·군·구 또는 수사기관에 (㉥) 신고하여야 한다. 〈개정 2020. 3. 24.〉
……(중략)……

제35조(ⓐ) 등의 의무) ……(중략)…… ③ 피해아동의 교육 또는 보육을 담당하는 학교의 교직원 또는 보육교직원은 정당한 사유가 없으면 해당 아동의 취학, 진학, 전학 또는 입소(그 변경을 포함한다)의 사실을 아동학대행위자인 (ⓒ)을/를 포함하여 누구에게든지 누설하여서는 아니 된다.
……(하략)……

(다)

김 교사는 매일 유아의 건강과 안전을 확인하고 결석 아동의 결석 사유를 확인하였다. 무단결석이 2일 이상인 유아의 경우 전화나 가정방문을 하였으며, 아동학대가 의심되는 경우 (㉥) 신고하였다. 또한 아동학대를 예방하고 조기발견하기 위해 체크리스트를 활용하였다.
……(하략)……

1) (가)의 ① ㉠에 들어갈 말을 쓰고, ② 다음 「아동복지법 시행령」의 ⓐ에 들어갈 말을 숫자로 쓰시오. [1점]

「아동복지법 시행령」 [대통령령 제32714호, 2022. 6. 21., 일부 개정]
제25조(학생등에 대한 학대 예방 및 지원 등) ① 교육부장관 또는 교육감은 법 제22조의2제2항에 따라 다음 각 호의 정보를 보건복지부장관과 공유해야 한다. 〈개정 2021. 6. 29.〉
1. 「유아교육법」 제7조 각 호의 유치원에서 교육을 받고 있는 유아 중 월별 교육일이 (ⓐ)일 미만인 유아의 정보

① _____
② _____

2) (가)의 ① ㉢과 ㉥에 들어갈 말을 각각 숫자로 쓰고, ② ㉣에 들어갈 말을 쓰시오. [2점]
① _____
② _____

3) ① ㉥, ⓐ, ⓒ에 들어갈 말을 순서대로 쓰고, ② ㉥과 (다)의 이유를 ㉡에 근거하여 쓰시오. [1점]
① _____
② _____

4) 아동학대 신고의무자에 대한 교육과 관련하여 다음 ( ) 안에 들어갈 숫자를 쓰시오. [1점]

○○유치원 박 원장은 「아동복지법 시행령」 제26조제3항에 근거하여 아동학대 신고의무자인 모든 교직원들에게 아동학대 예방 및 신고의무와 관련된 교육을 매년 ( )시간 이상 실시하고 있다.

03

(가)는 최 원감이 김 교사와 유아 사회 교육에 대한 면담을 마치고 그 내용을 정리한 것이고, (나)는 홍 교사의 교육 계획에 대한 저널이다. 물음에 답하시오. [5점]

(가)

김 교사는 매 학기 초에 유아들이 타인과 긍정적인 유대 관계를 맺는 데 필요한 의사소통하기, 공유하기, 협력하기, 갈등 해결하기와 같은 (㉠)을/를 발달시키기 위해 '서로 화목하게 지내요' 등의 주제로 활동들을 진행한다. 지난해, 김 교사는 ㉡ <u>유아들을 한곳에 모아 놓고 교실에서 발생하는 갈등 상황이나 공통적인 관심사에 대해 각자 생각이나 느낌을 말하고, 의견을 공유하는 방법</u>으로 활동을 전개하였다. 그런데 올해 김 교사는 다음과 같은 활동 계획을 구상하고 있다고 보여 주었다.

활동명	고마움을 표현해요
활동 형태	대·소집단활동
활동 목표	고마움을 표현하는 다양한 방법이 있음을 안다.
교육 과정 관련 요소	……(생략)……
활동 자료	도움을 받는 상황 그림
[A] 활동 방법	1) 그림 상황에 대한 사전 경험을 나눈다. 2) 고마움을 표현하는 방법을 이야기 나눈다. 3) 고마움을 표현하기 위한 '감사 카드 만들기', '악기 연주하기', '선물상자 만들기'로 유아들을 3개의 소집단으로 나눈다. 4) 교사는 소집단별로 유아와 함께 활동 계획을 세우고, 유아들은 역할을 분담한다. 5) 각 소집단별로 활동을 전개한다. 6) 활동이 마무리되면, 각 소집단별로 자신들이 한 활동을 정리해서 이야기한다. 7) 전체 유아가 모여 소집단별 활동 결과물을 함께 공유한다.

김 교사는 지난해에 적용한 방법 ㉡과 올해 적용하려는 방법 [A]가 모두 ㉢ <u>조망수용 능력</u>을 가질 수 있게 도와주는 좋은 방법이라고 생각하고 있다.

(나)

지난 주말에 참여한 교사 연수에서 다양한 사회 교육 활동을 소개해 주었는데, 우리 유치원 유아들의 연령, 발달 수준과 흥미 등에 맞춰서 실행할 수 있게 계획해야겠다. 나의 가족을 소개하고 내가 우리 집에서 하는 역할 이야기하기, 어려움에 처한 사람들을 위해 우리가 할 수 있는 일 알아보고 실천하기, 친구와 싸웠을 때 해결하는 방법 알아보기, 생활 속에서 절약하는 방법 알고 실천하기, 교실에서 발생한 갈등 상황을 토대로 규칙 정하기, 우리 학급 유아들이 사는 동네 알아보기, 친구의 물건을 소중히 다루는 방법 알아보기 등을 해 봐야겠다.
……(하략)……

1) ① (가)의 ㉠에 들어갈 말을 쓰고, ② (가)의 밑줄 친 ㉡과 [A]에 나타난 교수·학습 방법을 각각 1가지씩 순서대로 쓰고, ③ (가)의 밑줄 친 ㉢과 상반된 피아제(J. Piaget)의 전조작기 사고 유형을 1가지 쓰고, 이와 관련하여 ㉢을 설명하시오. [3점]

①
②
③

2) 다음은 2019 개정 유치원 교육과정 '사회관계' 영역 내용의 일부이다. (나)에서 ① ⓐ에 해당하는 내용을 반영한 교육 활동과, ② ⓑ와 ⓒ에 공통으로 해당하는 내용을 반영한 교육 활동을 각각 1가지씩 찾아 쓰시오. [2점]

내용 범주	내용
더불어 생활하기	ⓐ
	친구와 서로 도우며 사이좋게 지낸다.
	ⓑ
	서로 다른 감정, 생각, 행동을 존중한다.
	친구와 어른께 예의 바르게 행동한다.
	ⓒ

①
②

04
다음은 만 5세반 자유선택활동 시간에 유아들이 놀이하는 장면이다. 물음에 답하시오. [5점]

전날 다양한 재료(소금, 쇠구슬, 쌀, 콩)로 마라카스 만들기 활동을 한 후 오늘 자유선택활동 시간에 유아들이 함께 놀이하고 있고, 교사는 이를 관찰하고 있다.

희영 : (민수와 진호를 향하여) 얘들아, 우리 비 오는 놀이 할래?
진호 : 어 그래! 우리 서로 어떤 비가 될지 정해 보자.
민수 : 재미있겠다.
진호 : 어 근데… 뭘 가지고 빗소리를 낼까?
희영 : 어제 우리가 만든 마라카스로 하면 되잖아.
 (유아들은 미술 영역에서 각자 자신들이 만든 마라카스를 가지고 온다.)

희영 : 나는 조용한 가랑비 할래. (팔을 위아래로 살짝 움직여 마라카스를 흔든다.)
진호 : 난 폭우 할래. (마라카스를 높이 들고 세게 흔들며) 우르르 쾅! 내 소리가 너보다 더 크지?
민수 : (희영, 진호를 보고 웃기만 한다.)
희영 : 민수야, 웃지만 말고… 무슨 비가 될 거야? 네가 만든 거 한 번 흔들어 봐.
민수 : (마라카스를 한 번 흔든다.)
희영 : 음… 소리가 나보다 더 작네. 그럼… 너는 아침에 내리는 이슬비 해. [A]
민수 : (머뭇거리며 친구들을 쳐다보다가 왔다 갔다 한다.)
교사 : ㉠ 우와, 작은 이슬비가 왔다 갔다 하네. (큰 소리로 우두둑, 우두둑, 우두둑 소리를 내며 민수에게 다가가서) 이슬비야, 나는 소나기란다. 너는 어떤 소리가 나니?
민수 : (잠시 머뭇거리다가 마라카스를 천천히 한 번씩 손으로 치며) 난 톡, 톡, 톡 아주 천천히 내리는 이슬비야.

교사 : 이슬비는 톡톡톡 빗소리를 갖고 있구나.
진호 : (민수에게) 이슬비야, 안녕? (두 개의 마라카스를 흔들고 서로 부딪치며) 우리 같이 유치원 꽃밭으로 떠나 볼까?
희영 : 이슬비야, 폭우야, 나도 같이 가자.
 ……(하략)……

1) 2019 개정 유치원 교육과정 '총론'의 교수·학습 내용을 근거로, ① 다음 (   ) 안에 들어갈 말을 쓰고, ② 2019 개정 유치원 교육과정의 영역 중 위의 놀이에 나타나는 4가지 예술 영역명을 각각 쓰시오. [2점]

> 5개 영역의 내용이 (   )적으로 유아의 경험과 연계되도록 한다.

① _____
② _____

2) [A]에서 유아와 교사는 음악적 요소와 관련지어 비의 역할을 맡고 있다. ① 대화에 나타나는 음악적 요소를 2가지 쓰고, ② 비의 역할과 관련지은 음악적 요소가 다른 것과 다른 유아의 말을 1가지 찾아 쓰시오. [2점]

① _____
② _____

3) 스밀란스키(S. Smilansky)의 이론에 기초하여 ① 밑줄 친 ㉠에서 교사가 사용한 놀이 개입의 유형을 쓰고, ② 사례에 근거하여 특징을 쓰시오. [1점]

① _____
② _____

05

(가)는 만 5세반 유아들이 미술 영역에서 활동하는 장면이고, (나)는 미술적 요소와 (가)의 유아 반응을 짝지은 것이다. 물음에 답하시오. [5점]

(가)

(유아 3명이 미술 영역에서 찰흙, 도화지, 크레파스, 가위, 나무젓가락 등을 사용하여 미술 활동을 하고 있다.)
지영 : (찰흙을 주무르면서) 부드럽고 매끈매끈하다. 그치?
병희 : (찰흙을 굴리면서) 우와, 동그랗고 긴 지렁이가 되었다.
경준 : (찰흙을 손바닥으로 두드리고 펴면서) 이봐, 나는 엄청 동그랗게 되었지?   [A]
지영 : (경준이가 만든 것을 보면서) 응, 정말 쟁반 같네.
경준 : 아니야 풀밭이야. 풀밭에는 빨간색 꽃도 피어 있어.
병희 : 지렁이가 풀밭으로 갈까?
경준 : 그럴래? 지렁이 공원을 만들까?
병희 : 그래, 공원이 좋겠다. 아빠랑 강변에 있는 공원에 가 본 적 있는데, 공원 연못에서 개구리와 뱀도 봤어! 나비와 예쁜 새도 있고, 풀도 엄청 많아. 나무와 꽃도 있어야 해.
지영 : 내가 본 연못을 꾸며야지! 물고기도 있어야겠다. (꽃, 나무를 그린 후 오려서 나무젓가락을 이용하여 풀밭에 꽂는다.)
······(중략)······
(유아 3명은 각각 만든 미술 활동 결과물을 가지고 공동 작품을 구성하고 있다.)
교사 : (지영이를 관찰하다가) 이것으로 무엇을 꾸며 보기로 했지?
지영 : 우리 공원을 꾸며 보기로 했어요. 저는 꽃을 만들었어요. 나비도 만들었어요. 나비는 꽃에 둘 거예요.
교사 : 그렇구나.
병희 : 저는 지렁이를 만들었어요. 어디에다 두지? (조금 망설이다가 지렁이를 나무에 둔다.)   [B]
교사 : 지렁이는 땅속에 사니까 풀 밑에 숨게! 풀밭의 빈 곳을 어떻게 활용할 수 있을까?
지영 : (풀밭의 여백을 가리키며) 비워 두어요. 거기엔 사람들이 앉아서 쉬어야 해요.
교사 : 좋은 생각을 했구나. 또 다른 생각은 없니?
······(중략)······
(공동 작품에 대한 탐색이 끝난 후 평소 그리기를 좋아하는 지영이는 계속해서 ㉠ 자신이 꾸민 연못을 그림으로 묘사한다.)

(나)

미술적 요소	유아 반응
색	풀밭에는 빨간색 꽃도 피어 있어.
모양	동그랗고 긴 지렁이가 되었다.
(㉡)	(㉣)
(㉢)	(㉤)

1) [A]에서 나타난 미술적 요소 ㉡을 쓰고, 이에 해당하는 유아 반응 ㉣을 찾아 쓰시오. [1점]

2) [B]에서 나타난 미술적 요소 ㉢을 쓰고, 이에 해당하는 유아 반응 ㉤을 찾아 쓰시오. [1점]

3) 다음은 (가)의 밑줄 친 ㉠과 같이 지영이가 그린 것이다. ① 이 그림에 나타난 유아기 그림 표현 방식의 명칭을 쓰고, ② 이 그림 표현 방식의 특징을 아래 그림에 기초하여 쓰시오. [2점]

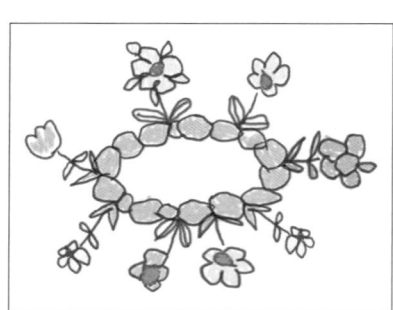

①_____
②_____

4) (가)에서 ① 적합하지 않은 교사의 발문 1가지를 찾아 쓰고, ② 다음 2019 개정 유치원 교육과정 '교수·학습'에 비추어 적합하지 않은 이유를 1가지 쓰시오. [1점]

유아와 유아, 유아와 교사, 유아와 환경 간에 능동적인 상호작용이 이루어지도록 한다.

①_____
②_____

06
다음은 만 4세반 교사가 유아들과 함께 유치원 주변을 돌아보며 나눈 대화이다. 물음에 답하시오. [5점]

교　사 : 오늘은 우리 유치원 주변을 돌아보기로 했지요?
유아들 : 네, 빨리 가고 싶어요.
　　　　……(중략)……
교　사 : 자, 이제 무엇이 있는지 잘 살펴보며 갈까?
나　눔 : (유치원 앞 공원을 보며) 와! 공원이다.
교　사 : 그래, 공원이 있구나.
경　표 : 선생님, 나무도 있어요.
은　별 : 집도 있어요.
교　사 : (소방서 옆에 멈추어서) 나눔아, 네 옆에 무엇이 있니?
나　눔 : 소방서요. 소방차도 보여요.
은　별 : 와! 소방차다. 119야, 119.　　　[A]
경　표 : 나도 119 알아요.
　　　　……(중략)……
(빵집 앞에 서서)
은　별 : 빵집 안에 사람들이 있어요.
교　사 : 어, 그러네. 모두 몇 사람이 있니?　　[B]
은　별 : (하나, 둘, 셋, 넷) 모두 네 명이에요.
교　사 : 아, 모두 네 명이구나.
(세탁소로 걸어간 후 앞에 서서)
교　사 : 빵집에서 가장 가까운 곳에는 무엇이 있을까?
유아들 : 세탁소요.
은　별 : 빵집 옆에 세탁소가 있어요.
　　　　……(하략)……

1) ① 아래의 ⓐ, ⓑ에 들어갈 말을 순서대로 쓰고 각각의 차이점에 대해 쓰시오. 그리고 위 사례에서 ② ⓐ에 해당하는 교사 발문 1가지와 ③ ⓑ에 해당하는 교사 발문 1가지를 각각 찾아 쓰시오. [3점]

> 시글러(R. S. Siegler)는 3차원 공간에서 위치의 관계에 대한 이해가 (ⓐ) → (ⓑ) → '객관 중심적 표상'의 순서로 발달해 간다고 하였다.

①＿＿＿＿＿＿＿＿＿＿＿＿＿＿＿＿
②＿＿＿＿＿＿＿＿＿＿＿＿＿＿＿＿
③＿＿＿＿＿＿＿＿＿＿＿＿＿＿＿＿

2) ① [A]와 [B]에서 유아들이 사용하고 있는 수의 의미를 각각 1가지씩 쓰고, 이 외에 ② 일상생활에서 [A]와 [B]의 수의 의미를 인식시킬 수 있는 교사의 발문을 각각 1가지씩 쓰시오. [2점]

①＿＿＿＿＿＿＿＿＿＿＿＿＿＿＿＿
②＿＿＿＿＿＿＿＿＿＿＿＿＿＿＿＿

2018학년도 유치원 교육과정 B

07 다음은 만 5세반 자유놀이 시간에 과학 영역에서 이루어지고 있는 활동 장면이다. 물음에 답하시오. [5점]

(유아 3명이 쇠집게, 가위, 나무 블록, 지우개 등이 들어 있는 바구니와 자석을 책상으로 가져와서 탐색을 하고 있다.)
김 교사 : (　　ㄱ　　)
나　라 : (쇠집게를 만져 보며) 차가워요.
민　희 : (나무 블록을 만지며) 이건 딱딱해요.　　　[A]
수　민 : (지우개를 만지며) 부드러워요.
(유아들이 쇠집게, 가위, 나무 블록 등 다양한 물체를 자석에 붙여 보는 활동을 시작한다.)
……(중략)……
(유아들이 활동을 충분히 한 후)
김 교사 : 자석에 붙여 보니까 어떻게 되었니?
민　희 : (나무 블록을 가리키며) 이건 붙지 않았어요.
수　민 : (가위 앞을 가리키며) 이쪽에 붙이면 붙는데, (손잡이를 가리키며) 이쪽에는 붙지 않았어요.
나　라 : (쇠집게를 가리키며) 이건 자석에 붙고 (지우개를 가리키며) 이건 안 붙었어요.
……(중략)……
(김 교사는 유아들이 놀이 시 사용했던 바구니에 100원, 500원짜리 동전을 여러 개 넣어 둔다.)
김 교사 : (동전을 가리키며) (　　ㄴ　　)　　[B]
나　라 : 동전도 붙을 것 같아요.
김 교사 : 왜 그렇게 생각하니?
나　라 : 쇠집게와 동전은 색깔이 같으니까 붙을 거예요.
민　희 : 잘 모르겠어요. 해 봐야 알 것 같아요.
(유아들이 동전을 자석에 직접 붙여 보는 활동을 한다.)
나　라 : (동전을 자석에 붙여 보며) 어! 이상하다? 안 붙어. 선생님! 안 붙어요.
민　희 : 나도 안 붙어.
(유아들은 계속해서 자석에 동전과 쇠집게를 번갈아 가면서 붙여 본다.)
……(하략)……

1) 다음의 ① ⓐ와 ② ⓒ에 들어갈 용어를 각각 쓰고, 이에 해당하는 유아 반응을 위 활동 장면에서 각각 1가지씩 찾아 쓰시오. ③ ⓑ에 들어갈 용어를 쓰시오. [3점]

> 김 교사는 피아제(J. Piaget) 이론에 기초하여 유아들이 (　ⓐ　)와/과 조절을 통해 (　ⓑ　)을/를 이루어 가면서 인지발달을 해 가도록 돕는 교사 역할을 중시한다. 이를 위해 김 교사는 유아들이 (　ⓒ　)을/를 일으키도록 지원하는 교사 역할을 수행하였다.

①　　　　　　　　　　　　　　　　　
②　　　　　　　　　　　　　　　　　
③　　　　　　　　　　　　　　　　　

2) ① [A]에 해당하는 탐구기술과 ㄱ에 들어갈 교사 발문을 각각 쓰고, ② [B]에 해당하는 탐구기술과 ㄴ에 들어갈 교사 발문을 각각 쓰시오. [2점]

①　　　　　　　　　　　　　　　　　
②

08 (가)는 만 5세반 '친구에게 소리 전달하기' 활동 계획안의 일부이고, (나)는 (가) 활동 중 '임의 단위를 이용한 길이 재기'를 하고 있는 장면이다. 물음에 답하시오. [5점]

(가)

활동명	친구에게 소리 전달하기
활동 자료	사전 활동에서 유아들이 길게 만들어 놓은 호스, 30cm 길이의 호스 10개, 호스를 연결할 수 있는 테이프, 길이가 같은 종이 벽돌 블록 20개
활동 방법	○ 옆 반까지 소리를 전달하려면 얼마나 긴 호스가 필요할지, 어떠한 방법으로 알 수 있는지 이야기 나눈다. ○ 필요한 길이를 알기 위해 유아들이 생각한 임의 단위를 이용해서 길이를 잰다. ○ 어제 유아들이 연결해 놓은 호스에 필요한 만큼의 호스를 테이프로 붙여 길게 연결한다. ○ 길게 연결한 호스를 이용하여 옆 반까지 소리를 전달해 본다. ○ 소리가 호스를 통해 전달되는 과학적 원리를 설명한다. [A]
확장 활동	㉠ 호스의 굵기에 따른 소리의 차이를 비교해 보는 실험 활동

(나)

　(유아들이 교실 앞문에서 옆 반 앞문까지 소리를 전달할 수 있는 방법에 대해 이야기 나누고 소리 전달을 시도한다.)
영　수 : (유아들이 길게 만들어 둔 호스를 들고) 이건 너무 짧아서 안 돼. 호스가 더 필요해.
희　수 : 얼마나 더 필요한지 길이를 재 보자.
영　수 : 무엇으로 잴까?
희　수 : 벽돌 블록으로 재자.
　　　　……(중략)……
　(유아들이 길이를 재고 있는 모습을 관찰하던 최 교사는 유아들과 동일한 벽돌 블록을 들고 유아들 옆으로 간다.)
최 교사 : (벽돌 블록을 보여 주며) 선생님도 너희들과 같은 블록을 가져왔어.
희　수 : (선생님을 보며) 왜요? 선생님도 하려고요?
최 교사 : 그래. 선생님도 재려고.
　(최 교사는 유아들 옆에서 길이를 재기 시작한다.)
　　　　……(중략)……

영　수 : (벽돌 블록으로 길이를 다 잰 후) 선생님! 다 했어요.
최 교사 : 그래?
　(유아들은 자신들이 놓은 벽돌 블록의 수와 선생님이 놓은 벽돌 블록의 수를 세어 본다.)

[유아들이 놓은 벽돌 블록]

[최 교사가 놓은 벽돌 블록]

희　수 : 우린 블록이 6개인데 선생님은 8개예요.
최 교사 : 오! 그렇구나. 같은 길이를 쟀는데, 너희가 놓은 벽돌 블록 수와 선생님이 놓은 벽돌 블록 수가 왜 다를까?
　(영수와 희수는 선생님이 놓은 벽돌 블록과 자신들이 놓은 벽돌 블록을 번갈아 가며 본다.)
　　　　……(하략)……

1) 유아의 인지적 발달 특성에 비추어 볼 때 [A]에서 적절하지 않은 내용 1가지를 찾아 쓰시오. [1점]

2) ① ㉠에서 나타난 조작변인, 통제변인이 무엇인지 쓰고, ② 변인통제의 의미와 필요성을 쓰시오. [1점]

① _____
② _____

3) 다음의 ① ⓐ, ⓑ에 들어갈 용어를 순서대로 쓰고, ② ⓐ에 해당되는 측정 기술 특징 1가지와 ③ ⓑ로서의 역할을 수행하는 교사 발문 1가지를 (나)에서 각각 찾아 쓰시오. [3점]

비고츠키(L.Vygotsky)는 유아가 실제적 발달 수준에서 (ⓐ)(으)로 나아가기 위해서는 유능한 또래나 성인의 (ⓑ)(으)로서의 역할이 중요하다고 하였다.

① _____
② _____
③ _____

2019학년도 유치원 교직논술

문제

다음은 신임 교사인 윤 교사와 최 교사, 경력 교사인 김 교사와 박 교사의 현재 관심사에 대한 동료장학 협의회의 일부이다. 1) 대화에서 박 교사의 현재 관심사를 3가지 찾아 쓰고, 그에 대한 동료장학의 제안 내용을 1가지씩 논하시오. 2) 대화에 근거하여 김 교사와 박 교사에게 나타날 동료장학의 기대 효과 2가지씩을 논하시오. 3) 최 교사의 현재 관심사를 대화에 근거하여 1가지 제시하고, 그에 대한 동료장학의 제안 내용 2가지를 논하시오. 4) 윤 교사가 겪고 있는 대인관계에서의 어려움을 극복할 수 있는 방안 2가지를 논하시오. [총 20점]

박 교사 : 이번에 우리 유치원으로 전근해 오니까 이전 유치원과 달리 학부모님들께서 질문하고 싶을 때 전화를 많이 이용하시더라고요. 그것 때문에 제가 유치원의 다른 업무를 보지 못할 때도 있어요.

김 교사 : 그렇죠. 우리 유치원의 학부모님들께서는 교육에 관심이 많아서 질문도 많답니다. 우리 유치원의 홈페이지에 있는 학급별 '부모 면담 코너'를 활용해 보시면 어떨까요? 단순한 정보를 요청하는 질문에 한 번에 답해 드릴 수 있잖아요. 우리 유치원 선생님들은 이 방법을 자주 활용하시는데……. 아, 박 선생님께서는 이번에 전근 오셨죠?

박 교사 : 네, 제가 전근 온 지 얼마 안 되어서요.

최 교사 : 신임 교사로서 저는 수업 실행을 어떻게 할지에 대해 가장 관심이 많아요.

윤 교사 : 저는 교사가 되고 보니 학부모와의 관계도 어렵고, 다른 선생님들에게 어떻게 다가가야 할지도 잘 모르겠어요.

김 교사 : 두 분 다 올해 임용되셔서 그러시겠네요. 최 선생님의 경우에는 수업컨설팅을 받아 보는 것이 도움이 될 것 같아요. 그런데 최 선생님께서는 신임이시라 그 방법이 다소 부담스럽겠죠? 최선의 수업은 아니겠지만 제가 하는 수업을 한번 보시면 어떠시겠어요?

최 교사 : 네, 김 선생님 말씀대로 선생님 수업을 한번 보고 싶네요.

박 교사 : 저도 김 선생님의 수업을 보고 싶어요. 저는 교사 생활 5년 차인데 새로운 교수·학습 방법이 늘 궁금해요.

김 교사 : 선생님들께 도움이 되는 수업을 보여 드리기 위해 준비하면서 저도 제 수업을 다시 한번 성찰해 보는 기회가 될 것 같군요. 아, 생각났는데 박 선생님, 우리 함께 학습공동체를 운영해 보면 어떨까요? 그러면 박 선생님은 새로운 교수·학습 방법을 습득할 수 있고, 저는 학습공동체에서 박 선생님과 활발하게 이야기 나누면서 교수 행위를 공유할 수 있을 것 같아요.

박 교사 : 네, 좋네요. 저는 오래전부터 유아교육에 대한 현장 연구를 더 하고 싶었거든요.

김 교사 : 박 선생님께서는 오래전부터 그런 생각을 가지고 계셨군요. 우리 관내에는 유치원 교사 모임이 몇 개 있어요. 그중에는 유아교육과 관련된 현장 연구에 대한 주제를 다루는 모임도 있거든요.

답안 작성 시 유의사항	배점
• 주어진 답안지 면수(2매 이내)에 맞게 서술하시오. • 글의 체계를 논리적으로 짜임새 있게 구성하시오. • 글의 명료성, 타당성, 일관성을 고려하여 서술하시오.	• 논술의 내용 [총 15점] 　- 박 교사의 관심사(3점)와 동료장학 내용(3점) [6점] 　- 동료장학의 기대 효과 [4점] 　- 신임 교사의 관심사(1점)와 동료장학 내용(2점) [3점] 　- 신임 교사의 대인관계에서의 어려움 극복 방안 [2점] • 논술의 체계 [총 5점] 　- 글의 논리적 체계성 [3점] 　- 맞춤법 및 어휘·문장의 적절성 [2점]

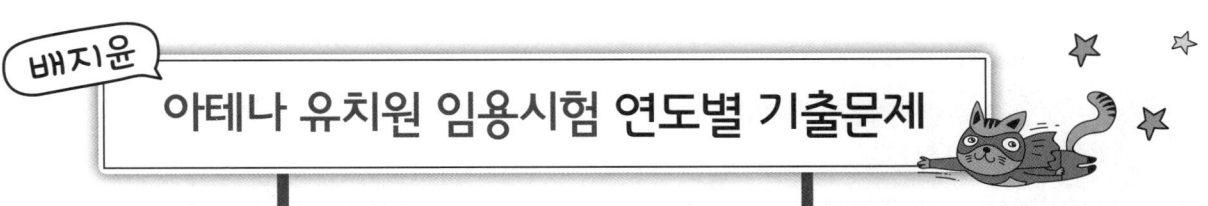

초안지

2019학년도 유치원 교육과정 A

01 (가)는 만 4세반 활동 계획안의 일부이고, (나)는 교사 저널의 일부이다. 물음에 답하시오. [5점]

(가)

활동명	거북이를 길러 보아요
㉠ 활동 목표	○ 거북이 먹이의 종류를 안다. ○ 거북이에게 먹이를 준다. ○ (㉡)
교육과정 관련 요소	의사소통 : 듣기와 말하기 - 상대방이 하는 이야기를 듣고 관련해서 말한다. 자연탐구 : 탐구 과정 즐기기 - 호기심을 유지하고 확장하기 자연탐구 : 자연과 더불어 살기 - (㉢)
활동 자료	거북이 사진 자료와 실물, 거북이가 자라는 과정 (그림 자료), 거북이 동영상, 수조, 먹이, 관찰지, 연필
활동 방법	○ ㉣ 거북이 사진과 동영상, 그림 자료를 보며 거북이 먹이의 종류에 대해서 알아본다. ○ 거북이 수조를 꾸미고, 거북이가 살 수 있는 환경을 만들어 준다. ○ 거북이에게 먹이를 준다. ○ 거북이 돌보기 실천 방법에 대해 이야기 나눈다. …(중략)… ○ ㉤ 자연에서 거북이가 잘 살 수 있는 환경을 위해 우리가 어떤 일을 할 수 있을지 이야기 나눈다.
㉥ 확장 활동	○ 거북이를 관찰하여 관찰일지를 쓴다. ○ 역할을 정하여 『토끼와 거북이』 동극을 한다. ○ 거북이가 어떻게 성장할지 그림으로 그린다. ○ 거북이를 주제로 동시 짓기를 한다.

(나)

2022년 10월 ○○일 ○요일

나는 유아들의 발달과 학습이 주로 외부적 환경에 의해 많은 영향을 받는다고 생각해 왔다. 그래서 사회·문화적으로 축적된 지식을 유아들에게 전달하기 위하여 직접 가르치는 것이 교사의 중요한 역할이라고 생각한다. 우리 반 아이들은 초등학교에 입학하기까지 몇 달밖에 남지 않아 최근에는 학업에 필요한 지식 형성을 강조하고 학습기술과 바람직한 태도 형성이 나의 주된 교육 목표가 되고 있다. 이러한 교육 목표는 사회에 적응하고 초등학교 입학 후 학교에 적응하는 데 꼭 필요한 것이다. 그런데 이 교육 목표에 따른 교육과정이 다소 교사 중심적이고 반복적·구조적으로 운영되기 때문에 적절한가에 대해서 의문이 들기도 한다.
……(하략)……

1) (가)의 ㉠ 활동 목표에 블룸(B. Bloom)의 '교육 목표 분류학'에 근거하여 3가지 영역을 모두 진술하고자 할 때, ① 추가해야 할 영역의 명칭을 쓰고, 이를 근거로 ② ㉡에 들어갈 활동 목표를 쓰시오. [1점]

① _____
② _____

2) (가)의 ㉤에 근거하여, ㉢에 들어갈 2019 개정 유치원 교육과정 '자연탐구' 영역의 내용을 쓰시오. [1점]

3) 데일(E. Dale)은 '경험의 원추'에서 구체성과 추상성의 정도에 따라 학습경험을 크게 3가지로 나눈다. ① ⓐ, ⓑ, ⓒ의 명칭을 순서대로 쓰고, ② ⓐ~ⓒ 중에서 (가)의 ㉣에 해당하는 기호와, ⓓ에 해당하는 가장 적절한 사례를 (가)의 ㉥에서 1가지 찾아 쓰시오. [2점]

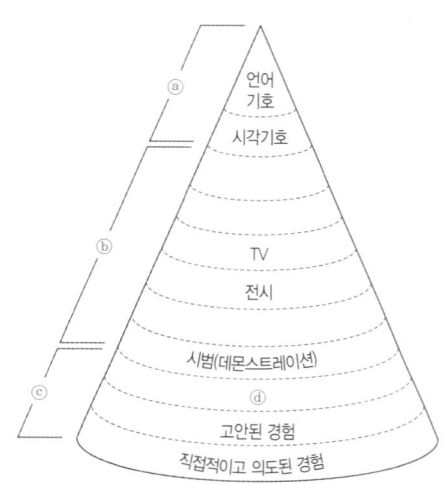

① _____
② _____

4) (나)는 ① 콜버그와 메이어(L. Kohlberg & R. Mayer)가 분류한 교육 이데올로기 유형 중 어느 유형에 해당하는지 쓰고, ② 영향을 준 심리학적 이론의 명칭 1가지를 쓰시오. [1점]

① _____
② _____

02 다음은 유아교육에 영향을 미친 인물에 관한 교사들의 대화 중 일부이다. 물음에 답하시오. [5점]

하 교사 : 유치원 교사를 하면서 항상 생각하는 건데, 지금의 유아교육이 있기까지는 참으로 많은 사상가의 공헌이 있었어요.
서 교사 : 대표적으로 17세기 최고의 교육자이면서 감각 교육을 중시했던 (㉠)이/가 있죠. (㉠)은/는 인간의 발달 단계에 따른 교육제도를 언급했으며, (㉠)의 교육사상은 이후 아동 중심 교육을 내세웠던 여러 사상가에게 많은 영향을 미쳤어요.
차 교사 : (㉠)의 영향을 받은 사상가로 루소(J. Rousseau)와 (㉡)이/가 있는데, (㉡)은/는 자연스러운 교육방법을 지향한 루소의 교육사상을 실천하려고 노력했죠.
하 교사 : 3H의 조화로운 발달을 강조한 (㉡)의 교육사상은 직접적이고 경험적인 교육방법을 주장했다는 점에서 높이 평가받고 있어요. 특히 ㉢ 유아기에 도덕적 능력의 계발을 중심으로 지적, 도덕적, 기능적 영역의 조화를 강조한 점은 현대에도 시사하는 바가 크죠.
서 교사 : 프랑스의 사상가인 오베르랑(J. Oberlin)은 유아보호에 중점을 둔 학교를 설립했어요. 이 학교는 종교와 도덕 교육을 중시했으며 질서와 노동을 강조했어요.
차 교사 : 19세기 영국의 (㉣)도 자신이 경영하는 공장에 유아 학교를 세우고 노동자 계층의 유아를 가르치는 데 심혈을 기울였어요. (㉣)은/는 유아기 습관이 평생의 성격에 커다란 영향을 미친다고 생각하고 습관 형성을 강조했어요.
하 교사 : (㉣)이/가 세운 유아 학교는 (㉤)의 일부로서 이후 유아 학교의 중요한 기초가 되었어요.
……(하략)……

1) ㉠에 들어갈 사상가가 쓴 저서 중 ① 학교 교육을 다음과 같이 4단계로 구분하여 제시한 저서의 이름을 쓰고, ② ⓐ와 ⓑ에 적절한 말을 쓰시오. [1점]

단계	대상	학교
1단계	0~6세	ⓐ
2단계	7~12세	ⓑ
3단계	13~18세	라틴어 학교
4단계	19~24세	대학 등

①
②

2) ① ㉢의 원리와, ② ㉡이 주장한 교육원리 중 손발의 노동을 통한 도덕성 함양과 정신의 단련을 강조한 원리를 각각 쓰시오. [1점]

①
②

3) 다음 ⓐ와 ⓑ에 해당하는 말을 각각 쓰시오. [1점]

> ㉡의 영향을 받은 사상가 중 (ⓐ)은/는 유아의 본성을 신성으로 간주하고, 신의 뜻과 우주의 진리를 깨닫는 수단으로 이상적인 놀잇감인 (ⓑ)을/를 고안하였다.

ⓐ
ⓑ

4) ① ㉣에 들어갈 인물의 이름과, ㉣에 해당하는 인물이 설립한 ㉤의 이름을 각각 쓰고, ② 유아 학교를 설명한 다음 내용 중 **부적절한** 것을 1가지 찾아 기호를 쓰시오. [2점]

> ⓐ 2세~5세의 혼합연령반으로 운영했다.
> ⓑ 옥외놀이를 격려했다.
> ⓒ 무용, 노래 부르기, 악기연주 등이 지도되었다.
> ⓓ 좋은 습관, 상호협동과 친절, 인내심 등의 기본 성향을 중요하게 생각했다.

①
②

03

다음은 교사들의 대화이다. 물음에 답하시오. [5점]

> 홍 교사 : 교사는 ⊙ 의사결정자의 역할을 즉각적이면서도 신중하게 해야 하는데…… 가르친다는 것은 불확실하면서도 역동적이고 복잡한 과정이라 아직은 어려워요.
> 안 교사 : 저도 무엇부터 해야 할지 고민이 많아요. ⓒ 상담자 및 조언자의 역할도 중요하게 여겨져요. 이런 부분에 대해 장학을 한번 받아 보고 싶어요.
> 신 교사 : 그런 부분은 교육지원청 사이트를 통해 도움 받을 수 있어요. 교육지원청 홈페이지에는 부모교육 자료도 있고 유치원 운영에 관한 내용도 있어요. 제 수업 내용을 업로드 했었는데 다음 날 바로 피드백을 보내 주더라고요. 현장의 애로사항이 있을 경우 이메일을 통해 신속한 처방과 지원을 받을 수 있어 편리해요. 온라인으로 운영되니 시공간적 제한이 없고 비공개 상담도 가능해서 저는 자주 이용하고 있어요.
> 강 교사 : 저는 활용을 잘 못했는데 해 봐야겠네요. 저는 아직 초임이라 그런지 원장 선생님이나 원감 선생님께서 이따금씩 해 주시는 조언이나 가르침이 도움이 많이 돼요. 이론 공부로는 알 수 없는 현장에 적합한 조언들이어서요.
> 박 교사 : 맞아요. 필요시 교사가 적절한 지원을 받는 건 정말 중요한 것 같아요. 다행히 ⓒ 저희 유치원은 원장 선생님이 교사들의 근무 환경 개선에 관심이 많으세요. 동료 교사뿐 아니라 학부모와도 협력적 문화가 잘 형성되어 있어서 너무 좋아요. 교사 혼자의 노력만으로 발달해 나가기는 어렵잖아요. 주변에서 도와줘야 해요.
> 안 교사 : 주변에서 도움을 줄 때는 교사의 개인적 상황과 특성을 고려할 필요가 있는 것 같아요. 특히, ⓔ 교사 스스로 자신의 신념이나 교육 활동을 반성하면서 지속적으로 교수 행동의 변화를 이루어 나가는 것이 교사 발달에 중요한 것 같아요.

1) 다음은 사라초(O. Saracho)가 제시한 유아 교사의 역할이다. ⊙과 ⓒ의 역할 개념에 대해 각각 설명하시오. [2점]

> 진단자, 교육과정 계획자, 교육 조직자, 학습 관리자, ⊙ 의사결정자, ⓒ 상담자 및 조언자

⊙ _____

ⓒ _____

2) 신 교사와 강 교사가 설명하는 장학의 유형을 각각 순서대로 쓰시오. [1점]

3) 하그리브스와 풀란(A. Hargreaves & M. Fullan)은 교사 교육과 관련하여 교사 발달을 3가지 측면에서 강조하였다. ① ⓒ과 ⓔ에 나타난 측면을 각각 쓰고, ② 나머지 1가지 측면을 쓰고 그 개념을 설명하시오. [2점]

① _____

② _____

04

(가)는 교사들이 나눈 대화의 일부이고, (나)는 교사 저널의 일부이다. 물음에 답하시오. [5점]

(가)

> 윤 교사 : 제가 얼마 전 역할 영역에서 우리 반 아이들의 놀이를 관찰하고 있었는데, 남아들은 의사 역할을 하고 여아들은 간호사 역할을 하더라고요.
> 박 교사 : 저도 가끔 그런 놀이 행동을 관찰할 수 있었어요.
> 윤 교사 : 아이들은 이미 3세 무렵이 되면 여자, 남자라는 자신들의 성을 인지하게 되잖아요. [A]
> 박 교사 : 맞아요. 그리고 유아들은 자신이 인지한 성이 나중에 커서도 여자는 여성, 남자는 남성이라는 성을 유지하게 된다는 것도 인지하게 되는 것 같아요.
> 윤 교사 : 어제 우리 반 수호 어머니가 상담 시간에 오셨다가 ㉠ 요즘 수호가 집에서 아빠 흉내를 많이 낸다고 하시더라고요. 아빠 면도기로 면도하는 흉내도 내고 아빠 신발을 신고 돌아다니기도 한다는 거예요.
> ……(중략)……
> 박 교사 : 유아들이 남성적 혹은 여성적이라는 이분법적 사고를 하지 않고 여성성과 남성성의 균형을 이룰 수 있도록 교육해야겠다는 생각이 들어요.
> 윤 교사 : 맞아요! 지난번 '양성평등교육'을 주제로 한 연수에서도 그 부분을 강조했어요. 특히, 유아가 남성과 여성이 가지고 있는 긍정적인 특성을 함께 지니는 심리적 (㉡)을/를 키워 주는 게 필요하다고 하더라고요.
> ……(하략)……

(나)

> 어제 철민이가 블록을 정리하고 있는데 희연이가 와서 철민이를 도와주었다. 그래서 나는 희연이를 칭찬해 주었다. 오늘 평소 놀잇감을 잘 정리하지 않던 태영이가 철민이의 정리정돈을 도와주었다. ㉢ 태영이는 희연이의 칭찬받는 모습을 유심히 보고, 그 행동을 기억했다가 철민이를 도와주는 행동을 한 것 같다. 앞으로 태영이가 지금처럼 도와주는 행동을 더 잘할 수 있도록 좋은 모델을 많이 보여 주어야겠다.
> ……(하략)……

1) [A]에서 ① 성역할 고정관념의 예가 드러난 부분을 찾아 쓰고, ② 이를 지도하기 위한 지도 방법을 1가지 쓰시오. [1점]

① _____

② _____

2) (가)의 ㉠에 나타난 유아의 행동을 설명할 수 있는 프로이트(S. Freud)의 정신분석 이론의 ① 단계 명칭을 쓰고, ② 이에 근거하여 ㉠에 나타난 유아의 행동을 설명하시오. [1점]

① _____

② _____

3) (가)의 ㉡에 들어갈 말을 쓰시오. [1점]

4) (나)에서 ① 태영이가 보인 행동을 설명하는 반두라(A. Bandura)의 이론을 쓰고, ② 그 이론에 근거하여 ㉢에 나타난 과정(process)을 모두 설명하시오. [2점]

① _____

② _____

2019학년도 유치원 교육과정 A

05 (가)는 활동 계획안의 일부이고, (나)와 (다)는 안전 교육과 관련된 법령의 일부이다. 물음에 답하시오. [5점]

(가)

활동명	유치원 오고 가는 길
활동 목표	……(생략)……
활동 자료	여러 종류의 신호등 모형, 교통안전 그림 자료

활동 방법	○ 집에서 유치원까지 안전하게 다니는 방법에 대해 이야기 나눈다.
	○ 신호등을 보며 이야기 나눈다.
	○ 신호등의 종류와 의미에 대해 알아본다.
	○ 안전하게 길을 다니는 방법을 알아본다.
	○ 신호등에 따라 횡단보도를 건너는 방법에 대해 이야기 나눈다.
	  - 빨간등이 켜졌을 때
	    • 횡단보도를 건너서는 안 된다.
	……(하략)……

확장 활동	○ ㉠ <u>어린이 교통안전 시설을 이용한 체험 활동</u>을 실시한다.
	  - 보도로 걷기
	  - 횡단 시설 이용하기

(나)

학교보건법 [법률 제18640호, 2021. 12. 28. 일부 개정]

제8조(등교 (㉡)) ① 학교의 장은 제7조에 따른 건강검사의 결과나 의사의 진단 결과 감염병에 감염되었거나 감염된 것으로 의심되거나 감염될 우려가 있는 학생 또는 교직원에 대하여 대통령령으로 정하는 바에 따라 등교를 (㉡)시킬 수 있다.

제9조의2(보건교육 등) ② 「유아교육법」 제2조제2호에 따른 유치원의 장 및 「초·중등교육법」 제2조에 따른 학교의 장은 교육부령으로 정하는 바에 따라 매년 교직원을 대상으로 (㉢) 등 응급처치에 관한 교육을 실시하여야 한다.

(다)

아동복지법 시행령 [대통령령 제32714호, 2022. 6. 21. 일부 개정]

제28조(아동의 안전에 대한 교육) ① 아동복지시설의 장, 「영유아 보육법」에 따른 어린이집의 원장, 「유아교육법」에 따른 유치원의 원장 및 「초·중등교육법」에 따른 학교의 장은 법 제31조제1항에 따라 교육계획을 수립하여 교육을 실시할 때에는 [별표 6]의 교육기준에 따라야 한다.

1) (가)의 ㉠과 관련하여, 다음의 교통안전 표지에서 생략된 ⓐ, ⓑ를 쓰시오. [1점]

ⓐ _____

ⓑ _____

2) (나)의 ① ㉡에 들어갈 말과, 「아동복지법 시행령」 [별표 6]으로 정하는 교육기준 중 감염병 관련 교육의 명칭을 각각 쓰고, ② ㉢에 들어갈 말과, ㉢과 관련하여 「학교보건법 시행규칙」 [2022. 6. 29. 일부 개정]에서 정한 응급처치 교육의 연간 실습 시간을 쓰시오. [2점]

① _____

② _____

3) 다음은 (다)에서 언급한 「아동복지법 시행령」 [별표 6]으로 정하는 교육기준 중 교통안전 교육에 대한 내용이다. ① 실시 주기(총 시간)의 내용 중 <u>잘못된</u> 것을 찾아 바르게 고쳐 쓰고, ② 초등학교 취학 전 단계에 해당하지 <u>않는</u> 교육 내용을 1가지 찾아 쓰시오. [2점]

교육기준(제28조제1항 관련)	
구분	교통안전 교육
실시 주기 (총 시간)	6개월에 1회 이상 (연간 10시간 이상)
교육 내용	초등학교 취학 전	○ 차도, 보도 및 신호등의 의미 알기 ○ 안전한 도로 횡단법 ○ 교통사고와 방지 대책 ○ 날씨와 보행안전 ○ 어른과 손잡고 걷기 ○ 안전한 통학버스 이용법

① _____

② _____

06 다음은 ○○유치원 ○○반 동작 활동의 일부이다. 물음에 답하시오. [5점]

교 사 : 스카프를 흔들어 보자. 스카프로 파도가 치는 모습을 어떻게 표현하면 좋을까?
진 우 : 구불구불 흔들어요.
다 은 : 팔을 앞으로 뻗어 흔들어요.
호 영 : 천천히 흔들어요.
현 정 : 지그재그로 흔들어요.
교 사 : 그러면 회오리바람은 스카프로 어떻게 표현할 수 있을까?
다 은 : 점점 빠르게 흔들어요.
현 정 : 팔을 점점 넓게 벌리면서 흔들어요.
진 우 : 동그랗게 돌려요.
호 영 : 위아래로 흔들어요.
……(중략)……
교 사 : 선생님이 던지는 콩주머니를 손으로 받아 보자. (유아들이 한 명씩 콩주머니를 받는다.) 콩주머니를 위로 던지고 받아 보자.
현 정 : 나는 높이 던질 수 있어요.
호 영 : 나는 잘 받을 수 있어요.
교 사 : 이번에는 ㉠ 콩주머니를 있는 힘껏 멀리 던져 보자.
건 후 : 제가 제일 멀리 던질 거예요.
교 사 : 이번에는 후프 안으로 콩주머니를 차 보자.
진 우 : 콩주머니가 공이 된 것 같아요.
교 사 : 다음에는 후프 앞에서 ㉡ 한쪽 다리를 쭉 내밀며 위로 휙 뛰어서 건너 보자.
유아들 : 네.

[A] 부분: 교사의 첫 발화부터 "위아래로 흔들어요."까지
[B] 부분: "선생님이 던지는 콩주머니를..."부터 마지막까지

……(하략)……

1) [A]에서 동작의 구성요소가 ① 방향인 것과 ② 시간인 것을 각각 2가지씩 찾아 쓰시오. [2점]

　①_____

　②_____

2) [B]에서 언급된 조작 동작의 명칭을 모두 쓰시오. [1점]

3) ① ㉠에 나타나는 기초체력의 명칭과 특징을 각각 쓰고, ② 다음 동작에 대한 설명을 참고로 하여 ㉡ 동작의 명칭을 쓰시오. [2점]

한 다리를 앞으로 뻗으면서 몸을 순간적으로 공중에 띄운 후 바닥에 뛰어내리고, 뒤로 굽혀졌던 다리를 다시 앞으로 가져온다.

　①_____

　②_____

07

(가)는 혼합연령반 유아의 쓰기 행동 특징을 교사가 관찰한 내용이고, (나)는 유아의 단어 의미 발달에 관한 내용이다. 물음에 답하시오. [5점]

(가)

반 이름	○○반	일시	2022년 ○○월 ○○일 ○요일	수업 일수	○○/○○○일
생활 주제	○○	주제	○○○○	소주제	○○○○

㉠ 유아 평가	○ 철수는 "사자가 달려간다 곰가 달려간다"라고 썼다. ○ 다혜는 자기가 잘 알고 있는 '가', '나', '다'와 같이 받침이 없는 몇 개의 낱자를 여러 가지로 조합해서 쓰고 있었다. ○ 규상이는 그림을 그리고 그 아래 알 수 없는 글자 모양을 쓴 후 지혜에게 주면서 "생일 축하한다고 썼어."라고 말한다. ○ 지수는 줄을 맞춰서 쓰려고 하면서 왼쪽에서 오른쪽으로, 그리고 다 쓰고 나서 아래로 내려와서 왼쪽에서 오른쪽으로 쓰기 시작하였다. ○ 동희는 "나는 과자를 먹고 시퍼요"라고 썼다. ○ 민지는 기본 모양을 가지고 한 번도 본 적이 없는 새로운 글자를 만들어 쓰며 글자와 말소리를 관계 지으려고 하며 혼잣말을 했다. ……(하략)……

(나)

유아는 어휘가 양적으로 증가하면서 단어의 의미에 대한 이해능력도 발달한다. (㉡) 어휘 확장은 유아가 알고 있는 단어의 속성에 새로운 속성을 추가하여 그 단어의 의미를 풍부하게 해 준다. 예를 들어, 유아는 개의 여러 가지 속성, 몸집의 크기, 털, 생김새, 촉감, 형태 등을 연결하여 개라는 단어의 의미를 풍부하게 한다. 또한 처음에는 집에서 기르는 애완견만 알다가 기능에 따라 안내견 등이 있음을 알게 되면서 유아는 그 단어의 의미를 확장해 간다. (㉢) 어휘 확장은 유아가 어떤 단어의 속성을 학습하게 되면서 그 단어와 다른 단어와의 관련성을 알게 되어 하나의 범주나 집합체로 이해하게 되는 것을 뜻한다. 이를테면, 개의 속성을 알게 된 유아는 개가 염소, 말, 양과 같은 동물과의 관계를 알면서 동물이라는 집합체로 이해하게 된다.

1) (가)의 ㉠에서 클레이(M. Clay)가 제시한 유아들의 쓰기 학습 원리 중 ① '생성의 원리'를 보여 주는 유아의 예를 1가지 찾아 쓰고, ② 규상이와 민지가 보여 주는 쓰기 학습 원리를 각각 쓰시오. [2점]

① _____

② _____

2) (가)의 ① ㉠에서 문법 규칙의 과잉 일반화의 예를 찾아 쓰고, ② 그 이유를 설명하시오. [2점]

① _____

② _____

3) (나)의 ① ㉡과 ㉢에 들어갈 용어를 각각 쓰고, ② 다음 유아에게서 보이는 어휘 오류의 명칭을 1가지 쓰고, 그 이유를 설명하시오. [1점]

규 상: (사진을 소개하며 주말 지낸 이야기 도중) 이건 엄마랑 고모가 커피를 먹는 모습이고, 이건 제가 아이스크림을 먹는 거예요. 맛있었어요. 다 혜: 저거 아이스크림 아닌데? 숟가락을 들고 어떻게 아이스크림을 먹어? 저건 아이스크림 아니야. 규 상: 아이스크림인데…….

① _____

② _____

08 (가)는 ○○유치원의 이야기짓기 활동의 일부이고, (나)는 교사 저널의 일부이며, (다)는 전래동화에 대한 설명이다. 물음에 답하시오. [5점]

(가)

김 교사 : 오늘은 선생님이 보여 주는 그림을 보고 이야기짓기 활동을 해 보려고 해. 지금 이 그림에는 어떤 사람들이 보이니?
지　민 : 옛날 옷을 입은 사람들이 보여요.
김 교사 : 사람들이 무엇을 하고 있니?
민　수 : 씨름.
김 교사 : 사람들이 씨름을 하고 있구나.
성　호 : ㉠ 아, 지금 씨름 하고 싶다.
소　윤 : '씨름'의 '씨'가 '씨앗'의 '씨'와 같아요.
동　찬 : 지금 이야기짓기 활동을 하니까 조용히 해 줘.
김 교사 : 그림 속의 어느 계절인 것 같니?
지　민 : ㉡ 여름인 것 같아요. 부채를 부치니까.
……(하략)……

(나)

어제 '씨름' 그림을 보고 유아들과 이야기짓기 활동을 하였다. '씨름'이라는 단어가 나오자 소윤이가 '씨앗'의 '씨'와 같다고 하며 글자에 관심을 보였다. 요즘 소윤이는 그림책에 나오는 단어에 관심을 자주 보이고 반복해서 말한다. 그래서 오늘 자유선택활동 언어 영역에 '끝말잇기', '초성이 같은 낱말 찾기', '내 이름으로 삼행시 짓기', '동물 그림 카드 보고 같은 동물 단어 찾기' 활동들을 비치해 놓았더니 소윤이와 민수가 흥미롭게 활동에 참여하였다. 앞으로 좀 더 글자에 관심을 가질 수 있는 활동들을 언어 영역에 준비해 놓아야겠다.

……(하략)……

(다)

전래동화는 (㉢)문학의 한 유형으로, (㉣)(이)나 (㉤), (㉥), 우화 등이 오랜 세월 동안 재화의 과정을 거쳐 유아에게 적합한 작품으로 변화한 것이다. (㉢)문학은 구비문학, 구전문학, 옛이야기 등으로도 불린다. 현실세계에서 있을 법한 실제적인 이야기를 다루는 (㉦)와/과 다르게 전래동화는 특정 시간이나 공간을 제시하지 않는다는 점이 특징이다. (㉦)은/는 현대의 창작동화의 한 유형이며 유아들의 생활경험을 소재로 사실적인 기법을 사용하고 있어 생활동화라고도 한다.

1) (가)에서 스테브(C. Stabb)가 주장하는 5가지 언어 기능 중 ① ㉠과 ㉡에 해당하는 기능의 이름을 쓰고, ② '통제'에 해당하는 예를 찾아 쓰시오. [2점]

　①
　②

2) (가)에서 유아들의 말하기 촉진을 위해 교사가 사용한 언어적 반응 중 '확장'에 해당하는 말을 찾아 쓰고, 그 이유를 쓰시오. [1점]

3) (나)에서 교사가 자유선택활동 언어 영역에 비치한 활동 중 ① '음소' 인식 발달에 가장 적절한 활동 1가지와 ② '음절' 인식 발달에 가장 적절한 활동 2가지를 각각 찾아 쓰시오. [1점]

　①
　②

4) (다)에서 ① ㉢과 ㉦에 해당하는 단어를 각각 쓰고, ② 전래동화의 장르인 ㉣~㉥ 중 아래와 같은 특징을 갖는 것의 명칭을 쓰시오. [1점]

옛날부터 민간에서 전해 내려오는 이야기이다. 주로 구전되며 어떤 공동체의 내력이나 자연물의 유래, 이상한 체험 따위를 소재로 한다.

　①
　②

01

(가)는 유아 평가와 관련된 교사들의 대화이며, (나)는 유아 관찰기록지의 일부이다. 물음에 답하시오. [5점]

(가)

박 교사 : 이번 주에는 관찰 방법 중 평정척도법을 활용해 유아의 사회성 발달을 평가해 보기로 했죠?

김 교사 : 네. 평정척도법을 사용할 때 어떤 점을 유의하면 될까요?

박 교사 : 예전에 제가 평정척도법으로 관찰할 때, 가끔 표시하기 애매한 경우에는 중간 점수에 표시해 버려서 객관적인 결과를 얻기 힘든 적이 있었어요.

한 교사 : 저는 평소 유아에 대한 인상이 평정척도에 반영되는 것 같아요. 친구와 잘 노는 유아라고 생각하는 유아는 어떤 경우에서도 또래 상호작용 점수를 더 후하게 주는 것 같아요.

김 교사 : 그럴 수도 있겠네요.

……(중략)……

서 교사 : 유아를 관찰할 때 신중하게 해야겠어요.

이 교사 : 맞아요. ㉠ 저는 요즘 우리반 유아들의 친사회적 행동을 관찰하고 있는데, 제가 관찰한 것이 정확하게 유아들의 친사회적 행동을 나타내 주는지가 걱정이에요.

……(하략)……

(나)

흥미 영역에 참여하는 유아 놀이 행동 관찰

관찰유아		생년월일	
관찰날짜		관찰시간	
관 찰 자			

기록방법 : 유아가 30초 동안 어떤 영역에서 놀이하는지를 관찰하여 10초 동안 적절한 칸에 표시한다.

횟수	역할	쌓기	언어	수조작	과학	미술	음률	기타
1								
2								
3								
4								
계								

1) (가)의 ① 박 교사와 ② 한 교사의 말에서 각각 나타난 평정자 오류의 명칭을 쓰고 그 이유를 설명하시오. [2점]

① _____
② _____

2) 다음의 ① ⓐ와 ⓑ에 들어갈 용어를 각각 쓰고, ② 박 교사와 한 교사가 ⓐ와 ⓑ를 확인해 볼 수 있는 방법을 각각 1가지씩 쓰시오. [1점]

(ⓐ) : 같은 상황을 두 명 이상의 평정자가 독립적으로 평정했을 때 일관된 결과가 나오는 평정의 일관성

(ⓑ) : 한 평정자가 같은 상황을 두 번 이상 평정했을 때 일관된 결과가 나오는 평정의 일관성

① _____
② _____

3) (가)의 ㉠을 근거로 다음의 ( ) 안에 공통으로 들어갈 말을 쓰시오. [1점]

○ 관찰의 ( )은/는 관찰하고자 한 것을 어느 정도 충실하게 관찰했느냐의 문제로, 기록한 것이 실제로 발생한 행동을 얼마나 잘 대표하느냐에 달려 있다.

○ ( )의 유형에는 평정한 결과가 다른 외적인 준거와 상관이 있는지, 관심의 대상이 되는 행동을 적절하게 표집하고 대표하는지, 초기의 평정 자료가 미래의 행동 준거와 연관되며 예측 가능한지 등이 있다.

4) (나)는 흥미 영역에 참여하는 유아 놀이 행동 관찰기록지의 일부이다. 이에 해당하는 ① 관찰기록 방법의 명칭을 쓰고, ② 일화기록법과 비교하여 기록 방식 측면에서의 장점을 1가지 쓰시오. [1점]

① _____
② _____

02 (가)는 기노트(H. Ginott)의 부모교육 프로그램에 대한 설명이고, (나)는 서하 어머니와 김 교사의 대화이다. 물음에 답하시오. [5점]

(가)

> ㉠ 부모가 자녀의 입장에서 생각하고 느끼도록 하여 자녀를 이해하도록 돕는다.
> ㉡ 부모가 자녀와의 관계에서 생긴 문제를 해결하기 위해 모색한 양육 기술을 실생활에 적용해 보도록 한다.
> ㉢ 부모가 왜 자신의 양육 방식이 실패했는지 평가해 보고, 보다 나은 부모 역할이 무엇인지에 대해 알도록 한다.
> ㉣ 부모가 자녀를 양육할 때 겪었던 어려움과 좌절 경험을 말하도록 한다.

(나)

김 교사 : 지금까지 참여하신 부모교육이 도움이 되셨나요?
어머니 : 아이 입장에서 생각하면서 아이의 감정을 이해하게 됐어요.
김 교사 : 그러셨군요.
어머니 : 좋은 부모가 되려면 대화할 때 아이의 말을 적극적으로 경청해야 한다는 걸 알았어요. [A]
김 교사 : 프로그램이 도움이 되는 것 같아 기쁘네요.
어머니 : 다른 부모들과 아이를 키울 때 겪었던 고충을 나눈 점이 도움이 됐어요.
김 교사 : 다행이에요.
어머니 : 이제부터는 프로그램에서 배웠던 양육 기술을 실행해 보려고 해요.
……(중략)……
어머니 : 예전에 ㉤ 서하가 던진 장난감에 동생이 맞을 뻔했어요.
김 교사 : 정말 놀라셨겠어요.
어머니 : 장난감은 던지는 게 아니라 갖고 노는 거니까 던져서는 안 된다고 했어요.
김 교사 : 서하는 잘 받아들였나요?
어머니 : 네. 서하가 "저번에 내가 던진 장난감이 부서져서 갖고 놀 수 없었어."라고 하더군요. [B] 그러면서 이젠 안 던진다기에 왜 동생에게 장난감을 던졌는지 물어봤어요.
김 교사 : 서하가 뭐라고 대답하던가요?
어머니 : "동생이 장난감을 뺏어가서 속상했어."라고 말하기에, "속상한 마음을 몰라줘서 미안해."라며 안아 줬어요.
……(하략)……

1) (가)의 ① ㉠~㉣을 프로그램의 순서대로 나열하고, ② ㉡ 단계와 ㉢ 단계의 명칭을 각각 쓰고, ③ ㉣ 단계에 해당하는 가장 적절한 예를 [A]에서 1가지 찾아 쓰시오. [3점]

①
②
③

2) [B]에서 기노트(H. Ginott)의 부모교육 이론에 근거하여, 행동의 한계 설정에 해당하는 가장 적절한 예를 1가지 찾아 쓰시오. [1점]

3) [B]에서 드라이커스(R. Dreikurs)의 부모교육 이론에 근거하여, ① 자연적 귀결에 해당하는 가장 적절한 예를 1가지 찾아 쓰고, ② 그 이유를 쓰시오. [1점]

①
②

2019학년도 유치원 교육과정 B

03 (가)는 만 5세반 교사와 원감의 대화 중 일부이며, (나)는 가정통신문의 일부이다. 물음에 답하시오. [5점]

(가)

교사 : 이번에 엄마가 외국인인 수지가 우리 반에 왔어요. 수지가 아주 낯설어하고 잘 적응하지 못하는 것 같아서 신경이 쓰여요. 수지가 다른 유아들과 잘 어울리도록 도와줄 방법이 없을까요?

원감 : 협동학습의 기회를 자주 가지는 게 어떨까요? 가령 모둠에서 자신의 역할을 수행하면서 공동으로 미술 작품을 완성한다면 수지가 성취감을 느끼면서 쉽게 어울릴 수 있을 거예요.

교사 : 네.

원감 : 그리고 다문화 가정의 유아는 (㉠) 형성에 어려움을 겪을 수 있으니 다양한 형태의 활동을 전개하는 것이 좋겠어요.

교사 : 개개인 모두 소중한 존재이고 특별한 능력이 있음을 유아들 모두가 깨달을 수 있도록 도와주어야 할 것 같아요.

원감 : 그렇죠. 수지의 경우에는 엄마와 아빠 두 나라의 문화에 자부심을 느끼는 데 중점을 두는 게 좋겠어요.

교사 : 네. 알겠습니다.

원감 : ㉡ 다음 달에 열릴 바자회에서 여러 나라 음식을 체험하면서 문화의 유사점과 차이점을 살펴볼 수 있겠네요.

교사 : 이번 바자회에 수지 어머니도 꼭 오시도록 말씀드릴게요.

원감 : 그러세요. 요즘 급속한 사회변화에 따라 가족의 유형이 바뀌면서 우리 원에도 다문화 가정의 유아가 늘고 있어요. 앞으로 여러 문화의 의미와 특성을 파악하는 활동을 늘려야겠어요.

교사 : 우리 동네의 △△다문화박물관을 방문하는 ㉢ 현장학습도 시행하면 좋겠어요.

……(하략)……

(나)

가정통신문

안녕하세요. 2학기의 가장 큰 행사인 바자회를 다음 달 마지막 주에 열고자 합니다. 이번 바자회에는 여러 나라의 음식을 즐기는 시간이 있습니다. 다문화 가정의 학부모들께서 자국의 전통 음식을 직접 만들어 오실 예정입니다. 바자회의 첫 부분에는 ○○나라에서 오신 어머니가 ㉣ ○○나라의 역사와 전통문화를 소개하는 시간을 가질 것입니다. 그리고 바자회의 끝부분에는 ㉤ △△다문화박물관의 관장님을 모시고 '다문화사회와 시민교육'이라는 주제로 강연회를 개최하려고 합니다.

……(하략)……

1) 다음은 (가)의 ㉠에 대한 설명이다. ㉠에 들어갈 말을 쓰시오. [1점]

○ 환경이나 상황이 변해도 자신이 일관되게 유지되는 존재임을 깨닫는 것

2) 다문화 교육의 개념 요소 중 (가)의 ㉡과 (나)의 ㉣에 공통으로 나타나는 것을 1가지 쓰시오. [1점]

3) 다음은 (가)의 ㉢에 대한 내용이다. ⓐ와 ⓑ에 해당하는 말을 각각 쓰시오. [1점]

○ 필요시 현장학습 장소에 협조 공문을 발송한다.
○ 현장학습 전 장소를 (ⓐ)하고 안전사항을 점검한다.
○ 학습 목표를 명확히 설정한다.
○ 사전 활동과 본 활동, 사후 활동을 연계한다.
○ 부모에게 현장학습에 대한 가정통신문을 보내고 (ⓑ)을/를 받는다.

ⓐ _____
ⓑ _____

4) (나)의 ㉤에 해당하는 지역사회 연계 활동의 명칭을 쓰시오. [1점]

5) 다음은 (가), (나)와 연관된 2019 개정 유치원 교육과정 '사회관계' 영역의 내용이다. ⓐ와 ⓑ에 해당하는 말을 각각 쓰시오. [1점]

○ 나를 알고 (ⓐ) 여긴다.
○ 다양한 (ⓑ)에 관심을 가진다.

ⓐ _____
ⓑ _____

04 (가)는 유아들의 쌓기놀이 상황이고, (나)는 유아들의 역할놀이 상황이다. 물음에 답하시오. [5점]

(가)

(쌓기놀이 영역에서 진수와 호영이가 단위 블록을 가지고 놀고 있다.)
진수 : (단위 블록을 돌리면서 자동차 운전사 흉내를 내고 있다.) 웅…… 웅. 쉬…… 윙.
호영 : (진수를 잠시 쳐다보더니 단위 블록을 한 개 들어 올리며 혼잣말로) 비행기 출발!

(나)

지호 : 여기는 초록 주유소야.
창민 : (단위 블록과 큰 공간 블록으로 만들어 놓은 주유대를 가리키면서) 여기에 기름이 들어 있는 거야.
민수 : 내가 손님 할게.
창민 : 나도 손님 할게. 지호야, 그럼 너는 주인 하면 되겠다. (운전하는 흉내를 내면서 주유대 앞에 멈춰 서자)
지호 : 어서 오세요! 기름을 얼마나 넣을까요?
창민 : 가득 넣어 주세요.
민수 : 차가 많아서 기다려야겠네요.
지호 : 손님, 여기서 차 마시면서 기다리세요. (지호는 모형 냉장고의 문을 열더니 그 안에 있는 과일 모형을 꺼내어 탁자 위에 올려놓으면서) 과일도 드세요.
민수 : 고맙습니다.
지호 : (주유대로 다시 가서) 다 넣었습니다.
창민 : 얼마예요?
지호 : 5천 원입니다.
……(중략)……
민수 : 기름 넣는 것만 계속하니까 재미없다. 우리 세차장도 만들자. 지난번 아빠 차 타고 주유소에 갔는데, 세차하는 곳도 있었어. 자동차가 혼자서 막 움직여. 엄청 신기해. [A]
지호 : 나도 알아. 차 밖에서 깨끗하게 닦아 줘.
창민 : (엄지손가락을 치켜세우면서) 좋아! 세차장 만들자. 자동 세차장 만들면 진짜 신나겠다.
……(하략)……

1) 루빈(K. Rubin)의 사회인지 놀이 범주에 근거하여, ① (가)에서 나타난 호영이의 놀이 유형 1가지와 ② 그 놀이 유형이 갖는 특징을 쓰고, ③ (나)에서 나타난 유아들의 놀이 유형 1가지를 쓰시오. [3점]

① _____
② _____
③ _____

2) ① 놀잇감의 구조성 개념에 대해 설명하고, ② (나)의 놀이에서 사용된 놀잇감 중 구조성이 낮은 놀잇감 1가지를 찾아 쓰시오. [1점]

① _____
② _____

3) [A]의 놀이 상황은 현대놀이이론인 '각성조절이론'으로 설명이 가능하다. 각성조절이론의 특징을 [A]의 사례에 비추어 설명하시오. [1점]

05

(가)는 유아들이 산책 활동 후 미술 영역에서 활동한 내용이며, (나)는 유아가 만든 모빌로 감상 활동을 하는 상황이다. 물음에 답하시오. [5점]

(가)

> 유아들은 산책 활동 후 여러 가지 미술 활동을 하였다. 지우는 크레파스를 이용하여 ㉠ 도화지에 땅을 구분하여 그리고, ㉡ 나무와 꽃에 웃는 모습의 얼굴 표정을 그렸다. ㉢ 나무와 꽃 그림 주변에는 털실과 나뭇가지, 열매, 사진 등을 붙여 해, 구름을 꾸몄다. 희주는 ㉣ 물과 기름의 반발성을 이용하여 표현된 종이를 나뭇잎 모양으로 오려 모빌을 만들었다.

(나)

> (희주가 만든 모빌을 활용하여 유아들이 감상 활동을 하고 있다.)
> 김 교사 : 두 가지 이상의 색이 섞여 있는 부분은 어디니?
> 지　우 : 여긴 초록색과 빨간색이 섞여 있어요.
> 근　우 : 이쪽은 빨간색과 노란색이 섞여 있어요.
> 김 교사 : 이 모빌을 보니 어떤 느낌이 드니?
> 지　우 : 여러 가지 나뭇잎이 매달려 있는 것 같아요.
> 희　주 : 여러 가지 색이 보여요.
> ……(중략)……
> 김 교사 : 이 모빌을 걸어 놓는다면 어디에 두고 싶니?
> 지　우 : 복도에요.
> 김 교사 : 이 모빌에 어떤 제목을 붙이겠니?
> 지　우 : 나뭇잎의 춤이요.
> 희　주 : 알록달록한 나무요.
> 김 교사 : 왜 그런 제목을 붙이고 싶니?
> 지　우 : 모빌이 돌아가면서 흔들리는 게 재미있어서요.
> 희　주 : 전 여러 색의 나뭇잎이 춤을 추고 있는 것 같아서요.
> ……(하략)……

1) 다음은 (가)의 지우가 그린 그림이다. ① ㉠과 ② ㉡에서 보이는 유아 미술 표현 방식의 명칭과 이유를 각각 쓰시오. [2점]

① _____
② _____

2) (가)의 ㉢과 ㉣에 해당되는 미술 기법의 명칭을 각각 쓰시오. [1점]

㉢ _____
㉣ _____

3) 다음은 (나)의 김 교사가 앤더슨(T. Anderson)의 미술 감상 단계에 기초하여 감상 활동을 수행한 것을 요약한 내용이다. ① ⓐ와 ⓑ에 들어갈 말과, ② ⓒ와 ⓓ에 들어갈 말을 쓰시오. [1점]

단계	(나)의 교사 발문
반응·인상	ⓐ
서술·묘사	ⓑ
ⓒ	ⓓ
(생략)	이 모빌을 걸어 놓는다면 어디에 두고 싶니?

① _____
② _____

4) 다음은 유아가 점토로 만든 자신의 모습이다. 골롬브(C. Golomb)의 입체표현 발달 단계 중 분화기에서 주로 보이는 인물 표현 형태의 명칭을 쓰시오. [1점]

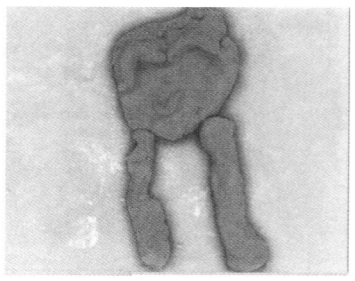

06

(가)는 음악 활동 계획안이고, (나)는 '씨앗' 노래의 악보이다. 물음에 답하시오. [5점]

(가)

활동명	㉠ '씨앗' 노래에 맞춰 악기 연주하기
활동 목표	……(생략)……
활동 자료	그림악보, ㉡ 마라카스, 우드 블럭, 트라이앵글
활동 방법	○ 연주에 사용할 악기를 탐색한다. ○ 그림악보를 보며 연주 방법에 대해 이야기 나눈다. ○ 그림악보를 보며 신체를 이용하여 연주한다. ○ 어떤 악기를 연주할지 정한다. ○ 그림악보를 보며 악기로 연주한다. ○ (㉢)에 변화를 주어 연주한다. ○ (㉣)에 변화를 주어 연주한다. ○ 악기를 바꾸어 연주한다. ○ 악기를 연주한 경험에 대해 이야기 나눈다.
연계 활동	○ '봄이 오면' 동시 짓기 ○ '새싹' 그림 그리기 ○ 꽃씨 심어 성장 과정 관찰하기 [A] ○ '봄의 노래' 감상하기 ○ (㉤)

(나)

1) 다음은 음악 교육의 통합적 접근에 대한 설명이다. [A]에서 ㉠과 통합될 수 있는 활동을 ① ⓐ와 ⓑ 측면에서 1가지씩 찾아 쓰고, ② ⓒ에 해당하는 ㉤을 계획하시오. [1점]

> 음악 활동은 ⓐ 음악 영역 내에서의 통합, ⓑ 다른 예술 영역과의 통합, ⓒ 다른 교과(학문) 영역과의 통합으로 경험하도록 한다.

① _____
② _____

2) 다음은 (가)의 ㉡에 제시된 악기들의 공통점이다. 틀린 것 1가지를 찾아 그 이유를 쓰시오. [1점]

> ○ 유아의 발달에 적합한 악기이다.
> ○ 고유의 음색을 가지고 있다.
> ○ 가락 패턴을 연주할 수 있다.
> ○ 두드리거나 흔들면서 소리를 만들 수 있다.

3) 다음은 (가)의 ㉢과 ㉣에 변화를 주어 연주한 내용이다. ㉢과 ㉣에 가장 적절한 음악적 요소 1가지를 각각 쓰시오. [2점]

	변화 전	→	변화 후
㉢	♩ ♩ ♩ ♩		♫ ♪ ♫ ♪
㉣	처음부터 끝까지 동일한 크기로 연주		○ '하룻밤, 이틀밤, 쉿쉿 쉿' 부분 '작게' 연주 ○ '싹이 났어요' 부분 '크게' 연주

㉢ _____
㉣ _____

4) 다음은 (나)에 제시된 노래의 특징이다. 틀린 것 1가지를 찾아 바르게 고쳐 쓰시오. [1점]

> ○ 음역은 도~솔로 유아에게 적절하다.
> ○ 한도막 형식을 변형한 곡이다.
> ○ 가장 긴 음은 세 번 나온다.
> ○ 4박자에 맞춰 손뼉치기를 할 수 있다.
> ○ 다장조의 노래이다.

07

(가)는 유아들이 수학 영역에서 활동하는 장면이며, (나)는 만 5세반 교사들의 대화이다. 물음에 답하시오. [5점]

(가)

```
(모양 조각을 이용하여 다양한 모양을 만드는 활동을 하고 있다.)
연희: 세모는 산처럼 생겨서 세모라고 해. 난 세모가
      제일 좋아.
우진: 세모는 뾰족한 곳이 세 개, 평평한 곳이 세 개,
      이름도 세모야.                                    [A]
연희: 세모는 산처럼 생겼는데…….
우진: 네모는 뾰족한 곳이 네 개, 평평한 곳이 네 개,
      이름도 네모야.
              ……(중략)……
승우: 집을 만들려면 네모가 있어야 하는데, 네모가
      하나도 없어.
은영: 여기 동그라미랑 세모는 있는데…….
영채: 동그라미랑 세모는 몇 개씩 있어?                  [B]
승우: 네모가 없어서 집을 못 만들겠어.
영채: 만들 수 있어. 자, 봐. 세모 2개를 가지고 이쪽
      과 저쪽으로 방향을 돌리니까 네모가 됐지?
              ……(하략)……
```

(나)

```
이 교사: 유아들이 쌓기 영역에서 놀이하는 것을 좋아해
         요. 수학 활동으로 좀 더 확장해 보고 싶은데, 어
         떤 활동이 있을까요?
최 교사: 저는 ㉠ 블록의 모양에 따라 분류하기 활동을 주
         로 계획해요. 그리고 작은 원기둥을 쌓아서 하나
         의 커다란 원기둥 만들기 활동도 자주 해요.
민 교사: ㉡ 유아들이 만든 입체 구성물을 옆에서 봤을 때
         와 위에서 봤을 때 어떻게 보이는지를 살펴보는
         활동도 의미 있어요.
이 교사: 그 활동을 하고 난 후 ㉢ 위에서 본 모습을 그림
         으로 그려 보는 것은 어떨까요?
최 교사: 좋아요. ㉣ 그 구성물을 어떤 방법으로 만들었는
         지 친구들과 이야기하는 것도 도움이 될 것 같아
         요.
              ……(하략)……
```

1) [A]에서 반힐레(P. van Hiele)의 이론에 근거하여 ① 연희의 기하 도형에 대한 이해 수준과 그 근거를 [A]에서 각각 찾아 쓰고, ② 우진이의 기하 도형에 대한 이해 수준과 그 근거를 [A]에서 각각 찾아 쓰시오. [1점]

①
②

2) [B]에서 '유아기의 목표가 되는 공간 능력' 2가지 중 영채에게 보이는 공간 능력의 명칭을 쓰고, 그 이유를 사례를 근거로 쓰시오. [1점]

3) ㉠에서 나타나는 지식의 유형을 1가지 쓰고 개념을 설명하시오. [1점]

4) (나)의 ㉡ 활동의 근거가 되는 2019 개정 유치원 교육과정의 '자연탐구' 영역 생활 속에서 탐구하기 내용 범주의 '내용' 1가지를 쓰시오. [1점]

5) (나)의 ㉢, ㉣ 활동을 통하여 유아가 학습할 수 있는 수학적 과정 기술(mathematical process skill)을 각각 1가지씩 쓰시오. [1점]

08

(가)와 (나)는 유아들의 놀이 상황이고, (다)는 교사들의 대화이다. 물음에 답하시오. [5점]

(가)

> (은희, 찬영, 재경이가 실외 놀이터에서 컵에 물을 옮겨 담으며 이야기하고 있다.)
> 은희 : 내가 주스 파는 사람 할게. 주스 사세요.
> (은희는 길쭉한 컵 속에 담긴 물을 넓적한 컵에 옮겨 담는다.)
> 찬영 : 어? 물이 적어졌다.
> 은희 : 아니야. 그대로야. 내가 보여 줄게.
> (은희는 넓적한 컵에 있는 물을 길쭉한 컵에 다시 옮겨 담는다.)
> 재경 : 신기하다. 물이 다시 많아졌어.

(나)

> (유아들이 평평한 바닥에 앉아 동일한 출발선에서 ㉠ 자동차 시합을 하고 있다.)
> 다현 : 여기 똑같은 자동차가 2개 있네. 이 자동차로 시합하자.
> 선호 : 내 것은 물건을 나르는 자동차야. 물건을 많이 실을 거야. (자동차 위에 블록을 가득 싣는다.)
> 상진 : 나는 물건을 안 실을 거야.
> 연주 : 내가 자동차를 똑같은 힘으로 밀어 줄게. 어느 자동차가 더 멀리 갈까?
> 선호 : 내 차가 더 멀리 가, 무거우니까.
> 상진 : 아니야, 내 차가 더 멀리 가, 가벼우니까.

(다)

> 김 교사 : 요즘 추워져서 바깥놀이를 하기가 힘들어요. 그래서 오늘은 리본 막대를 가지고 신체활동을 했어요.
> 오 교사 : 저는 옛날 도구와 오늘날 사용하는 도구를 비교해 보는 활동을 했어요.
> 박 교사 : 저는 교실에 있는 도구를 조사해 보는 활동을 했어요. 그리고 가위와 같이 조심해서 사용해야 하는 도구의 사용법에 대해 이야기 나누었어요.
> 오 교사 : 저는 내일은 로봇을 가지고 활동하면서 로봇과 같은 새로운 기계의 편리함과 단점에 대해 이야기를 나누려고 해요.

1) (가)는 피아제(J. Piaget)의 이론에 기초할 때 전조작기 유아들의 사고 특성을 보여 주는 대화의 예이다. ① 상징적 사고의 특성을 보이는 유아의 말을 (가)에서 찾아 쓰고, ② (가)의 유아들이 이해하지 못하는 보존개념의 원리 3가지를 쓰고, 유아들의 대화에 근거하여 각각의 이유를 쓰시오. [2점]

① _____

② _____

2) (나)에 나타난 ① 유아의 오개념을 찾아 쓰고, ② 조작변인 1가지와 통제변인 3가지를 찾아 쓰시오. [2점]

① _____

② _____

3) (다)와 관련한 2019 개정 유치원 교육과정 '자연탐구' 영역 과학적 탐구하기 내용 범주의 '내용'을 쓰시오. [1점]

2019학년도 추시 유치원 교직논술

문제

다음은 초임 교사인 민 교사와 경력 교사인 최 교사가 나눈 대화 내용의 일부이다. 1) 유치원의 안전사고 예방 및 대처와 관련한 민 교사의 적절하지 <u>못한</u> 행동 3가지를 찾아 그것을 바람직한 방향으로 각각 수정하여 쓰고, 적절하지 <u>못하다</u>고 생각하는 이유를 각각 논하시오. 2) 대화에서 부모 면담 관련 멘토링 중, 최 교사가 민 교사에게 제공한 정서적 지원 3가지를 찾아 그것이 민 교사에게 미치는 긍정적 기대 효과를 각각 논하고, 전문적 지원 3가지를 찾아 그것이 민 교사에게 미치는 긍정적 기대 효과를 각각 논하시오. 3) 이 멘토링을 통해 두 교사에게 공통적으로 증진될 수 있는 교사 역량 3가지를 쓰고, 그 역량 개발의 필요성을 대화 내용에 근거하여 각각 논하시오. [총 20점]

최 교사 : 동수 어머님께서 무척 화가 나셨다는데 무슨 일이 있었나요?

민 교사 : 어제 동수가 유치원에서 얼굴에 작은 상처가 났었는데 그것을 하원할 때에서야 발견했어요. 그래서 동수 얼굴에 난 상처에 급한 대로 유치원에 있는 연고를 발라 주었거든요.

최 교사 : 그런 일이 있었네요.

민 교사 : 어제 동수가 울지도 않고 아프지도 않다고 해서 부모님께 알리지 않고 그냥 귀가시켰어요. 제가 동수에게 무관심하다고 생각하시는 것 같아요. 부모 면담을 해야겠는데 제가 초임이라 부모님과의 면담이 아직 어려워요.

최 교사 : 처음엔 누구나 다 어렵기 마련이지요.

민 교사 : 최 선생님께서 그렇게 말씀해 주시니 위로가 됩니다. 부모 면담은 어떻게 하면 좋을까요?

최 교사 : 부모 면담을 잘하실 수 있도록 제가 적극 도와 드릴 테니 너무 걱정하지 말고 용기를 내서 해 보세요. 마침 이번 달이 정기 부모 면담 기간이라 오늘 오후에 우리 반 부모님들과 개인 면담 계획이 있어요. 그러니 우리 반에 오셔서 제가 하는 부모 면담을 참관해 보세요. 오늘 면담하실 어머께는 제가 동의를 구할게요.

민 교사 : 그래 주신다면 면담 절차와 부모님을 대하는 방법을 배워 면담을 자신 있게 할 수 있을 것 같아요.

최 교사 : 민 선생님께서 부모 면담을 참관하신다고 하니 제가 더 열심히 준비해야겠네요. 그리고 다음 주 우리 유치원에서 부모 면담 워크숍이 있으니 그때 여러 가지 부모 면담 기술을 배워 보시면 어떻겠어요? 실습도 한다던데요.

민 교사 : 저도 워크숍에 참가해서 부모 면담 실습을 해 보고 싶어요.

최 교사 : 민 선생님은 무엇이든지 열심히 하시네요. 민 선생님과 이야기를 나누다 보니 저도 부모 면담에 대해 더 많이 생각하게 되어 제 능력도 향상되는 것 같아요. 이번 기회에 우리 유치원 교사들 간 협력을 도모하면서 부모 면담 기술도 향상시킬 수 있는 교사 연구회를 만들려고 해요.

민 교사 : 그렇게 칭찬해 주시니 감사합니다. 교사 연구회에 저도 참여하고 싶은 의욕이 생기네요. 교사 연구회에서는 부모 면담에 관한 정보를 교류하면서 많은 지식을 얻을 수 있을 것 같아요.

답안 작성 시 유의사항

- 주어진 답안지 면수(2매 이내)에 맞게 서술하시오.

- 글의 체계를 논리적으로 짜임새 있게 구성하시오.

- 글의 명료성, 타당성, 일관성을 고려하여 서술하시오.

배점

- **논술의 내용 [총 15점]**
  - 안전사고 관련 적절하지 못한 행동의 수정(3점), 그 이유(3점) [6점]
  - 정서적 지원의 기대 효과(3점)와 전문적 지원의 기대 효과(3점) [6점]
  - 교사 역량과 그 개발의 필요성 [3점]

- **논술의 체계 [총 5점]**
  - 글의 논리적 체계성 [3점]
  - 맞춤법 및 어휘·문장의 적절성 [2점]

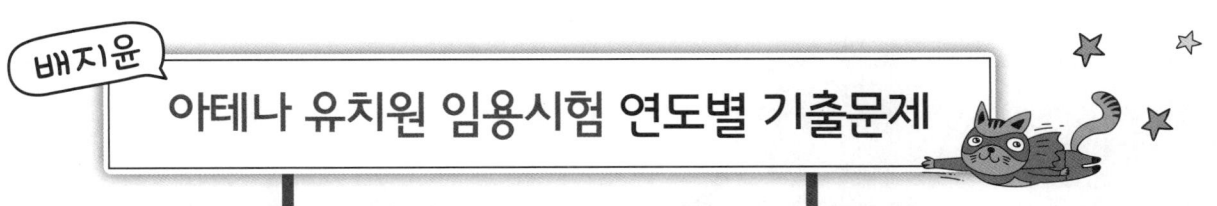

초안지

01

(가)는 1989년에 유엔에서 채택되고 1991년에 우리나라에서 발효된 「아동의 권리에 관한 협약」의 일부이고, (나)는 1988년에 개정된 '대한민국 어린이 헌장'의 일부이다. 물음에 답하시오. [5점]

(가)

……(상략)……
제2조
1. 당사국은 자국의 관할권 안에서 아동 또는 그의 부모나 후견인의 인종, 피부색, 성별, 언어, 종교, 정치적 또는 기타의 의견, 민족적, 인종적 또는 사회적 출신, ……(중략)…… 출생 또는 기타의 신분에 관계없이 그리고 어떠한 종류의 (㉠)을/를 함이 없이 이 협약에 규정된 권리를 존중하고, 각 아동에게 보장하여야 한다.
……(중략)……
제27조
1. 당사국은 모든 아동이 신체적·지적·정신적·도덕적 및 사회적 (㉡)에 적합한 생활수준을 누릴 권리를 가짐을 인정한다.
2. 부모 또는 기타 아동에 대하여 책임이 있는 자는 능력과 재산의 범위 안에서 아동 (㉡)에 필요한 생활 여건을 확보할 일차적 책임을 진다.
……(중략)……
제28조
1. 당사국은 아동의 (㉢)에 대한 권리를 인정하며, 점진적으로 그리고 기회 균등의 기초 위에서 이 권리를 달성하기 위하여 특히 다음의 조치를 취하여야 한다.
……(하략)……

(나)

대한민국 어린이 헌장은 어린이날의 참뜻을 바탕으로 하여, 모든 어린이가 (㉠) 없이 인간으로서의 존엄성을 지니고, 나라의 앞날을 이어나갈 새사람으로 존중되며, 바르고 아름답고 씩씩하게 자라도록 함을 길잡이로 삼는다.
……(중략)……
3. 어린이는 좋은 (㉢) 시설에서 개인의 능력과 소질에 따라 (㉢)을/를 받아야 한다.
……(중략)……
6. 어린이는 예절과 질서를 지키며, 한겨레로서 서로 돕고, 스스로를 이기며 책임을 다하는 (㉣)(으)로 자라야 한다.
……(하략)……

1) ① (가)와 (나)의 ㉠과 ㉢에 들어갈 말을 순서대로 각각 쓰고, ② 다음 ⓐ, ⓑ, ⓒ에 들어갈 말을 순서대로 쓰시오. [2점]

제12조
1. 당사국은 자신의 (ⓐ)을/를 형성할 능력을 갖춘 아동에게는 본인에게 영향을 미치는 모든 문제에 대해 자유롭게 (ⓐ)을/를 표현할 권리를 보장하고, 아동의 나이와 성숙도에 따라 그 (ⓐ)에 적절한 비중을 부여해야 한다.
……(중략)……
제13조
1. 아동은 (ⓑ)할 권리를 가진다. 이 권리는 말이나 글, (ⓒ) 형태 또는 아동이 선택하는 다양한 매체를 통해 국경과 관계없이 모든 정보와 사상을 요청하며 주고받을 수 있는 자유를 포함한다.
……(중략)……
제31조
1. 당사국은 휴식과 여가를 즐기고, 자신의 나이에 맞는 놀이와 오락활동에 참여하며, 문화생활과 (ⓒ)활동에 자유롭게 참여할 수 있는 아동의 권리를 인정한다.
2. 당사국은 문화적·예술적 활동에 마음껏 참여할 수 있는 아동의 권리를 존중하고 증진하며, 문화, (ⓒ), 오락 및 여가활동을 위해 적절하고 균등한 기회 제공을 촉진해야 한다.

① _____
② _____

2) (가)의 ㉡과 (나)의 ㉣에 들어갈 말을 2019 개정 유치원 교육과정 총론에 제시된 '목적'에서 각각 찾아 쓰시오. [2점]

㉡ _____
㉣ _____

3) 다음은 「아동의 권리에 관한 협약」의 이행과 관련된 내용이다. 괄호 안의 ⓐ에 들어갈 말을 쓰시오. [1점]

아동권리의 모니터링은 아동의 권리가 제대로 보장되고 있는지를 지속적으로 조사하고 감시하며, 그 결과를 반영하여 궁극적으로 아동의 권리가 신장되도록 하는 행위이다. 이는 국제적 수준뿐 아니라 (ⓐ) 또는 지방자치단체나 공공단체, 민간단체까지 다양한 수준에서 행해질 수 있다.

02

(가)는 유아교육에 영향을 미친 현대 교육 이론과 관련된 내용이며, (나)는 부모교육 이론과 관련된 내용이다. 물음에 답하시오. [5점]

(가)

○ 가드너(H. Gardner)의 다중지능이론을 적용하는 교사는 개별 유아의 (㉠)을/를 발견하여 흥미와 적성에 맞는 교육을 실행한다. 이로써 모든 유아가 성공을 경험하고 자신이 선호하는 영역을 지속적으로 추구할 수 있도록 (㉠) 지능을 전략적으로 활용한다.

○ 캐츠(L. Katz)와 차드(S. Chard)의 (㉡) 접근법은 특정 주제에 대한 심층적인 조사를 강조하는 교수·학습 방법이다. (㉡) 접근법은 ㉢ 주제 선정 시 유아의 흥미, 관심, 욕구뿐 아니라 교사의 교육적 판단도 중시하므로, 유아의 자발적 참여와 교사에 의한 체계적인 교수가 통합된 것으로 평가받는다.

○ 말라구치(L. Malaguzzi)가 체계화한 유아교육 접근법에서는 유아의 활동 과정과 작품을 모두 자료로 남기는 (㉣)을/를 강조한다. (㉣)은/는 교사에게는 탐구 과정을 통한 전문성 함양, 유아에게는 자신의 표상 활동과 사회적 상호작용에 대한 재평가, 부모 및 지역사회에게는 (㉤).

(나)

고든(T. Gordon)은 다양한 발달 및 임상 심리 이론을 종합하여 부모의 의사소통 기술 증진을 위한 부모 효율성 훈련 프로그램을 개발하였고, 문제 소유자에 따른 ㉥ 의사소통 기술들을 제시하였다. 이후 이 프로그램을 기초로 교사 효율성 훈련 프로그램을 개발하였다.

1) ① (가)의 ㉠에 들어갈 말을 쓰고, ② 다음 상황에서 ㉠을 활용하여 지도하는 방법 2가지에 대해 쓰시오. [1점]

예린이는 바깥놀이 시간을 제일 좋아한다. 친구들과 뛰어노는 것을 제일 즐거워한다. 예린이는 체육활동은 뭐든지 잘하고 친구의 감정도 공감을 잘 해 주어 친구들에게 인기가 많다. 반면 미술 활동이나 언어 활동은 관심이 없다. 색에 대해 흥미가 없고 한글 낱자를 읽거나 쓰지 못한다.

①
②

2) ① ㉡에 들어갈 말과, ② ㉢의 주제 선정 방법에 대해 쓰시오. [1점]

①
②

3) ① ㉣에 들어갈 말과, ② ㉤에 들어갈 ㉣의 가치를 쓰시오. [1점]

①
②

4) ① (나)의 ㉥의 유형 3가지를 쓰고, ② 다음의 상황에서 서 교사는 ㉥ 중 하나를 적용하여 윤상이에게 말하고자 한다. 해당하는 의사소통 기술의 구성요소 3가지가 드러나도록 괄호 안의 ⓐ에 들어갈 문장을 쓰시오. [2점]

정리정돈과 화장실 다녀오기를 끝낸 유아들이 대집단 활동을 위해 모였다. 모인 유아들을 확인한 서 교사는 윤상이가 없는 것을 확인하고 걱정이 되었다. 서 교사는 먼저 교실을 둘러보았으나 윤상이가 보이지 않자 당황하여 화장실로 갔고, 세면대에서 물장난을 치고 있는 윤상이를 보았다. 서 교사가 윤상이에게 다가가자 윤상이는 웃으면서 "선생님, 이거 완전 재미있어요!"라고 소리쳤다. 윤상이를 보며 서 교사는 "(ⓐ)"라고 말하였다.

①
②

03

(가)는 ○○유치원 5세반 장 교사가 작성한 유아 관찰기록지의 일부이고, (나)는 장 교사의 저널이다. 물음에 답하시오. [5점]

(가)

○ 유 아 명 : ○현서
○ 성   별 : 남, ⓨ
○ 생년월일 : ○○○○. ○○. ○○.
○ 관 찰 자 : 장○○

[A] 다음의 내용이 관찰되면 ✔로 표시하시오.

관찰 내용	관찰일	3/29	4/29	5/29	…
친사회성	돕기	✔	✔	✔	…
	나누기		✔	✔	…
	협동하기			✔	…
	양보하기				…

○ 요약 및 해석 : 현서의 돕기는 3월 관찰 때부터 계속 보였고, 나누기는 4월 관찰 때부터 나타났다. 돕기, 나누기, 협동하기, 양보하기의 출현 유무뿐 아니라 계속적이고 누가적인 관찰을 통해 친사회성의 (㉠)을/를 알 수 있었다.

……(하략)……

(나)

　오늘 유아 평가에 관한 연수를 다녀왔다. 연수의 주제는 포트폴리오 평가였다. ㉡ 포트폴리오 평가는 지식·기능·태도에 대한 평가가 가능하고, 신뢰성과 객관성의 확보가 용이하며, 교수·학습과 평가를 통합할 수 있다는 장점이 있다. 또한 결과 중심의 평가를 지향하며, 개인 내 평가가 가능해 유아들의 개별화된 교육을 지원하는 데 유용할 것 같다. 이번 연수에서 배운 내용을 적용하여 2학기 유아 평가 계획을 좀 더 보완해야겠다.
　특히 지금까지는 유아가 만든 작품을 중심으로 포트폴리오 평가에 포함할 자료들을 수집했었는데, 앞으로는 유아들이 경험한 것을 스스로 정리하고 확인할 수 있도록 자기 반영 자료도 포트폴리오 평가 항목에 포함해야겠다. 이를 위해 우선 자유선택활동 후에 유아가 ㉢ 자기반영을 할 수 있는 질문을 하고, 이를 기록하는 게 좋을 것 같다. 그리고 포트폴리오 평가에 포함할 작품도 유아가 직접 선정하게 해야겠다.

1) (가)에 해당하는 ① 관찰법의 명칭과 ㉠에 들어갈 말을 순서대로 쓰고, ② [A]의 표를 분석한 다음의 내용에서 ⓐ와 ⓑ에 들어갈 친사회성 관찰내용을 쓰시오. [2점]

(ⓐ)은/는 최근 보이기 시작했으나, 아직까지 (ⓑ)은/는 나타나지 않고 있다.

① _____

② _____

2) 밑줄 친 ㉡에서 포트폴리오 평가에 대한 설명으로 적절하지 않은 것 2가지를 찾아 각각 바르게 고쳐 쓰시오. [2점]

① _____

② _____

3) ㉢의 질문을 3가지 제시하시오. [1점]

04 (가)와 (나)는 ○○유치원 5세반 신체활동의 일부이다. 물음에 답하시오. [5점]

(가)

교 사 : 오늘은 이걸로 재미있는 활동을 해 볼 거야.
유아들 : 후프다!
교 사 : 후프로 무엇을 할 수 있을까?
유아들 : 돌려요. ㉠ 굴리고 받을 수도 있어요.
교 사 : 여러 가지 활동을 할 수 있구나. 그럼 우리 모두 후프를 이용하여 활동을 해 보자.
　(유아들에게 똑같은 후프를 1개씩 나눠 주고, 각자 활동을 해 보도록 한다.)
……(중략)……
교 사 : (활동을 하고 있는 유아들을 둘러보다 키가 작은 가람이가 후프를 들고 가만히 서 있는 것을 보고) 가람아, 잘 안 되니?
가 람 : 후프가 너무 커서 잘 안 돌아가요.
교 사 : ㉡ 가람이에게는 이 후프가 좀 큰가 보구나. 그럼 선생님이 좀 작은 후프를 줄게. 이걸로 해 보겠니?
가 람 : 좋아요.
……(하략)……

(나)

교 사 : 오늘은 재미있는 게임을 해 볼 거야. 이 게임은 (㉢). 그다음에 (㉣) 돌아오는 거야.

……(하략)……

1) 다음은 밑줄 친 ㉠과 관련된 내용이다. ① 괄호 안의 ⓐ와 ⓑ에 들어갈 말을 각각 쓰고, ② ㉠을 ⓒ로 설명하시오. [2점]

㉠은 갤러휴(D. Gallahue)가 제시한 기본 운동 기술 중 (ⓐ) 기술에 해당한다. (ⓐ) 기술은 물체와의 관계에서 (ⓑ)을/를 가하느냐 받느냐에 따라 ⓒ 추진 움직임과 흡수 움직임의 두 가지 유형으로 구분할 수 있다.

① _____
② _____

2) ① 밑줄 친 ㉡에서 교사가 적용한 교수·학습 원리는 무엇인지 쓰고, ② 그 이유를 쓰시오. [1점]

① _____
② _____

3) 밑줄 친 ㉢과 ㉣ 활동에 집중적으로 요구되는 기초체력 요소는 각각 협응성, 민첩성, 순발력이다. 교사의 게임 방법 설명 중 ① ㉢에 들어갈 민첩성이 나타나는 교사의 설명과, ② ㉣에 들어갈 순발력이 나타나는 교사의 설명을 각각 쓰시오. [2점]

① _____
② _____

05

(가)는 유치원 안전 교육 자료의 일부이고, (나)는 원장과 박 교사 간 대화의 일부이다. 물음에 답하시오. [5점]

(가)

※ 유치원에서 실내 활동 중 지진이 발생하면, 교사는 유아들이 다음과 같이 행동하도록 지도해야 합니다.

단계	행동 요령
발생 직후	• 밖으로 급하게 달려 나가지 않는다. • 책상 아래로 들어가 몸을 웅크리고 책상다리를 잡는다.
(㉠)	• 대피 지시가 있을 때까지 침착하게 기다린다.
대피 시	• 질서 있게 대피 경로를 따라 이동한다. • 손이나 책, 가방 등으로 머리를 보호하며 이동한다.
대피 이후	• 다치거나 아픈 곳이 있으면 선생님에게 이야기한다. • 여진 등 위험 상황에 대비해 안전지대에서 머물며 선생님의 안내에 따른다.

(나)

원　　장 : 제가 연수를 간 사이, 박 선생님 학급에 감염병 의심 유아가 발생했다는 이야기를 들었어요.

박 교사 : 네. 저희 반의 성진이가 오전 내내 열이 나고 기침을 많이 하면서 머리가 아프다고 하기에 열을 재 보았더니 38℃나 됐어요.

원　　장 : 저런! 그래서 어떻게 하셨나요?

박 교사 : 먼저 마스크를 씌워 주었어요. 그리고 원감 선생님과 상의한 결과 전파 우려가 있는 감염병이 의심되었어요. 그래서 (㉡)이/가 필요한 것으로 판단하여 조치를 취했어요.
……(중략)……

박 교사 : 다행히 어머니께서 급히 데리러 오셔서 상황을 잘 말씀드렸어요.

원　　장 : (㉢)와/과 ㉣ 진료 확인서 양식도 전달하셨고요?

박 교사 : 네. 어머니께서 병원을 다녀오신 후 연락을 주셨는데, 독감이어서 다음 주 수요일까지 등원이 어려울 것 같다고 하셨어요.

원　　장 : 그렇군요. 참, ㉤ 교실 위생 관리를 위한 조치는 취하셨나요?

박 교사 : 네. 물론요. 그리고 유아들에게 ㉥ 위생수칙 교육을 했고, 열이 나거나 기침을 하면 선생님에게 알려 달라고 했어요.

원　　장 : 수고 많으셨어요.

1) 「아동복지법 시행령」(대통령령 제32714호., 2022. 6. 21. 일부 개정) [별표 6]에 근거해 ① (가)의 내용이 해당되는 교육의 명칭과 그 교육의 연간 최소 실시 시간을 쓰고, ② 빈칸의 ㉠에 들어갈 말을 쓰시오. [2점]

①
②

2) 괄호 안의 ① ㉡과 ㉢에 들어갈 말을 쓰고, ② 밑줄 친 ㉣에서 교원이 확인해야 하는 사항 중 2가지를 쓰시오. [2점]

①
②

3) 밑줄 친 ㉤과 ㉥에 해당하는 것을 각각 2가지씩 쓰시오. [1점]

㉤
㉥

06 (가)는 동물원 견학 후 이루어진 ○○유치원 5세 반 언어 활동의 일부이며, (나)는 문해 교육에 대한 교사 간 대화의 일부이다. 물음에 답하시오. [5점]

(가)

교사 : 어제 동물원에 무엇을 타고 갔었지?
세연 : 버스 타고 갔어요.
교사 : 버스 타고 가서 동물원에서 무엇을 봤니?
민희 : 호랑이를 봤어요.
교사 : 호랑이를 봤어요. (보드판에 '호랑이를 봤어요.'라고 적는다.)
지호 : 사자도 봤어요.
교사 : 사자도 봤어요. (보드판에 '사자도 봤어요.'라고 적는다.) 사자가 어떻게 하고 있었니? [A]
민희 : 사자가 자고 있었어요.
교사 : 사자가 자고 있었어요. (보드판에 '사자가 자고 있었어요.'라고 적는다.)
……(중략)……
교사 : 이제, 선생님이 동물원에 다녀온 내용이 적힌 보드판을 언어 영역에 갖다 놓을게.
……(중략)……
(유아들이 언어 영역에서 보드판을 보고 있다.)
민희 : (보드판의 글자를 손가락으로 짚으며) '호', '랑', '이'.
지호 : 내 이름에도 '호'가 있어요.
교사 : 그러네. 그럼, 우리 보드판의 글자를 같이 읽어 보자.
(유아와 함께 읽어 본다.)
세연 : (호랑이 글자를 보면서) 선생님, 저도 호랑이 글자 쓸 줄 알아요!
교사 : 그래? 그럼 세연이가 나와서 칠판에 한번 써 볼까?
세연 : (교사가 쓴 호랑이 글자를 보면서 쓰지만 ㄹ 자음의 앞뒤 방향이 반대가 되어 있다.)
……(하략)……

(나)

박 교사 : 저는 언어 발달에 있어서 유아는 환경적 결함이 없는 한 문자언어를 자연스럽게 배운다고 봐요.
윤 교사 : 저는 유아들의 문해 능력 발달을 위해서는 우선적으로 언어의 (㉠)을/를 알도록 가르치는 것이 중요하다고 생각해요. 그리고 ㉡ 통합적으로 지도하고 있지요.

1) (가)는 언어 경험 접근법에 따른 읽기 활동이다. ① [A]에 해당되는 교수절차의 명칭을 쓰고, ② 2019 개정 유치원 교육과정 '의사소통' 영역 내용 ⓐ에 해당하는 유아의 반응을 (가)에서 1가지 찾아 쓰시오. [2점]

내용 범주	내용
읽기와 쓰기에 관심 가지기	말과 글의 관계에 관심을 가진다.
	ⓐ
	(생략)

①
②

2) (나)에서 문해 능력 발달에 대한 박 교사의 관점을 ① 클레이(M. Clay)가 주장한 용어로 쓰고, ② 이 관점에 근거하여 문자언어 학습의 방법을 쓰시오. [1점]

①
②

3) (나)의 윤 교사는 총체적 언어 접근법을 지지하는 교사이다. 윤 교사의 관점에 근거하여 괄호 안의 ① ㉠에 들어갈 말을 쓰고, ② ㉡의 방법을 의사소통 영역 내, 그리고 영역 간 차원에서 각각 순서대로 쓰시오. [2점]

①
②

07 다음은 ○○유치원 3, 4세 혼합연령반 자유선택 활동 시간에 일어난 상황이다. 물음에 답하시오. [5점]

[A]
- 정미와 민지가 미술 영역에서 점토를 가지고 놀고 있다.
  정미 : 샌드위치 만들어야지.
  민지 : 이제 강아지 코를 붙여야지.
  정미 : 치즈와 계란을 넣어야지.
  민지 : 이거 움직일 거야.

[B]
- 하늘이는 조작 영역에서 퍼즐을 가지고 놀고 있다. 하늘이는 퍼즐을 맞추는 과정에서 잘 안 되자 "어, 왜 안 되지? 이게 아닌가? 다른 건가?"라고 중얼거리며 다른 퍼즐 조각을 찾아 끼워 본다. 그러고는 "아, 이게 좋겠다. 맞아, 선생님이 네모난 거부터 끼우라고 했지."라고 말하며 네모난 퍼즐을 끼우기 시작한다.

1) 피아제(J. Piaget) 이론에 근거하여 [A]에 드러난 ① 유아기 언어적 특성을 의미하는 용어를 쓰고, ② 이러한 언어적 특성이 나타나는 이유를 1가지 쓰시오. [2점]

① _____
② _____

2) 비고츠키(L. Vygotsky) 이론에 근거하여 [B]에 드러난 ① 유아기 언어적 특성을 의미하는 용어를 쓰고, ② 이에 대한 견해로 적절하지 않은 것을 다음에서 1가지 찾아 기호를 쓰고, 바르게 고쳐 쓰시오. [2점]

○ ㉠ 어려운 과제를 수행하는 과정에서 더 많이 나타난다.
○ ㉡ 유아 자신의 행동과 생각을 조절하는 기능을 갖는다.
○ ㉢ 연령이 증가하고 인지가 발달할수록 외적 언어로 바뀐다.
○ ㉣ 개인 간 단계에서 개인 내 단계로 내면화하는 과정에서 나타나는 과도기적 언어이다.

① _____
② _____

3) 다음은 언어의 분류에 대한 내용이다. 언어의 4가지 기능 중, 괄호 안의 ⓐ와 ⓑ에 모두 해당되는 것을 쓰시오. [1점]

○ 언어는 기능에 따라 다른 사람의 말을 듣고 이해하기 위한 수용언어와 다른 사람에게 자신의 생각을 전달하기 위한 (ⓐ)(으)로 나눌 수 있다.
○ 언어는 전달 수단에 따라 (ⓑ)와/과 문자언어로 나눌 수 있다.

08 (가)는 ○○유치원 5세반 김 교사의 문학 활동 계획안의 일부이고, (나)는 문학 활동 후 작성한 교사 저널의 일부이다. 물음에 답하시오. [5점]

(가)

활동명	스승을 찾아 나선 개미	활동 유형	동화 감상
활동 목표	(생략)		
활동 자료	동화책 :『스승을 찾아 나선 개미』 **동화 줄거리** [A] 옛날에 늘 힘이 없고 겁쟁이인 개미들이 살았는데, 어느 날 세상에서 가장 힘센 스승을 찾으러 길을 떠난다. 어두운 새벽이 지나 해가 뜨면서 눈부신 햇살로 온 세상이 환해지자, 개미들은 세상에서 가장 힘센 해님에게 스승이 되어 달라고 부탁한다. 그러나 해님이 "난 구름에게 꼼짝 못하는 걸! 나보다 힘센 구름에게 가 보시오."라고 하여 구름을 찾아갔다. 하지만 바람이 불어 구름이 금세 흩어져 버리자, 다시 바람에게 찾아간다. 그러나 바람이 아무리 쌩쌩 불어도 나무를 날려 버리지 못하자, 개미는 힘센 나무를 찾아가 스승으로 모시기로 하고, 나무 밑 땅속에 커다란 집을 짓는다. 그런데 나무가 개미집 때문에 쓰러지자, 개미들은 자기들이 세상에서 가장 힘이 세다는 것을 알고, 다시 옛날 집으로 돌아가 씩씩하게 열심히 잘 살았다. ……(중략)……		
활동 방법	[B] ○ ㉠ 동화의 등장인물과 줄거리에 대해 이야기를 나눈다. ○ ㉡ 동화에 대한 느낌과 생각을 이야기 나눈다. ○ ㉢ 내가 개미라면 어떤 일이 생길지 상상해 본다.		

(나)

㉣ 동화에 대해 설명을 많이 하기보다는 자연스럽게 이야기에 몰입하고 느끼고 자신들의 경험과 연결 지어 생각해 볼 수 있는 문학 교육 방법을 실천해 보았는데 부족한 점이 많다. 앞으로 유아들의 반응에 상호작용을 어떻게 해 주어야 할지, 무엇을 지원해 주어야 할지 좀 더 고민해 보아야겠다.

㉤ 해, 바람, 구름이 살아서 움직이고 말하는 것으로 생각하는 사고의 특성 때문인지, 유아들은 "해님이 신이 났어요. 바람이 조그만 소리로 말했어요."와 같은 표현을 많이 하였고, 뭉실뭉실, 와들와들, 기우뚱기우뚱, 쌩쌩 같이 재미있는 의성어나 의태어를 따라 하며 즐거워하였다.

동화에 대해 이야기를 나누는 동안 ㉥ "바람이 구름을 흩어 버렸어요.", "해님이에게 개미가 좋아했어요.", "구름이 바람을 좋아하지 않았어요.", "개미가 나무를 낳았어요."와 같이 자신들의 생각을 자유롭게 이야기하였지만, 그중에는 언어 사용에서의 오류를 보이는 유아도 있었다. 앞으로 ⓐ 정확한 의미와 문장 형식에 중점을 두어 언어를 올바르게 사용하도록 지도해야겠다.

1) [A] 동화에 나타나는 ① 구성(plot) 형식의 명칭을 쓰고, ② 그 이유를 [A]에 근거하여 쓰시오. [2점]

① _____
② _____

2) 밑줄 친 ㉣에 비추어 ① 다음에 해당하는 문학 교육 접근법을 쓰고, ② (가)의 [B] ㉠~㉢을 문학 교육 접근법의 2가지 반응 양식으로 나누시오. [1점]

로젠블랫(L. Rosenblatt)의 이론에 근거한 것으로, 텍스트와 독자 사이의 상호작용을 통한 의미 형성을 강조하고 독자인 유아의 능동적이고 개별적인 느낌과 문학적 경험을 중시하는 독자 중심의 문학 교육 방법이다.

① _____
② _____

3) ① 밑줄 친 ㉤에 해당하는 유아기 사고의 특성을 쓰고, ② ㉥에서 적절하지 않은 문장을 2가지 찾아 ⓐ과 관련된 언어학의 분야 중 어디에 근거한 것인지 각각 설명하시오. [2점]

① _____
② _____

01

(가)는 ○○유치원 5세 ○○반 유아들이 마트 견학 후 지은 동시이고, (나)는 교사가 쓴 반성적 저널의 일부이다. 물음에 답하시오. [5점]

(가)

제목 : 다 사고 싶어!

○○반

[A]
마트에 가면
문어탐험대의 탐사선
작은특공대의 로봇
다 사고 싶어

[B]
마트에 가면
오백원으로 한 개
이천원으로 여러 개
아니, 아니 다 사고 싶어

……(중략)……

유치원 와서
까고, 까고, 또 까서
드디어 짠!
탐사선이 나왔어

어? 근데,
상자들이 쌓여
높은 쓰레기 산이 되었어

사고 싶은 것을 다 사면
쓰레기가 많아져
지구가 아프겠지

(나)

[C]
동시의 마지막에 유아들이 환경에 대한 이야기를 해서 깜짝 놀랐다. 유아의 동시에는 소비와 자원 관련 개념뿐 아니라 ㉠ 자연을 보호하고 배려하는 가치적인 측면이 함께 드러나고 있다. 이를 볼 때, 유아도 도덕, 윤리, 환경, 경제 등을 서로 연결하여 학습할 수 있다는 생각이 든다. 그동안 나는 유아의 생활 속 경험에만 국한하여 통합적인 사회 교육을 계획하고 실행해 왔다. 앞으로는 지금까지와 달리 사회과학 제영역에서 다루는 개념들을 미리 살펴보고, 이를 체계적으로 사회 교육에 반영하는 방법도 고민해 봐야겠다.

……(중략)……

[D]
유아들이 관심을 보인 '과대 포장된 장난감'을 주제로 토의 활동을 하였다. 먼저 유아들을 소집단으로 나누고 주제와 관련된 장난감 포장지, 사진, 그림책 등을 보여 주어 유아가 다양한 의견을 내도록 하였다. 토의 중간에 유아 간 의견충돌이 일어나서 내가 개입하여 문제를 해결해 주고 토의 활동을 지속하게 하였다. 토의 활동의 마무리에서는 모든 유아들에게 발표할 기회를 주어 다른 유아들의 생각을 들어 보도록 하였다. 다음에도 유아가 사회·환경 문제에 관심을 보일 경우에는 토의 활동을 해야겠다.

1) 〈보기〉에서 ① [A]에 해당하는 경제 개념 1가지와 그에 해당하는 동시 내용을 모두 찾아 쓰고, ② [B]에 해당하는 경제 개념 1가지와 그에 해당하는 동시 내용을 모두 찾아 쓰시오. [2점]

〈보기〉
희소성, 용역, 화폐가치, 저축, 재화

① _____
② _____

2) ① (나)의 [C]에서 교사가 앞으로 시도하고자 하는 사회 교육 접근법 1가지를 쓰고, 그 접근법을 설명하시오. 그리고 ② ㉠과 관련 있는 2019 개정 유치원 교육과정 '자연탐구' 영역 '자연과 더불어 살기' 내용 범주의 내용을 쓰시오. [2점]

① _____
② _____

3) (나)의 [D]에 나타난 교사의 토의 활동 지도 방법 중 적절하지 <u>않은</u> 것 1가지를 찾아 그 이유를 쓰시오. [1점]

02 다음은 ○○유치원 5세반의 '쌓기놀이 영역 약속'에 대한 유아 갈등 해결 과정의 일부이다. 물음에 답하시오. [5점]

(쌓기놀이 영역에서 유아 4명이 오랫동안 놀고 있어서 수빈이는 이름판 앞에서 계속 자기 차례를 기다리고 있다.)
교사 : (수빈에게 다가가) 쌓기놀이 영역에서 놀이할 거니? (난처한 표정을 지으며) 그런데 저기에 자리가 없네.
수빈 : 나도 같이 수영장 만들기 하고 싶어요.
다혜 : 안 돼! 네 명 다 차서 못 들어와.
수빈 : (비어 있는 공간을 가리키며) 저기 자리 있는데……
다혜 : 너도 어제 자리 안 비켜 줬잖아! [A]
교사 : ㉠ 친구들끼리 다투는 건 나쁜 거예요.
동호 : 우리도 같이 놀고 싶은데 쌓기 영역 약속 때문에 안 돼요.
교사 : ㉡ 수빈이는 쌓기놀이 영역에 들어가고 싶고, 동호는 약속 때문에 안 된다고 생각하는구나. 그러면 이야기 나누기 시간에 쌓기놀이 영역 약속에 대해서 다 같이 이야기해 보자.
……(중략)……
교사 : 오늘 쌓기놀이 영역에서 놀고 싶어도 놀지 못하는 친구들이 있었어. 더 많은 아이들이 함께 놀 수 있는 방법이 있을까?
동은 : ㉢ 아이들이 다 좋아하는 영역이니까 무조건 한 번만 가서 놀아요.
연재 : ㉣ 정리를 잘하는 애들만 두 번 가게 하고 안 그러면 한 번만 가게 해요.
교사 : 연재는 왜 그렇게 생각해?
연재 : 쌓기놀이를 하고 정리 안 하는 애들이 많아요. [B]
교사 : 선생님도 가끔 본 적 있어. 연재는 정리 안 하는 아이들이 있으니까 그런 아이들은 한 번만 가는 게 좋다고 생각하고 있구나.
민수 : ㉤ 그냥 남자 아이들이 쌓기놀이를 좋아하니까 더 많이 가게 해요.
교사 : 정말 우리 반에서 남자 아이들이 쌓기놀이를 더 좋아하니?
수빈 : 아니에요. 여자 아이들도 좋아해요.

1) [A]에서 유아 간 갈등에 대하여 밑줄 친 ㉠에 나타난 교사의 인식이 적절하지 않은 이유를 쓰시오. [1점]

2) [A]의 밑줄 친 ㉡과 관련하여 코스텔닉 등(M. Kostelnik et al.)의 갈등중재모델에서 ⓐ에 해당하는 단계의 명칭을 쓰고, [B]의 교사 발화 중 ⓑ에 해당하는 문장 1가지를 찾아 쓰시오. [2점]

중재 과정 시작하기 → (ⓐ) → 요약하기 → ⓑ 대안 찾기 → 해결책에 동의하기 → 문제해결 과정 강화하기 → 실행하기

ⓐ _____
ⓑ _____

3) [B]의 밑줄 친 ㉢, ㉣, ㉤을 데이몬(W. Damon)의 공정성 추론 이론에 근거하여 ① 추론 발달 수준이 낮은 것부터 순서대로 기호를 쓰고, ② 각각의 특징을 1가지씩 쓰시오. [2점]

① _____
② _____

03

다음은 ○○유치원 홈페이지에 있는 4세반 '부모를 위한 질문하고 답하기' 자료의 일부이다. 물음에 답하시오. [5점]

(가)

질문 1 아이는 매일 놀아 주는데도 놀지 않았다고 말해요. 왜 그럴까요?

답변 1 유아가 생각하는 놀이는 부모와 다를 수 있기 때문입니다. 그래서 부모는 유아의 놀이 특징을 이해하는 것이 필요합니다. 유아는 ㉠ 자신이 좋아하는 놀이를 선택하고 다양한 변화를 시도하면서 그 과정에서 즐거움을 느낄수록, 그리고 ㉡ 현실에서 벗어나 가상으로 새로운 가능성을 경험할수록 놀았다고 생각합니다. 예를 들어, 큰 비눗방울을 만들어 괴물 나라에 갇힌 친구들을 탈출시키는 상상을 한다면, 유아는 즐거운 놀이라고 생각합니다.

(나)

질문 2 부모가 함께 놀아 주면 아이에게 좋다고 하는데 어떻게 놀아 주어야 할까요?

답변 2 유아와 놀이하는 방법에는 여러 가지가 있습니다. 첫째, 부모는 유아가 놀이할 때까지 인내하며 기다려 주어야 합니다. 둘째, 부모는 유아가 놀이를 하려고 할 때 놀이에 참여하지 않아도 준비와 진행을 도와야 합니다. 셋째, 유아에게 놀이의 주도권을 주고 부모는 소극적으로 참여해야 합니다. 넷째, ㉢ 부모가 주도적으로 놀이를 이끌어 줄 수 있어야 합니다. 다섯째, 부모는 유아가 놀이를 할 때 가르치려는 질문을 피해야 합니다. 유아 놀이의 긍정적인 효과는 바로 나타나기도 하지만 (㉣) 나타날 수도 있습니다.

(다)

질문 3 아이가 동생과 싸워서 야단을 심하게 쳤는데 그 뒤로 인형을 혼내는 놀이를 계속해서 걱정이 돼요. 어떻게 해야 할까요?

답변 3 유아가 동일한 놀이를 하는 것에 대해 걱정하지 않으셔도 됩니다. 정신분석 이론에 의하면, 놀이는 (㉤)와/과 역할전환이라는 두 기제 때문에 유아의 정신 건강에 도움을 준다고 합니다. 첫 번째 기제는 놀이에서 유아가 현실에서의 나쁜 경험이나 감정을 (㉤)함으로써 부정적 감정들을 차차 약화시킵니다. 두 번째 기제는 놀이에서 유아가 나쁜 경험을 준 사람이 되어 보는 역할 바꾸기를 함으로써 부정적 감정을 해소할 수 있게 합니다.

1) ① (가)의 밑줄 친 ㉡과 관련된 놀이의 일반적인 특징 1가지를 쓰고, ② 2019 개정 유치원 교육과정 총론 '누리과정의 구성 방향'에 제시되어 있는 추구하는 인간상 중 ㉠과 ㉡에 나타나는 것을 각각 1가지씩 쓰시오. [1점]

① _____

② _____

2) (나)에서 ① ㉢은 어떤 상황에서 교육적 효과를 나타내는지 쓰고, ② 놀이의 잠재적 효과를 설명하도록 ㉣에 들어갈 적당한 말을 쓰시오. [2점]

① _____

② _____

3) (다)의 ① ㉤에 공통으로 들어갈 단어를 쓰고, ② 답변 3 에 나타난 놀이 효과의 명칭을 쓰시오. [2점]

① _____

② _____

04 (가)는 ○○유치원 5세반에서 숲 체험 후 미술 활동을 하는 장면이고, (나)는 홍○○ 유아의 미술 활동 결과물이다. 물음에 답하시오. [5점]

(가)

유정 : 숲에 갈 때는 힘들었는데 가서는 시원하고 좋았어요.
교사 : 그랬구나. 숲에서 어떤 것들을 가져왔니?
민철 : 저는 나뭇가지와 꽃잎을 주워 왔어요.
기영 : 저는 솔방울하고 나무껍질을 가져왔어요.
유정 : 저는 여러 가지 나뭇잎들을 주워 왔어요.
교사 : 그래. 오늘은 숲에서 본 것들에 대한 미술 활동을 해 보자. 너희들이 숲에서 가져온 나뭇가지, 나뭇잎, 솔방울 등을 이용해 보자.
기영 : 저는 먼저 나무를 그리고 그 위에 솔방울을 붙일 거예요.
지안 : 저는 색연필로 산에 있는 나무를 그리고 싶어요.
교사 : 기영이는 솔방울을 붙이고, 지안이는 색연필로 그려 보자.
민철 : 저는 나뭇가지를 붙이고 나뭇잎은 물감을 찍어서 그릴 거예요.
교사 : 그러면 너희들이 ㉠ 숲에서 가져온 재료로 붙이기도 하고, 그리기도 하면서 표현해 보자.
민철 : 제가 가져온 나뭇가지로 숲을 마음대로 꾸며도 돼요?
교사 : 그럼. 자유롭게 꾸며 보렴.
유정 : 선생님, 저는 ㉡ (숲에서 주워 온 나뭇잎을 가리키며) 나뭇잎 위에 종이를 대고 연필로 문질러서 하고 싶어요.
교사 : 그래? 좋은 생각이구나. 나뭇잎 말고 다른 것으로도 해 보면 좋겠다.

(나)

〈숲에 갔어요 -홍 ○○〉

1) ① 미술 활동 요소 중 ⓐ의 명칭과 그 예를 (가)에서 3가지 찾아 쓰고, ② ⓑ와 관련된 교사의 발화 1가지를 찾아 쓰시오. [3점]

기법과 구성, (ⓐ), ⓑ <u>주제</u>

① _____
② _____

2) (가)의 밑줄 친 ㉠과 ㉡에 해당되는 표현 기법을 각각 1가지씩 순서대로 쓰시오. [1점]

3) (나)에서 유아가 나열식 표현으로 그림을 그린 이유를 인지발달적 관점에 근거하여 쓰시오. [1점]

05 (가)는 2019년 5월 ○○일자 지역 신문에 실린 '유치원 음악 교육' 관련 기획 기사의 일부이고, (나)는 음악극 공연 장면의 일부이다. 물음에 답하시오. [5점]

(가)

○○유치원 5세반 김○○ 유아의 어머니는 "학부모 참여 수업 마지막에 아이들과 함께 왈츠 추는 활동을 했어요.

[A] 먼저, 우리 귀에 익숙한 왈츠 음악을 들어 본 후, 선생님이 미리 교실 바닥에 붙여 놓은 노란 스티커 위에 서서 아이와 우아하게 인사도 해 보았어요. 왈츠를 추다가 다른 아이와 짝도 바꿔 보고, 네 박자에 맞춰 원을 그리듯 돌기를 반복하면서 다른 사람의 춤도 감상할 수 있어서 재밌는 시간이었어요."라고 말했다.

……(중략)……

△△유치원에서는 5세반 유아들이 준비해 온 음악극 공연 행사를 진행하였다. ○○반 유아들을 지도한 박○○ 교사는

[B] "유아에게 흥미롭고 줄거리가 명확한 이야기를 선정했고, 유아 간의 역할 다툼을 예방하기 위해 미리 역할을 정해 주었으며, 소외되는 유아가 없도록 우리 반 유아 20명 모두를 주인공이 되도록 하였어요. ㉠ 등장인물들이 부르는 노래는 단순하고 반복적인 것으로 선정하였고, 유아가 몰입할 수 있는 적절한 시간을 고려하였으며, 음악극에 사용되는 무대 장치와 소품, 그리고 의상을 유아들이 직접 만들어 보도록 했어요."라고 말했다.

(나)

토끼 : 얘들아! 무서운 사자가 다가오고 있어! 모두 잡히지 않게 빨리 숨으렴!
악기 연주팀 : (유아 2명이 서로 다른 높이의 음이 동시에 울리도록 실로폰을 두드린다.)
(㉡)

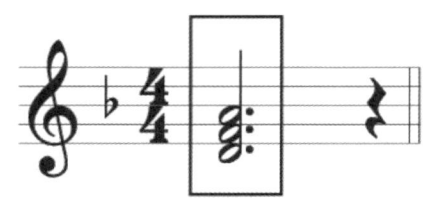

사자 : (귀엽고 예쁜 동물들을 잡아먹으려는 듯 무서운 표정으로 혼잣말을 하며) 어디, 내 배를 채워 줄 맛있는 녀석 없나?
해설 : 무서운 사자를 피해 귀엽고 예쁜 동물들은 ㉢ 급히 도망치듯 이리저리 바삐 움직이며 숨을 곳을 찾아갔어요.

1) (가)의 [A]에서 ① 왈츠를 출 때 서로 부딪히지 않도록 하기 위해 교사가 실천한 내용 1가지를 찾아 쓰고, 왈츠의 방법으로 옳지 않은 내용 1가지를 찾아 바르게 고쳐 쓰시오. 그리고 ② 관련 2019 개정 유치원 교육과정 '예술경험' 영역의 '창의적으로 표현하기' 내용 범주의 내용을 쓰시오. [2점]

①_____
②_____

2) ① [B]에 나타나는 음악극 지도 방법 중 바람직하지 않은 것 2가지를 찾아 그 이유를 각각 쓰고, ② ㉠에서 교사가 고려한 것 중 미국의 전국유아교육협회(NAEYC)의 「발달에 적합한 실제」에서 제시된 원칙 1가지를 쓰시오. [2점]

①_____
②_____

3) (나)에서 ㉡과 밑줄 친 ㉢에 해당하는 음악 요소를 1가지씩 각각 쓰시오. [1점]

㉡_____
㉢_____

06 다음은 ○○유치원 5세반 유아들이 과학 영역에서 '바람을 이용하여 자동차 움직이기'를 하는 활동 장면이다. 물음에 답하시오. [5점]

(가)

(나)

(다)

(라)

재호 : (여러 번 반복하여 활동한 후) 자동차가 앞으로 가지 않아요.
교사 : ⓜ 어, 이상하다. 자동차가 왜 앞으로 가지 않을까?
재호 : 아하! ⓑ 풍선 바람이 자동차 옆으로 나가서 옆으로 갔나 봐요.
……(중략)……

(마)

(바)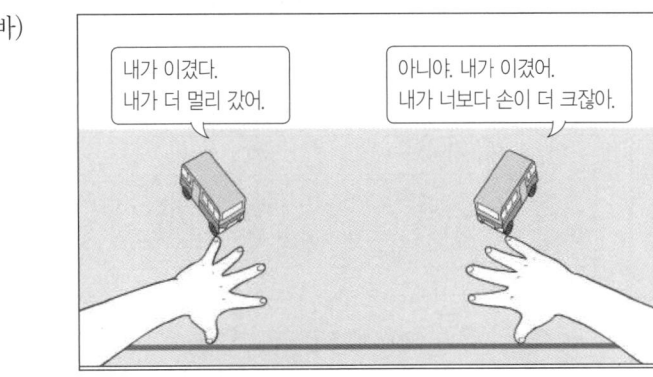

1) 밑줄 친 교사의 발화 ㉠~㉢ 중 유아의 탐구 활동에 도움이 되지 <u>않는</u> 것의 기호 1가지와 그 이유를 쓰시오. [1점]

2) (가)의 밑줄 친 ⓐ와 (라)의 밑줄 친 ⓑ에 나타난 과학과정기술을 1가지씩 쓰고, 그 개념을 각각 쓰시오. [2점]

　ⓐ _____
　ⓑ _____

3) (마)와 (바)는 바람을 이용한 자동차 경주하기의 상황이다. 그림과 대화를 보고 정확한 측정 결과를 얻기 위하여 교사가 지도해야 할 사항 2가지를 쓰시오. [2점]

07 ○○유치원 5세반의 교육 실습생과 지도교수 간의 휴대폰 메시지의 일부이다. 물음에 답하시오. [5점]

2022년 5월 ○○일

교수님, 부분 수업으로 과학 활동을 하려고 합니다. ㉠ 프리즘으로 유아들과 무지개를 만들어 보면서 무지개가 생기는 원리를 알려 주는 활동을 하려고 하는데 괜찮을까요?

유아 수준의 활동으로 적절한지 한 번 더 생각해 보는 게 어떨까요?

[A]
교수님, 저는 다른 영역의 활동을 계획하고 수업하는 것은 어려움이 없어요. 그런데 과학 영역은 잘 못해서 유아들이 재미없어 해요. 그래서 과학 활동 계획하는 게 너무 어려워요. 교수님 수업에서 반두라(A. Bandura) 이론과 관련한 과학 수업 신념을 조사했을 때도 저는 점수가 낮았어요.

그럼, 일상생활에서 유아들이 관심을 보이는 것이 무엇인지 관찰해 보는 것부터 해 보면 어떨까요?

2022년 5월 ○○일

교수님, 딸기즙과 밀가루를 섞어서 색 변화를 알아보는 과학 수업을 했어요. 아이들이 딸기를 먹다가 손에 딸기물이 묻은 것을 보고 흥미를 보였거든요.

수업은 잘 되었어요?

아니요. 유아들이 색이 별로 변하지 않는다면서 활동을 바로 끝내 버렸어요. 그래서 내일 ㉡ 블루베리즙으로 다시 해 보려고 합니다.

2022년 5월 ○○일

새로운 재료로 수업해 보니 어땠어요?

[B]
네. 색이 변하는 것을 흥미로워하였고, 활동을 하는 중에 밀가루가 뭉치는 모습에도 관심을 보이기 시작했어요. 그래서 식용 색소로 밀가루 점토 만드는 연계 활동을 계획해 봤는데 한번 봐 주세요.

[C]	
활동명	밀가루 점토 만들기
활동 목표	• 밀가루에 물을 넣어 변화하는 모양을 관찰한다. • 밀가루에 물을 넣기 전과 후의 특징을 비교한다. • 밀가루 만드는 과정을 알아본다. • 물의 양에 따른 밀가루 반죽의 특성을 비교한다.

1) 밑줄 친 ㉠이 유아의 과학 개념 발달 측면에서 적절하지 않은 이유 1가지를 쓰시오. [1점]

2) [A]에서 나타난 교육 실습생의 과학 수업에 대한 신념을 의미하는 개념 1가지를 쓰고, 그 개념을 설명하시오. [1점]

3) 교육 실습생이 밑줄 친 ㉡으로 활동하려는 이유를 유아에게 적절한 과학 활동 재료의 특성 측면에서 설명하시오. [1점]

4) ① [B]와 관련하여 2019 개정 유치원 교육과정 '자연탐구' 영역 '탐구 과정 즐기기'의 내용 ⓐ, ⓑ를 순서대로 쓰고, ② [C]의 활동 목표 중 연계 활동의 목표로 적절하지 않은 것을 골라 그 이유 1가지를 쓰시오. [2점]

내용 범주	내용
탐구 과정 즐기기	주변 세계와 자연에 대해 지속적으로 (ⓐ)을/를 가진다.
	ⓑ
	(생략)

① _____
② _____

08

다음은 ○○유치원의 '보물찾기' 활동에 대한 교사협의 후 작성한 활동 방법이다. 물음에 답하시오. [5점]

보물찾기 활동 방법

○ 활동 일시 : 5월 ○○일 ○○시 ~ ○○시
○ 활동 장소 : 바깥놀이터와 뒷동산
○ 활동 자료 : 동일한 보물 쪽지(5cm × 5cm)

(가) 보물 위치 안내 방법

1단계 방법	2단계 방법	3단계 방법
유아를 중심으로 보물 위치를 찾도록 안내하기	㉠ _____	지도를 활용해 보물 위치를 찾도록 안내하기

(나) 보물 수 세기 지도 방법

방법 1	방법 2
일대일 대응의 원리에 따라, 보물 쪽지를 하나씩 바닥에 그려진 원 안에 놓으며 대응되도록 세어 주기	(㉡)에 따라, 개수를 셀 때 수의 순서를 익히도록 순서대로 천천히 세어 주기

방법 3	방법 4
(㉢)에 따라, 개수를 셀 때 마지막 수가 전체 수량을 나타낸다는 것을 이해하도록 세어 주기	(㉣)

※ 하원 시, 보물 쪽지와 준비된 보물을 교환하여 주기

1) (가)는 3차원 공간 내에서 위치 관계를 이해하도록 돕는 활동 방법이다. ① 공간 능력 2가지 중 기르고자 하는 능력이 무엇인지 쓰고, ② 그에 근거하여 ㉠에 들어갈 적절한 안내 문장을 쓰시오. [2점]

① _____
② _____

2) (나)는 겔만과 갈리스텔(R. Gelman & C. Gallistel)의 5가지 수 세기 원리를 근거로 서로 다른 방법을 제시한 것이다. ㉡의 수 세기 원리를 쓰고, ㉢의 원리 이해를 돕기 위한 질문 1가지와 ㉣에 제시할 수 있는 수 세기 원리 지도 방법 1가지를 쓰시오. [3점]

㉡ _____
㉢ _____
㉣ _____

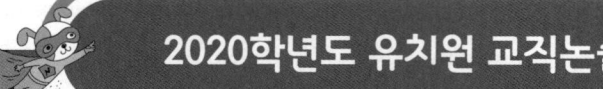

2020학년도 유치원 교직논술

문제

다음은 최 교사, 권 교사, 김 교사가 겪고 있는 갈등 상황과 관련된 반성적 저널의 일부이다. 1) 세 교사의 저널에 근거하여 각 교사가 갈등한 내용을 각각 기술하시오. 2) 갈등 상황에서 세 교사가 선택한 행동의 이유를 각각 기술하고, 3) 선택한 행동 이후에 나타난 문제를 찾아서 그 해결 방안을 교사별로 1가지씩 구체적으로 논하시오. 4) 최 교사와 유아, 권 교사와 학부모, 김 교사와 동료 교사의 관계에서 유아 교사가 갖추어야 할 덕목 1가지씩을 제시하고, 그 이유에 대해 논하시오. [총 20점]

주영이는 입이 짧고 편식이 심하다. 주영이 어머니께서도 그 점을 걱정하신다. 주영이는 거의 매번 식사시간에 자신이 싫어하는 음식을 남긴다. 나는 주영이에게 배식된 음식을 골고루 먹게 해야 할지 주영이가 꺼려하는 음식을 남기는 것에 대해 허용해야 할지 고민하다가 유아들의 건강을 위해야 한다는 생각에서, 주영이에게 배식된 음식을 골고루 먹도록 지도하였다. 그랬더니 어제는 주영이가 배가 아프다고 하면서 음식을 남겼는데, 알고 보니 먹기가 싫어서 핑계를 댄 것이었다.

(최 교사의 저널)

상희가 2학기에 접어들어 부쩍 말수가 줄어들었다. 며칠 전에는 힘없이 어두운 표정으로 등원하기에 상희에게 무슨 일이 있었는지 물어보았더니, 고개를 숙인 채 작은 목소리로 "아침에 밥 먹다가 엄마, 아빠가 또 싸웠어요. 나 때문인 것 같아요."라고 말하였다. 이러한 상희의 행동에 대해 부모님께 말씀드려야 하는데, 부모님의 다툼에 대한 내용을 언급해야 할지 언급하지 말아야 할지 고민이 되었다. 사실 상희가 말한 부모님의 다툼에 대해서 여쭙고도 싶었지만, 혹시 이 말로 인해 나와 부모님과의 관계가 불편해질까 봐 상희 어머니께 전화를 드려 상희의 유치원에서의 모습에 대해서만 말씀을 드렸다. 그런데 상희는 예전처럼 활발한 모습은 좀처럼 보이지 않고 더 어두운 표정을 할 때가 많다.

(권 교사의 저널)

유치원 운동회와 관련하여 교사 협의회가 있었다. 업무 담당자인 박 선생님께서 작년에 실시한 운동회가 좋은 반응을 얻었다고 하면서 올해도 같은 방식으로 실행하자고 하셨다. 나는 유치원과 지역 공동체가 함께 교육을 실행할 수 있는 새로운 방식의 운동회에 대해 생각해 둔 것이 있었다. 그래서 내 의견을 내놓아야 할지 함구해야 할지 한참을 고민하다가, 새로운 방식의 운동회에 대한 나의 구상을 제안하였다. 그런데 운동회 방식에 관한 본격적인 협의를 시작해 보기도 전에 몇 분의 선생님들께서 업무가 바쁘다는 핑계로 자리를 뜨는 바람에 어떤 결정도 하지 못한 채 회의가 끝나 버렸다.

(김 교사의 저널)

답안 작성 시 유의사항

- 주어진 답안지 면수(2매 이내)에 맞게 서술하시오.
- 글의 체계를 논리적으로 짜임새 있게 구성하시오.
- 글의 명료성, 타당성, 일관성을 고려하여 서술하시오.

배점

- 논술의 내용 [총 15점]
  - 세 교사가 갈등한 내용 [3점]
  - 세 교사가 선택한 행동의 이유 [3점]
  - 세 교사의 문제 해결 방안 [3점]
  - 유아 교사가 유아, 학부모, 동료 교사에 대해 갖추어야 할 덕목(3점)과 그 이유(3점) [6점]

- 논술의 체계 [총 5점]
  - 글의 논리적 체계성 [3점]
  - 맞춤법 및 어휘·문장의 적절성 [2점]

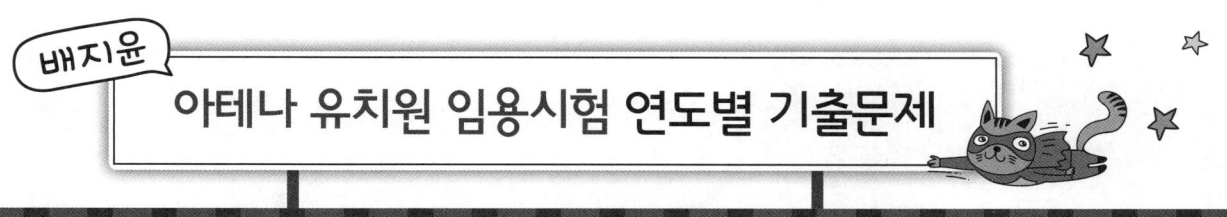

초안지

2020학년도 유치원 교육과정 A

01 다음은 ○○유치원 교사들이 2019 개정 유치원 교육과정의 '평가'와 관련하여 나눈 대화의 일부이다. 물음에 답하시오. [5점]

김 교사 : 박 선생님, 평가는 계획하고 실시하는 것뿐만 아니라 평가 결과를 활용하는 것도 중요하다는데 우리 유치원은 잘 하고 있는 거죠?
박 교사 : 그럼요. 우리 유치원에서는 누리과정 운영에 대해 학기별로 점검하고 있잖아요. 방학 동안 바깥 놀이터 모래 놀이장을 넓힌 것도 지난해 자체평가를 해 보니 실외 공간을 개선할 필요가 있어서였어요. 저는 넓어진 모래 놀이장에서 유아가 놀이하는 모습에 대한 관찰 결과를 부모 면담 때 말씀드렸더니 좋아하셨어요.
김 교사 : 네, 유아 관찰은 정말 필요한 것 같아요. 그리고 여러 가지 관찰 방법을 알고 있으면 좋을 것 같아요. 요즘 우리 반에 친구들과 잘 어울리지 못하고 놀이를 방해하는 유아가 있어서 걱정인데 어떻게 관찰해야 좋을지 모르겠어요.
박 교사 : 걱정이 되시겠어요. 우리 반 준석이도 1학기 때 친구들의 놀이를 방해하는 것 같아서 여러 가지 방법으로 관찰해 보았어요. 먼저 준석이가 정말 친구들의 놀이를 방해하는지 여부를 알아보기 위해 체크리스트를 사용해 보았어요. 그리고 사건표집법 중 하나인 ( )을/를 사용하여 자유선택활동 시간에 친구들의 놀이를 방해할 때마다 기록해서 놀이 방해 행동을 얼마나 하는지도 알아보았어요. 또 <u>위에서 사용한 체크리스트를 통해 얻은 결과 외에 ABC 서술식 사건표집법을 적용해서 알게 된 추가적인 정보</u>도 있었어요. 이러한 관찰 결과는 준석이의 놀이 방해 행동에 대한 지도 계획을 세우는 데 많은 도움이 되었어요.
김 교사 : 저도 다음에 선생님이 사용하신 관찰 방법을 한 번 적용해 보아야겠어요.

1) 평가 결과의 구체적인 활용 사례를 2019 개정 유치원 교육과정의 '평가'에 제시된 내용에 근거하여, 위 대화에서 3가지 찾아 쓰시오. [3점]

2) ( ) 안에 들어갈 관찰 방법의 명칭을 쓰시오. [1점]

3) 밑줄 친 부분에 해당하는 것을 1가지 쓰시오. [1점]

02

다음은 ○○유치원의 원내 교사 연구 모임에서 나눈 대화의 일부이다. 물음에 답하시오. [5점]

박 교사 : 지난 연구 모임에서 사회성 측정법(sociometry)에 대해 알아보았어요. 오늘은 사회성 측정법을 사용한 예시 자료를 보여 드리려고 해요. 자료를 보면서 결과 해석이나 활용 측면에서 다양한 의견을 교환해 주세요.

〈사회성 측정법 예시 자료〉
○○반 유아들에게 '생일잔치에 초대하고 싶은 친구 2명'을 선택하도록 한 결과이다.

〈표 1〉 2021년 4월 ○일 조사 결과*

피선택 유아 \ 선택 유아	A	B	C	D	E	F	계
A	–	1	1	0	0	0	2
B	0	–	0	0	0	0	0
C	1	0	–	1	1	1	4
D	1	0	0	–	0	1	2
E	0	0	1	1	–	0	2
F	0	1	0	0	1	–	2
계	2	2	2	2	2	2	

〈표 2〉 2021년 10월 ○일 조사 결과*

피선택 유아 \ 선택 유아	A	B	C	D	E	F	계
A	–	1	1	0	0	0	2
B	0	–	1	0	0	0	1
C	1	0	–	1	1	1	4
D	1	0	0	–	0	1	2
E	0	0	0	1	–	0	1
F	0	1	0	0	1	–	2
계	2	2	2	2	2	2	

* 각 칸의 1은 선택, 0은 비선택을 의미함

송 교사 : 표를 살펴보니 여러 가지를 알 수 있네요. 이 방법을 사용하면 유아들이 많이 선호하는 대상이 누구인지 알 수 있겠어요.
민 교사 : 친한 유아들끼리만 놀이를 해서 걱정이었는데, 또래들로부터 적게 선택받는 유아가 누구인지도 알 수 있겠군요. 그리고 특정 또래 그룹이 형성된 이유를 알 수 있어서 좋을 것 같아요. ┐[가]
하 교사 : 사회적 관계에서 무시되고 있는 유아의 놀이 유형에 대해서도 파악할 수 있겠네요. ┘
송 교사 : 저도 유아들을 지도하는 데 사회성 측정법을 활용하는 것이 유용하다고 생각해요. 그런데 이 방법을 사용하여 수집된 결과를 해석할 때 유의할 점도 있어요. 예를 들면, 유아의 선택을 ( ) 측면에서 고려할 필요가 있지요. 유아들이 서로 다투기 전과 후에 선택이 다를 수도 있으니까요.
박 교사 : 맞아요. 그 점은 조사나 관찰을 포함한 평가에서 중요한 것 같아요. 지난번 연구 모임에서 이야기 나누기 동영상을 보면서 시간표집법으로 교사의 상호작용 유형을 분석했었잖아요. 반복하여 관찰한 내용을 분석할 때는 관찰자 내 ( )이/가 중요하지요.

1) ① 〈표 1〉과 〈표 2〉를 비교하여 유아와 관련된 변화 내용 중 1가지를 쓰고, ② 4월과 10월에 두 번 실시한 이유를 사회성 측정법의 목적을 고려하여 1가지 쓰시오. [2점]

① _____
② _____

2) [가]의 대화에서 〈사회성 측정법 예시 자료〉를 통해 알 수 있는 내용에 해당하지 <u>않는</u> 것을 2가지 찾아 쓰시오. [2점]

3) ( ) 안에 공통으로 들어갈 말을 쓰시오. [1점]

2020학년도 유치원 교육과정 A

03 다음은 ○○유치원 교사들이 '동물과 자연'을 주제로 교육 계획을 수립하기 위해 나눈 대화의 일부이다. 물음에 답하시오. [5점]

최 교사 : 저는 작년에 5세반에서 공룡을 주제로 활동했는데 아이들이 참 좋아했어요.

김 교사 : 작년에 우리 반에서 '좋아하는 동물'을 주제로 활동했어요. 다른 아이들은 공룡에 대해 별로 관심이 없었는데, ㉠ 호준이는 공룡을 유독 좋아했어요. 그래서 공룡에 관심과 흥미가 높은 호준이를 위해 공룡 모형이나 공룡과 관련된 도서 등을 교실에 비치하고 활동할 수 있도록 해 주었어요.

안 교사 : ㉠ 우리 반 현정이는 공룡 이름을 많이 알고 있어요. 그래서 다른 아이들이 공룡 그림책을 보는 동안 현정이는 공룡 사전 만들기를 하도록 했어요. 그런데 공룡을 좋아하는 아이는 일부이고 동물은 대부분의 아이들이 좋아하는 주제이니, 3세뿐 아니라 4, 5세에서도 지속적으로 '동물' 주제를 다루면 좋겠어요. 처음에는 반려동물이나 까치나 다람쥐 등을 다루고 사라진 동물에 대해 다뤄 보면서 점점 사라져 가는 동물들을 보호하는 방법도 알아보려고요. 그러면 유아들이 동물은 함께 살아가야 하는 존재임을 알 수 있을 것 같아요. ㉡ 동물에 대한 생각을 서로 나누도록 하면 유아끼리 서로 영향을 주고받으면서 학습이 일어날 수 있을 것 같아요. 그리고 유아들의 발달 특성을 고려해서 누리과정 5개 영역 내용들을 고르게 포함하여 학습할 수 있도록 하면 좋겠어요.

송 교사 : 유아의 자기중심적인 발달 특성을 반영해서 먼저 자기가 좋아하는 동물을 소개하고, 그다음에 친구가 좋아하는 동물에 대해 알아본 후, 우리 동네에 있는 동물과 관련된 기관을 조사해 보고, 동물 병원이나 애견 미용실로 현장체험 학습을 가도록 해요.

홍 교사 : 네, 어떤 주제를 선정할 것인가는 정말 중요하지요. 그런데 주제나 소주제에 포함해야 할 주요 개념들을 어떻게 조직할 것인지에 대해서도 함께 고민해 봐요. 유아의 다양한 요구, 흥미, 능력을 고려해야 해요. 그리고 유아의 연령, (ⓐ), 장애, (ⓑ) 등을 고려하여 (ⓒ)에 적합한 방식으로 배우도록 해야 해요. 3세에서 5세까지 단순히 주제를 반복하기보다 교육 경험의 깊이와 폭을 점점 넓혀 가며 단계적으로 전개해 보면 어떨까요?

박 교사 : 네, 맞아요. 교수 방법도 중요해요. ㉡ 집에서 동물을 키우는 유아와 그렇지 않은 유아를 함께 모둠으로 구성해서 다양한 생각과 의견을 나누면서 배움이 일어나도록 해도 바람직할 것 같아요.

1) 송 교사가 교육 내용을 조직하기 위해 활용하고자 하는 접근법이 무엇인지 쓰고, 사례에 근거하여 특징을 설명하시오. [1점]

2) ㉠, ㉡에 해당하는 교수·학습 원리를 각각 쓰시오. [2점]
  ㉠ _____
  ㉡ _____

3) 안 교사의 대화에서 계속성의 원리가 적용된 내용과 계열성의 원리가 적용된 내용을 각각 1가지씩 찾아 순서대로 쓰시오. [1점]

4) 2019 개정 유치원 교육과정에서 제시하고 있는 '교수·학습' 방법에 근거하여, ⓐ, ⓑ, ⓒ에 해당하는 내용을 각각 쓰시오. [1점]
  ⓐ _____
  ⓑ _____
  ⓒ _____

04
다음은 안전 교육에 관하여 교사들이 나눈 대화의 일부이다. 물음에 답하시오. [5점]

> 김 교사 : 오늘 게임 활동은 잘 하셨어요?
> 홍 교사 : 네, 아이들하고 재미있게 진행은 잘 했어요. 그런데 게임을 하다 보니 장소가 협소해서 안전사고가 종종 발생하네요. 그래서 말인데 안전에 대한 교육을 좀 더 해야겠어요.
> 김 교사 : 맞아요. 그래서「학교안전사고 예방 및 보상에 관한 법률 시행규칙」에도 학교안전교육 실시에 대한 부분이 있잖아요. 2015년 7월 21일에 개정된 시행규칙의 변경된 내용은 알고 계시죠?
> 홍 교사 : 그럼요. 이전의 약물 오·남용 예방 교육도 사이버 중독 예방이 포함되면서 약물 및 사이버 중독 예방 교육으로 바뀌었잖아요.
> 김 교사 : 그렇지요. 그리고 일상에서 발생할 수 있는 안전사고 예방을 위한 안전 교육도 해야 하고요.
> 홍 교사 : 항상 느끼는 거지만, 안전 교육은 정말 중요한 것 같아요. 아이들이 언제, 어디서 사고가 날지 모르잖아요. 우리도 유치원 정교사 2급 자격증을 받기 위해 교직 적성 및 인성 검사 적격 판정을 받아야 했고, 응급처치 및 (㉠) 실습을 2회 이상 받아야만 했잖아요.
> 김 교사 : 그러게요. 그때는 유치원 교사 자격증을 받기 위해 응급처치 및 (㉠) 실습을 왜 꼭 받아야만 하나 싶었는데, 유치원 교사가 되고 보니 반드시 필요하다는 생각이 들더라고요. 그리고 안전사고 대처 요령도 숙지해야겠어요. 며칠 전에 저희 반 현우가 놀이를 하다가 넘어졌는데 그만 이가 부러졌어요. 처음에는 저도 너무 당황해서 무엇을 해야 할지, 누구에게 도움을 요청해야 할지 아무 생각도 안 나더라고요.
> 홍 교사 : 아이고, 그런 일이 있으셨군요. 그래서 교무실에 비상사태를 대비하여 (㉡)이/가 붙어 있잖아요. 원장님이 자신의 역할을 숙지하라고 당부도 하셨고요. 유치원 평가지표에도 교직원의 (㉡) 작성 및 역할 숙지에 대한 내용이 있어요.

1) '학교안전교육 7대 영역' 중 ① 밑줄 친 안전 교육은 무엇인지 쓰고, ② 관련된 다음의 교육 내용 중 ⓐ의 ( )에 들어갈 1가지와 ③ ⓑ~ⓕ 중 해당하지 않는 1가지의 기호를 쓰시오. [3점]

> ⓐ 교실, 가정, ( )에서 안전하게 생활하기
> ⓑ 안전한 장소를 알고 안전하게 놀이하기
> ⓒ 놀이기구나 놀잇감, 도구의 바른 사용법을 알고 안전하게 사용하기
> ⓓ 실종, 유괴, 미아 상황 알고 도움 요청하기
> ⓔ 몸에 좋은 음식, 나쁜 음식 알기
> ⓕ 어른과 손잡고 걷기

① _____
② _____
③ _____

2) ㉠, ㉡에 해당하는 것을 쓰시오. [2점]

㉠ _____
㉡ _____

05

다음은 ○○유치원 5세반 신체활동이다. 물음에 답하시오. [5점]

교 사 : 선생님이 동그란 물건을 가지고 왔어요. (지름 65cm의 후프를 보여 주며) 이게 뭘까요?
아 람 : 후프요!
교 사 : 딩동댕~ 오늘은 후프를 이용한 '점프 점프' 활동을 해 볼 거예요. 그런데 점프를 하다가 후프 테두리를 밟으면 어떻게 될까요?
건 우 : 넘어져요. 다쳐요!
교 사 : 맞아요. 점프를 할 때는 후프 테두리를 밟지 않도록 조심해야 해요. 자, 먼저 준비운동을 위해서 게임을 해 볼 거예요. 선생님이 후프를 바닥에 굴리면 여러분들은 ㉠ 굴러오는 후프에 몸이 닿지 않도록 움직이는 거예요. 자, 시~작.

(선생님이 바닥에 후프를 빠르게 굴리자 ㉡ 아이들은 후프에 몸이 닿지 않기 위해 흩어져서 뛰어다닌다.)

……(중략)……

(활동 후 교사는 후프를 두 개씩 붙여서 늘어놓는다.)
교 사 : 모두 잘했어요. 자, 이제 점프하기를 할 텐데요. 한 발로 뛰는 게 쉬울까요? 두 발로 뛰는 게 쉬울까요?
찬 희 : 두 발이요~
교 사 : 그래요. 지금부터는 친구랑 손잡고 서로 도와서 두 발로 점프해 다음 후프로 넘어가는 거예요. 선생님이 ㉢ '높게'라고 말하면 높게 뛰고, '낮게'라고 말하면 낮게 뛰는 거예요.
유아들 : 네~

……(중략)……

교 사 : 모두 참 잘했어요. 이번에는 다른 활동을 해 볼 건데요. (빨간색 후프를 보여 주며) 이건 무슨 색이에요?
유아들 : 빨간색이요.
교 사 : (초록색 후프를 보여 주며) 이것은요?
유아들 : 초록색이요.
교 사 : 맞았어요.

(교사는 빨강과 초록 후프를 하나하나 섞어서 놓아 준다.)
교 사 : 이번에는 이렇게 ㉣ 빨강 후프에는 한 발, 초록 후프에는 두 발, 빨강 후프에는 한 발, 초록 후프에는 두 발로 반복해서 점프하며 넘어가는 거예요. 선생님이 보여 줄 테니 잘 보세요.
유아들 : 네~

1) ① ㉠ 동작의 명칭과 이 동작이 속하는 ② ㉠과 ㉡의 기본동작 유형을 각각 1가지씩 쓰시오. [1점]

①＿＿＿＿＿＿＿＿＿＿＿＿＿＿＿＿＿
②＿＿＿＿＿＿＿＿＿＿＿＿＿＿＿＿＿

2) ㉢에 포함된 지각운동 요소와 그 하위 요소를 각각 1가지씩 순서대로 쓰시오. [1점]

3) 다음은 2019 개정 유치원 교육과정의 일부이다. 아래 ⓐ, ⓑ에 해당하는 교사의 말을 위 지문에서 찾아 쓰고, 밑줄 친 ㉣을 참고하여 ⓒ에 해당하는 내용을 쓰시오. [3점]

영역	내용 범주	내용
신체운동·건강	안전하게 생활하기	ⓐ
사회관계	더불어 생활하기	ⓑ
자연탐구	생활 속에서 탐구하기	ⓒ

ⓐ＿＿＿＿＿＿＿＿＿＿＿＿＿＿＿＿＿
ⓑ＿＿＿＿＿＿＿＿＿＿＿＿＿＿＿＿＿
ⓒ＿＿＿＿＿＿＿＿＿＿＿＿＿＿＿＿＿

06 (가)는 언어 지도에 관한 교사 간 대화의 일부이고, (나)는 박 교사가 ○○유치원 교실에서 언어 활동을 하는 상황이다. 물음에 답하시오. [5점]

(가)

박 교사 : 우리 반 아이들이 요즘 글자에 관심을 보이는 것 같아요. 그동안 아이들에게 의미 있는 실생활 경험과 연계하여 통합적으로 지도해 왔거든요. 그런데 요즘 부쩍 부모님들이 언어 지도에 대한 관심이 높아졌어요. 특히 은솔이의 경우는 집에서 학습지를 풀도록 지도하신다고 하네요.

이 교사 : 이제는 체계적으로 접근하는 것도 필요해요. 자음과 모음의 조합 원리, 자소-음소 대응 관계, 맞춤법 등을 유아들에게 직접적으로 가르치는 활동을 하면 금방 읽고 쓸 수 있어요. 그래서 우리 반 아이들은 유치원 주변 간판으로 초성이 같은 낱자 찾기 놀이도 하고, 자·모음 카드로 낱자 조합하는 활동도 하고 있어요.

김 교사 : 자·모음 카드로 흥미 없이 읽기, 쓰기를 하는 것보다는 아이들이 읽기, 쓰기에 관심을 가지도록 일상생활 속에서 유아에게 의미 있는 친구 이름, 과자 상자나 광고지 등으로 놀이하게 해 보는 것도 좋을 것 같아요. 과자 이름 게임을 해 보면 어떨까요? 게임 방법을 알려 줄 때 확장이나 의미 부여를 해 주니 아이들이 쉽게 이해하더라고요. [A]

박 교사 : 네, 지난번에 우리 반 아이들과 친구 이름으로 삼행시 짓기 활동이랑 반 친구 이름 글자가 들어간 단어 찾기 놀이를 했는데 굉장히 재미있어 하고 친구 이름 중 어려운 글자도 읽고 쓰려고 하더라고요. 다음 주에는 ㉠ 친숙한 글자로 의미 있게 접근하면서 필요한 경우 낱자를 이용해 놀이하는 방법을 계획해 봐야겠어요.

(나)

교 사 : 오늘은 과자 이름 주사위 게임을 할 거예요. (게임판을 보여 준다.) 게임판에 무엇이 있니?
은 솔 : 과자 이름이요.
교 사 : ㉡ 게임판에 과자 이름이 있구나.
수 민 : 초콜릿이요.
교 사 : ㉢ 게임판에 초콜릿도 있구나.
은 솔 : 과자집이에요?
교 사 : 응, ㉣ 초콜릿이랑 사탕이랑 과자로 과자집을 만들었나 봐.
……(중략)……
교 사 : 오늘 무슨 게임을 했지요?
지 민 : 과자 이름 게임이요.
교 사 : ㉤ 오늘 게임 재미있었어요?
유아들 : 네~
교 사 : 무엇이 재미있었나요?
은 솔 : 주사위 던지는 거요.
교 사 : ㉥ 은솔이는 왜 재미있었어요?
은 솔 : 주사위에 과자 이름이 있어서요.

1) ① ㉠에 해당하는 문자언어 지도 접근법이 무엇인지 쓰고, ② 그 이유를 쓰시오. [1점]

① _____
② _____

2) ① 환경 인쇄물에 해당하는 예를 [A]에서 2가지 찾아 쓰고, ② 환경 인쇄물의 특징을 쓰시오. [1점]

① _____
② _____

3) (나)의 ㉡, ㉢, ㉣은 유아의 말하기 발달을 지도하기 위한 교사의 발문이다. [A]의 김 교사의 대화 내용을 근거로 ① ㉡과 ㉢에서 공통으로 나타나는 지도 방법의 명칭과 그 이유를 쓰고, ② ㉣에 나타난 지도 방법과 그 이유를 쓰시오. [2점]

① _____
② _____

4) (나)에서 ㉤과 ㉥의 차이점을 교사 발문 유형 측면에서 쓰시오. [1점]

07 (가)는 김 교사의 언어 활동 자료이고, (나)는 ○○ 유치원의 교사 회의 장면의 일부이다. 물음에 답하시오. [5점]

(가)

활동명	활동 내용
귓속말로 전달하기	귓속말로 들은 짧은 문장 하나를 옆 친구에게 전달하고, 마지막 친구가 무엇을 들었는지 말해 본 후 처음 친구의 것과 비교해 본다.
수수께끼	'다리는 다리인데 못 건너는 다리는?'이라고 수수께끼를 내면 친구들이 알아맞혀 본다.
'가'자로 시작하는 말	'가, 가, 가 자로 시작하는 말?' 노래를 배우고 나서 '가', '나', '다'로 시작하는 낱말을 찾아본다.
글 없는 그림책 보고 이야기 꾸미기	글 없는 그림책의 그림을 보고 이야기를 꾸며 본다.
이름으로 삼행시 짓기	친구 이름의 각 낱자를 이용하여 삼행시 짓기 놀이를 해 본다. 이 이상한 나라에 다 다은이가 갔어요. 은 은하수를 타고 갔어요.
ㄱㄴㄷ 공룡	공룡 이름 카드 중 'ㄱ', 'ㄴ', 'ㄷ'으로 시작하는 공룡 이름을 찾아본다.

(나)

김 교사 : 다음 주에 글 없는 그림책을 가지고 이야기 꾸미기를 해 보려고 해요.

박 교사 : 글 없는 그림책은 예술성 높은 그림을 통해 아름다움을 느끼고 자기가 느끼는 대로 이야기를 만들어 갈 수 있어서 상상력을 키울 수 있어요.

이 교사 : 맞아요. 그런데 그림책의 예술적 요소도 중요하지만 글 없는 그림책을 가지고 이야기 꾸미기를 할 때에도 문학적 구성 요소가 중요해요. 아이들은 글자를 읽지 못하지만 그림을 통해서 일어나는 사건의 전개를 경험하게 되니까요. 유아들이 이야기를 잘 꾸미려면 문학적 요소 중 (㉠)이/가 잘 나타나는 글 없는 그림책을 선정해야 해요.

1) ① 음절 인식에 초점을 두는 활동명을 (가)에서 2가지 찾아 쓰고, ② 이 활동들에서 공통적으로 나타난 한글 표기의 특성을 1가지 쓰시오. [2점]

   ① _____
   ② _____

2) 다음의 언어 단위 중 ⓐ와 ⓑ에 해당하는 활동을 (가)에서 찾아 각각 1가지씩 쓰시오. [1점]

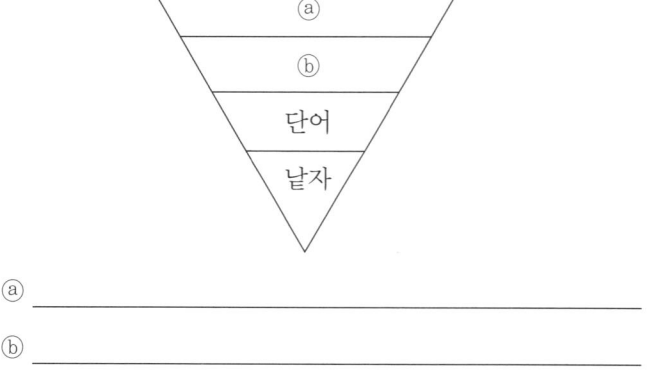

   ⓐ _____
   ⓑ _____

3) (가)에서 ① '수수께끼' 활동 내용에 나타난 언어의 의미론적 특징을 1가지 쓰고, ② 같은 특징을 갖는 수수께끼 1가지를 만드시오. [1점]

   ① _____
   ② _____

4) (나)에서 ㉠의 요소를 이야기 전개 순서대로 쓰시오. [1점]

08

다음은 ○○유치원 4세반 김 교사의 언어 활동 상황이다. 물음에 답하시오. [5점]

(언어 영역에서 종이에 색연필로 무엇인가를 하고 있는 솔이에게 교사가 다가간다.)

교사 : (㉠ 가로선, 지그재그로 꾸불꾸불한 선을 보며) 솔이야, 뭘 그린 거야? 선생님에게…
솔이 : (교사의 말이 끝나기 전에) ㉡ 그린 게 아니고 쓴 거예요.
교사 : 아, 그림을 그린 게 아니고 쓴 거구나. 뭘 쓴 거야?
솔이 : 편지요.
교사 : 누구한테 편지 쓴 거야?
솔이 : 엄마요.
교사 : 뭐라고 썼어? 선생님한테 말해 줄 수 있어?
솔이 : 네. (손가락으로 짚어 가며) 엄, 마, 사, 랑, 해, 요.
교사 : 아, 솔이가 '엄마, 사랑해요'라고 쓴 거구나.
솔이 : 네. (종이를 교사 쪽으로 가져가며) ㉢ 선생님이 다시 써 주세요.
교사 : 그래, 선생님이 써 줄게.

1) ㉠에 나타난 솔이의 쓰기 행동과 〈보기〉의 내용에 공통으로 해당하는 쓰기 단계의 명칭을 쓰시오. [1점]

〈보기〉
○ 글자의 형태는 보이지 않는다.
○ 자기가 좋아하는 선을 반복적으로 그린다.

2) ㉡, ㉢에서 솔이가 문자언어를 인식하고 있다고 볼 수 있는 이유를 각각 쓰시오. [2점]

㉡ _____
㉢ _____

3) ① 교사의 지도가 필요한 솔이의 말하기 행동과 지도 내용을 쓰고, ② 관련된 2019 개정 유치원 교육과정 '의사소통' 영역 내용 범주 '듣기와 말하기'의 내용을 쓰시오. [2점]

① _____
② _____

2020학년도 유치원 교육과정 B

01 다음은 5세반 자유선택활동 상황의 일부이다. 물음에 답하시오. [5점]

(지수와 연서가 쌓기 영역에서 놀이하고 있다.)

지수 : 눈이 온다. 하얀 눈.

연서 : 곰돌이가 눈 속에 묻혀 있어. 빨리 구해 주지 않으면 얼어 죽을 거야.

지수 : (구조대원 옷을 입고 모자를 쓴다.) 저는 구조대원 김지수입니다. 연서 대원, 어서 출동해요. 곰돌이를 빨리 구해야 해요.   [A]

연서 : 지수 대원, 지금은 밤이니까 손전등이 필요해요.

지수 : (손전등을 건네며) 손전등 여기 있어요. 그런데, 곰돌이에게 줄 물도 가져가야 해요. 연서야, 내가 역할 영역에서 물을 가져올 테니까 구조 가방 준비해 줘.

(지수는 역할 영역으로 이동한다.)

연서 : ㉠ (손전등을 살펴보며) 어떻게 켜지? 어, 여기 스위치가 있네? 왜 안 켜지지? 건전지 넣는 곳은 어디지?

지수 : (쌓기 영역으로 돌아와) 연서 대원, 이제 출동합니다.

⋯⋯(중략)⋯⋯

(연서와 지수는 구조한 곰돌이를 수건으로 닦은 후 침대에 눕힌다.)

지수 : (곰돌이 머리에 손을 얹으며) 어, 곰돌이가 열이 많이 나네. 곰돌아, 많이 아프지?

연서 : (주사를 놓으며) 주사를 맞아야겠다.

지수 : 빨리 나아야 하니까 아파도 조금만 참아.

연서 : 빨리 나으려면 음식도 먹어야 해.   [B]

지수 : 여기 우유 있어. 곰돌아, 우유 먹자. 내가 먹여 줄게.

(지수는 곰돌이에게 이불을 잘 덮어 준다.)

연서 : 우리 이제 곰돌이에게 먹일 음식을 만들자.

(연서와 지수는 역할 영역으로 이동하여 음식을 준비하기 시작한다.)

---

1) ① 하위스(C. Howes)의 또래놀이 척도에서 [A]의 지수에게 해당되는 수준의 명칭을 쓰고, ② 그 수준의 대표적인 특성 2가지를 쓰시오. [2점]

① _____

② _____

2) [A]에서 유아들의 놀이틀(play frame) 변화가 나타나는 말을 찾아 쓰시오. [1점]

3) 허트(C. Hutt)의 관점에 근거하여, ⓐ에 들어갈 말을 쓰고 그 이유를 쓰시오. [1점]

| 연서가 보이는 ㉠과 같은 행동은 놀이보다는 (ⓐ)에 가까운 행동이다. |

4) 다음은 [B]의 놀이에 대한 분석이다. ① ⓐ에 들어갈 말을 쓰고, ② ⓑ에 들어갈 말과 이유를 쓰시오. [1점]

| 울프와 그롤만(D. Wolf & S. Grollman)에 의하면, (ⓐ)은/는 기억에 의해 활성화되는 지식 구조이고, 유아들의 경험에 근거한 놀이 내용 및 이야기 구조 수준에 반영된다. 연서와 지수의 이야기 전개 내용과 구조는 도식, 사건, 에피소드 가운데 (ⓑ) 수준에 해당한다. |

① _____

② _____

02 (가)~(마)는 ○○유치원 학부모 연수 자료의 일부이다. 물음에 답하시오. [5점]

(가)
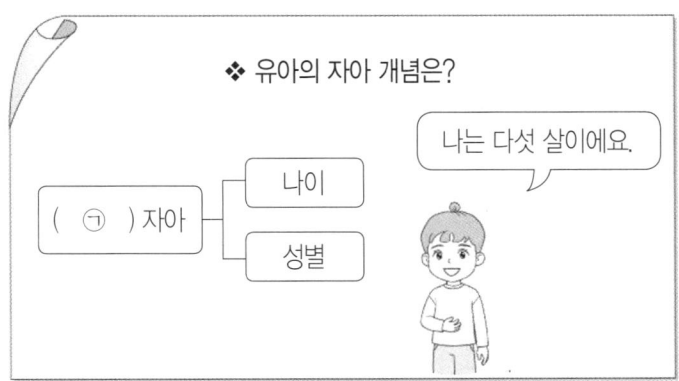

(나)
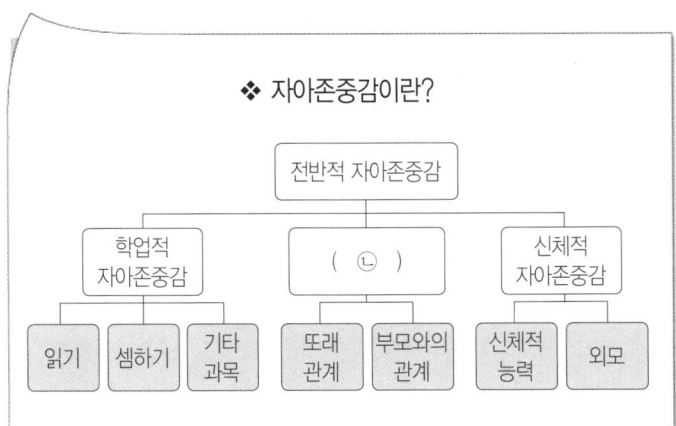

(다)
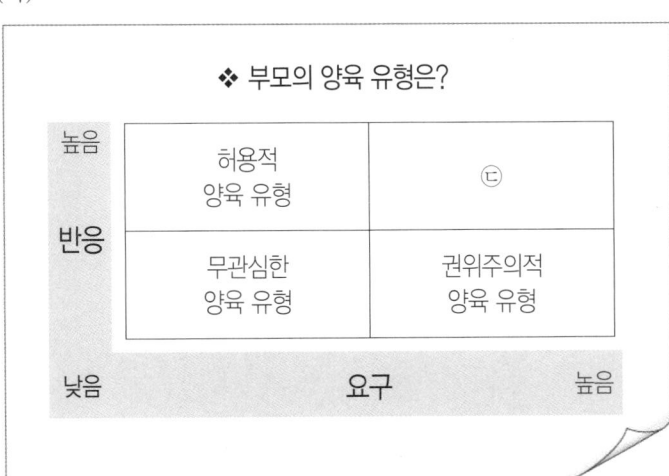

(라)
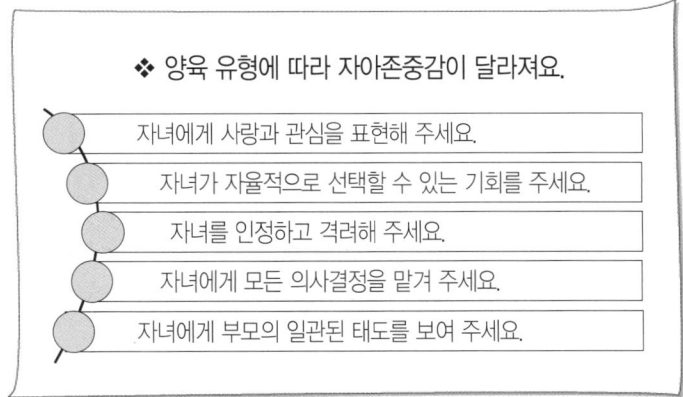

❖ 양육 유형에 따라 자아존중감이 달라져요.
- 자녀에게 사랑과 관심을 표현해 주세요.
- 자녀가 자율적으로 선택할 수 있는 기회를 주세요.
- 자녀를 인정하고 격려해 주세요.
- 자녀에게 모든 의사결정을 맡겨 주세요.
- 자녀에게 부모의 일관된 태도를 보여 주세요.

(마)

❖ 유아의 우정 발달 단계 특징은?
- 신체적 상호작용이 중심이 돼요.
- 또래관계가 쉽게 변하고 순간적이에요.
- 친구의 내적 사고나 감정에 대해 이해를 못 해요.
- 놀이 친구를 지향해요.

1) (가)의 ㉠에 들어갈 말을 쓰시오. [1점]

2) ① (나)의 자아존중감에 대한 위계적 구조에서 ㉡에 해당하는 명칭을 쓰고, ② 관련된 2019 개정 유치원 교육과정 '사회관계' 영역의 내용 범주와 내용을 순서대로 쓰시오. [1점]

①
②

3) 바움린드(D. Baumrind), 맥코비와 마틴(E. Maccoby & A. Martin)의 양육 유형에 근거하여, ① (다)의 ㉢에 들어갈 명칭을 쓰고, ② (라)에서 ㉢에 적절하지 않은 1가지를 찾아 고쳐 쓰시오. [2점]

①
②

4) 셀만(L. Selman)이 제시한 우정발달 단계 중, ① (마)의 특징에 해당하는 단계의 명칭을 쓰고, ② 다음 단계의 명칭과 특징을 쓰시오. [1점]

①
②

03

다음은 실습 교사들과 지도 교사들이 나눈 대화의 일부이다. 물음에 답하시오. [5점]

실습 교사 A : 선생님, 쌓기 영역의 놀이가 활발하게 잘 진행되려면 어떻게 하면 좋을까요?

홍 교사 : 유아들의 쌓기놀이를 관찰해 보시는 것이 좋은데, 오늘 자유선택활동 시간에 유아들과 쌓기놀이 같이 하셨지요? 유아들 놀이가 어땠나요?

실습 교사 A : 네. 유아들은 여러 개의 블록으로 떨어지지 않게 연결하여 동그란 공간을 만들었어요. 무엇을 만든 건지 물어보면, 구조물 이름을 말하지 못하는 유아들이 있었어요. [A]

홍 교사 : 잘 관찰하셨어요.

실습 교사 A : 그리고 여자 아이들보다 남자 아이들의 참여가 훨씬 많았고요. 비슷한 주제의 놀이를 많이 하는 것 같았습니다.

윤 교사 : 쌓기 영역의 (㉠)이/가 높아지면 그런 모습이 나타날 수도 있지요.

홍 교사 : 이번 주에 역할 영역의 공간을 넓혀 줬더니, 옆에 있는 쌓기 영역의 공간이 좁아졌어요. 그러면 같은 주제의 놀이를 하거나, 공격적인 놀이가 나타나기도 해요. [B]

실습 교사 A : 쌓기 영역 공간을 다시 넓혀 (㉠)을/를 낮춰야 할까요?

홍 교사 : 그것보다는 쌓기 영역의 놀잇감이 역할놀이의 소품으로도 활용될 수 있고, 쌓기놀이에 여자 아이들도 많이 참여할 수 있도록 공간을 재배치하는 것이 더 좋을 것 같습니다.

……(중략)……

실습 교사 B : 선생님, 오늘 준우가 놀이하는 것을 봤습니다. 준우는 게임할 때 다른 방식으로도 놀고, 즐거워해요. 또한 달리기를 잘하고, 협동해서 놀아요. 특히 이야기를 재미있게 해서 친구들이 좋아하고, 친구들과 익살스럽게 이야기해요. [C]

윤 교사 : 그렇죠? 제가 준우의 놀이성을 측정했을 때, 놀이성 척도의 하위 요소 중에서 신체적 자발성, 사회적 자발성, 인지적 자발성, 즐거움의 표현보다 (㉡)이/가 높게 나왔어요.

1) 존슨(H. Johnson)의 블록 쌓기놀이 발달 단계에 근거하여, ① [A]에 해당하는 단계의 명칭을 쓰고, ② [A]의 전 단계에 해당하는 명칭을 쓰시오. [1점]

①＿＿＿＿＿＿＿＿＿＿＿＿＿

②＿＿＿＿＿＿＿＿＿＿＿＿＿

2) ① ㉠에 공통으로 들어갈 용어를 쓰고, ② [B]의 내용을 고려하여, 역할 영역과 쌓기 영역의 문제점을 해결하기 위해 공간을 재구성하는 방법 1가지를 쓰시오. [2점]

①＿＿＿＿＿＿＿＿＿＿＿＿＿

②＿＿＿＿＿＿＿＿＿＿＿＿＿

3) 다음 바넷(L. Barnett)의 놀이성(playfulness) 척도에 근거하여, ① ㉡에 공통으로 들어갈 용어를 쓰고, ② [C]에서 ⓐ, ⓑ, ⓒ, ⓓ에 해당하는 준우의 특성을 1가지씩 각각 순서대로 쓰시오. [2점]

신체적 자발성	ⓐ
사회적 자발성	ⓑ
인지적 자발성	ⓒ
즐거움의 표현	……(생략)……
㉡	ⓓ

①＿＿＿＿＿＿＿＿＿＿＿＿＿

②＿＿＿＿＿＿＿＿＿＿＿＿＿

04 (가)는 새 노래 지도에 대한 5세반 교사들의 대화이고, (나)는 손 교사가 작성한 저널의 일부이다. 물음에 답하시오. [5점]

(가)

손 교사 : 선생님, 이 곡은 새 노래 지도를 위해 제가 선정한 동요인데 살펴봐 주세요.

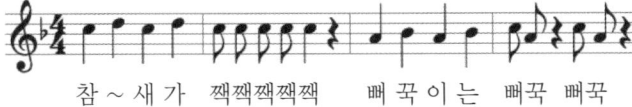

짹짹 뻐꾹

참 ~ 새 가 짹짹짹짹 뻐꾹이는 뻐꾹 뻐꾹
새 ~ 들이모여서 노래를한다 짹짹 뻐꾹 노래를한다

유 교사 : 재미있는 노래 같은데 ㉠ 5세 유아의 음역 발달을 고려하면, 적절하지는 않은 것 같아요. 부르고 싶으시면 조옮김해서 부르는 방법을 고려해 보세요.
손 교사 : 아! 그걸 미처 생각하지 못했네요. 그동안 유아들의 재미만을 생각해서 동요의 음역을 고려하지 않은 것은 물론, 어려운 리듬이나 박자가 포함된 동요도 많이 선정해 불러 왔거든요.
유 교사 : 저도 그런 적이 있어 항상 염두에 두어야 할 것 같아요.
손 교사 : 유아들이 노래를 부를 때 음악적 요소도 잘 이해하고 부를 수 있도록 하면 좋겠는데 어떤 방법이 좋을까요?
유 교사 : 음악적 요소 중 (㉡)의 경우, 익숙한 동요 부르기 시간에 ㉢ 유아들의 목소리가 점점 작아지거나 커지도록 노래를 불러 보았어요.
손 교사 : 유아들이 재미있어했겠네요.
유 교사 : 네. 무엇보다 노래 부르기 활동은 ㉣ 유아들이 사람들마다 지닌 고유한 목소리에 따라 구별되는 (㉤)의 차이를 경험할 수 있는 것만으로도 즐거운 음악 활동이 되는 것 같아요.

(나)

오늘은 우리 반 유아들에게 새 노래 지도를 하였다. 노래 지도 방법이 적절했는지 내가 지도했던 내용들을 다시 한 번 살펴보았다.

[A]
- ㉥ 바른 자세로 노래 부르는 방법 시범 보이기
- ㉦ 새 노래를 한 소절씩 나눠 반복하여 익히기
- ㉧ 새 노래의 분위기와 느낌에 대해 이야기 나누기
- ㉨ 오선악보와 가사를 보며 새 노래 부르기
- ㉩ 간단한 리듬악기 반주에 맞춰 새 노래 부르기

1) 유아를 위한 동요 선정 시 고려할 점을 근거로, ㉠의 이유를 쓰시오. [1점]

2) (가)의 ① ㉡에 들어갈 음악적 요소를 쓰고, ② ㉢을 위해 노래 부르기 시 교사의 노래 지휘 방법을 1가지 쓰시오. [1점]

① _____
② _____

3) (가)의 ① ㉤에 들어갈 음악적 요소를 쓰고, ② ㉣을 활용한 게임 방법을 1가지 쓰시오. [1점]

① _____
② _____

4) (나)의 [A]에서 유아를 위한 새 노래 지도 방법으로 적절하지 <u>않은 것</u> 2가지를 찾아 기호를 쓰고, 각각 바르게 고쳐 쓰시오. [2점]

05 (가)는 5세반 박 교사의 미술 활동 계획이고, (나)는 미술 감상 활동 상황이며, (다)는 유아의 작품이다. 물음에 답하시오. [5점]

(가)

다양한 미술 문화와 미술 작품에 대한 지식, 미술 교과의 본질적인 가치 및 독자성 등을 강조하고, 학문 중심 미술 교육, 사회 중심 미술 교육 등의 가능성을 다양하게 모색한 (㉠) 미술 교육 동향을 수업에 반영하려고 한다. 이 동향은 교육과정을 잘 해석할 수 있는 교사의 역할이 중요하기 때문에 관련된 교육 내용을 살펴보았다. 그래서 수업에서는 미적 교육, 미술과 문화, 표현과 비평 등을 알 수 있도록 미술 감상 활동을 계획하였다.

(나)

 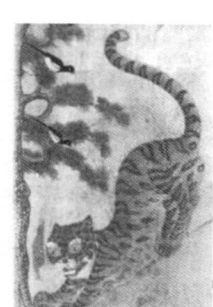

〈까치와 호랑이〉 – 작자 미상

박 교사 : 그림에 어떤 것들이 보이니?
미　선 : 호랑이요. 호랑이가 귀엽게 생겼는데 목에 점이 있어요.
성　준 : 호랑이 털이 검정색이고, 귀가 세모처럼 보여요.
박 교사 : 그림에서 모습과 색, 모양을 찾아봤구나. 그러면 두 작품의 같은 점이나 다른 점을 찾아 볼 수 있니?　　　　　　　　　　　　　　[A]
도　희 : 털이 굵은 선과 가는 선으로 그려졌어요.
승　우 : 두 호랑이의 표정과 꼬리 모양이 달라요.
박 교사 : 그런데, 선생님이 종류가 다른 '까치와 호랑이' 그림을 여러 장 더 가져왔어요. 이 그림들을 보고 비슷하게 보이는 그림끼리 나누어 보자.
현　준 : 앉아 있는 호랑이와 움직이는 호랑이로 나누어 볼 수 있어요.
……(중략)……
박 교사 : 지금부터 선생님이 사회자를 할게. 호랑이가 무서운지 안 무서운지 너희들 생각을 자유롭게 발표해 보자.
성　준 : 저는 호랑이가 무섭지 않다고 생각해요. 호랑이 얼굴이 귀엽게 그려졌어요.
승　우 : 그림에서는 무섭지 않은 것 같아요. 호랑이 얼굴이 웃는 모습 같고, 한 마리는 고양이같이 보여서요.

영　희 : 저는 생각이 달라요.
박 교사 : 영희는 어떻게 생각했니?
영　희 : 저는 무섭다고 생각해요. 호랑이들의 눈이 엄청 크고, 발톱도 크거든요.
도　희 : 저도 호랑이가 달려들 것 같아서 무서워 보여요.　　　　　　　　　　　　　　　　　[B]
박 교사 : 호랑이가 무섭다는 것에 찬성하는 친구도 있고, 반대하는 친구도 있구나.
……(하략)……

(다)

'호랑이'는 '까치와 호랑이' 감상 활동 후 그린 그림이고, '우리 가족'은 지난주에 그린 그림이다.

〈호랑이〉　　　　〈우리 가족〉

1) (가)의 ㉠에 들어갈 말을 쓰시오. [1점]

2) (나)의 [A]에서 ① 미술적 요소 '형태'를 인식하고 있는 유아의 말을 2가지 찾아 쓰고, ② 미술적 원리 '움직임'을 인식하고 있는 유아의 말을 1가지 찾아 쓰시오. [1점]

①
②

3) (나)의 ① [A]에서 활용한 방법을 모두 포괄하는 미술 감상 지도 방법과, ② [B]에 해당하는 미술 감상 지도 방법을 쓰시오. [1점]

①
②

4) 버트(C. Burt)의 평면 표현 발달 단계 중에서 ① (다)의 유아 그림에 나타난 발달 단계를 쓰고, ② 그 단계의 특징을 쓰시오. [2점]

①
②

06 (가)는 5세반 유아들의 대화 상황이고, (나)는 (가)를 관찰한 후 교사가 작성한 활동 계획안의 일부이다. 물음에 답하시오. [5점]

(가)

서진 : (파란 공을 들고) 우리 제일 큰 이 공으로 공놀이 하자.	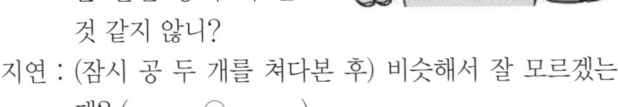
재윤 : 그런데 바구니에 있는 빨간 공이 더 큰 것 같지 않니?	

지연 : (잠시 공 두 개를 쳐다본 후) 비슷해서 잘 모르겠는데? (㉠).
재윤 : 내 말이 맞지? 빨간 공이 더 커.
서진 : 큰 공은 무거우니까 우리 가벼운 공으로 놀자. 바구니에서 작은 공을 골라 보자.
재윤 : 왜 작은 공을 골라야 해?
서진 : 탁구공이 축구공보다 가볍잖아.
지연 : 작은 공이 모두 가볍지는 않아.
재윤 : 큰 공이 다 무거운 건 아니야.
서진 : 뭐든지 큰 공은 무겁고 작은 공은 가벼운 거야. [A]
재윤 : 물놀이 할 때 비치볼은 축구공보다 크지만 더 가벼웠어.
지연 : 우리 빨간 공과 파란 공 중 어떤 공이 무거운지 알아볼까?

(나)

활동 목표	㉡ 물체의 크기가 같아도 무게가 다를 수 있다는 것을 안다. ……(하략)……
활동 자료	양팔저울, 바둑알, 장난감 공, (㉢)

활동 방법	○ 장난감 공과 (㉢)을/를 양팔저울의 접시에 올려놓는다.
	  - 어느 것이 더 무겁니?
	  - 어느 것이 더 무거운지 어떻게 알 수 있었니? [B]
	  - 무거운 쪽의 접시가 어떻게 되었니?
	○ 바둑알을 사용하여 장난감 공과 (㉢)의 무게를 측정한다.

1) 측정 활동 중 (가)의 ㉠에 들어갈 유아의 말을 다음 ⓐ와 ⓑ에 맞게 제시하시오. [1점]

시각적 비교	……(중략)……
직접적 비교	ⓐ
간접적 비교	ⓑ

ⓐ _____

ⓑ _____

2) ① (가)의 [A]에서 유아의 오개념이 나타난 말을 찾아 쓰고, ② (나)의 활동 목표 ㉡을 달성하기 위해 ㉢에 들어갈 활동 자료를 쓰시오. [2점]

① _____

② _____

3) ① (나)에 반영된 찰스워스와 린드(R. Charlesworth & K. Lind)의 유아 측정 개념 발달 단계의 명칭을 쓰고, ② (나)의 [B]에 근거하여 양팔저울이 유아의 측정 활동에 적합한 이유 1가지를 쓰시오. [2점]

① _____

② _____

07 (가)는 5세반 과학 활동 실시 전 장 교사의 수업 메모의 일부이고, (나)는 과학 활동 상황이며, (다)는 수업 관찰기록의 일부이다. 물음에 답하시오. [5점]

(가)

유아들은 찰흙 활동을 통해 다양한 아이디어로 찰흙을 변형시켜 보는 경험을 할 수 있다. ……(중략)…… 이번 활동에서는 같은 양의 찰흙 공을 제공해 주어 다양한 형태로 변형시켜 보고 ㉠ 다시 원래의 형태로 되돌려 보는 활동을 해 보려고 한다. 이 과정에서 유아들은 자신이 알고 있는 사실과 새롭게 발견한 결과 사이에서 (㉡)을/를 경험하고 기존의 자신이 가지고 있던 개념을 변화시켜 볼 수 있을 것 같다. 오늘 활동에서는 유아들의 현재 발달 수준보다 더 높은 수준으로 이끌기 위해 구체적인 도움을 주는 (㉢)을/를 해야겠다.

(나)

(유아들이 같은 크기의 동그란 공 모양 찰흙을 가지고 놀이하고 있다.)

민　석 : 와. 동글동글한 찰흙 공이다.
효　린 : 난 두드려서 납작하게 만들 거야.
장 교사 : 찰흙이 어떻게 되었니?
민　석 : (찰흙 공을 굴려서 길게 만들며) 진짜 길어졌어요. 내 것 봐. 내 찰흙이 네 것보다 많아.
효　린 : (찰흙 공을 바닥에 두드리며) 내 찰흙이 더 많아.
민　석 : 아니야. 내가 더 많아.
효　린 : (반죽 위에 손바닥을 올려놓으며) 이것 봐. 내 손바닥보다 커.　　　　　　　　　　　　　[A]
장 교사 : 그럼 다시 동그랗게 뭉쳐 볼까?
　　　(효린이와 민석이가 찰흙을 다시 둥글게 뭉친다.)
효　린 : (두 찰흙을 마주 대어 보며) 이거 봐 봐. 내 찰흙이 더 많은 줄 알았는데 똑같네.

민　석 : 마주 대니까 눈사람 같다. 우리 같이 눈사람 만들어 볼까?
효　린 : 그럼 나는 얼굴 만들 테니까 너는 몸 만들어.
민　석 : 좋아. 찍기 판으로 단추를 만들게. 너도 이걸로 해 봐.　　　　　　　　　[B]
효　린 : 그래. 난 이걸로 코 만들 거야. 우리 둘이 합치면 멋진 눈사람이 될 것 같아.
　　　　　　……(중략)……
장 교사 : ㉣ 찰흙에 물을 넣으면 어떻게 될까?
민　석 : 말랑말랑해질 것 같아요.
장 교사 : 더 말랑말랑해지려면 어떻게 해야 할까?
민　석 : 손으로 주무르면 돼요.
효　린 : 물을 넣으면 돼요. 선생님, 이것 보세요. 제 찰흙이 진짜 부드러워졌어요.
장 교사 : ㉤ 찰흙이 왜 이렇게 부드러워졌을까?
효　린 : 물을 많이 넣었거든요.
장 교사 : 물을 넣고 나니까 찰흙이 어떻게 변했니?
효　린 : 더 말랑말랑해졌어요.

(다)

오늘 효린이와 민석이는 함께 찰흙으로 눈사람을 만들었다. 이 과정에서 아이디어를 구성하기 위해 서로 협의하고, 역할을 분담하며 도구를 함께 나누어 쓰는 (㉥)을/를 관찰할 수 있었다.

1) 보존개념의 이해 원리 중 ㉠과 관련된 원리의 명칭을 1가지 쓰시오. [1점]

2) ① (가)의 ㉡에 들어갈 용어를 피아제(J. Piaget)의 인지적 구성주의에 근거하여 쓰고, ② ㉡을 통해 효린이가 알게 된 것을 (나)의 [A]에서 찾아 쓰시오. [1점]
① _____
② _____

3) 비고츠키(L. Vygotsky) 이론에 근거하여, (가)의 ㉢에 들어갈 용어를 쓰시오. [1점]

4) (나)의 [B]에 근거하여, (다)의 ㉥에 들어갈 유아의 과학적 태도를 쓰시오. [1점]

5) (나)의 ㉣과 ㉤의 발문에서 교사가 의도한 유아의 과학적 탐구 과정과 그 이유를 사례에 근거하여 각각 쓰시오. [1점]

08 (가)~(라)는 5세반 자유선택활동 상황의 일부이고, (마)는 김 교사 저널의 일부이다. 물음에 답하시오. [5점]

(가)

(나)

(다)

(라)

……(중략)……
김 교사 : (밤 5개를 모으게 한 후에) 접시에 있는 밤의 수를 세어 보자.
수 지 : ㉠ (나란히 배열된 밤을 하나씩 가리키며 수 이름을 말한다.) 하나, 둘, 셋, 넷, 다섯.
김 교사 : 그럼 밤이 2개 남으려면 어떻게 해야 할까?
지 호 : ㉡ (밤 5개 중에서 3개를 접시 밖으로 옮긴 후 남은 밤을 하나씩 가리키며) 하나, 둘, 두 개요.

(마)

오늘 수·조작 영역에서 유아들은 밤 5개를 몇 개로 나눌 것인지와 모두 모으면 몇 개가 되는지에 대한 자신의 생각을 말로 이야기 나누는 과정에서 수학적 과정 기술 중 (㉢)을/를 활용하였다.

1) (나)에서 (다)로 진행된 활동에서 유아들이 경험한 연산을 쓰시오. [1점]

2) ① ⓐ에 들어갈 말을 쓰고, ② (라)의 ㉠에 근거하여 ⓐ의 특징을 쓰시오. [2점]

수 세기는 각 수를 지칭하는 이름을 순서대로 기억하여 기계적으로 세는 일반적 수 세기와 (ⓐ)이/가 있다.

① _____
② _____

3) (라)의 ㉡과 관련된 구체물을 활용한 빼기 전략을 쓰시오. [1점]

4) (마)의 ㉢과 ⓐ에 공통으로 들어갈 말을 쓰시오. [1점]

(ⓐ)은/는 유아들이 일상생활과 수학적 상황에서 수학적 언어 및 상징을 사용하고, 수학으로 이해한 것을 다른 사람과 공유하기 위해 말이나 글로 표현하는 수학적 과정 기술을 의미한다.

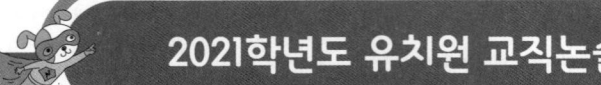

2021학년도 유치원 교직논술

문제

다음은 민 교사와 권 교사가 부모와의 의사소통 경험에 대해 이야기를 나누는 장면이다. 1) 민 교사의 대화에 근거하여 양방향적 의사소통의 필요성 1가지를 논하고, 권 교사의 대화에 제시된 대면 개별(개인)면담과 전화면담의 장점을 각각 2가지씩 논하시오. 2) 대화에 근거하여 워크숍 형식이 부모교육 방법으로 적합한 이유 1가지와 워크숍으로 부모교육을 실시하고자 할 때 교사가 준비해야 할 사항 3가지를 논하시오. 3) 대화에 근거하여 워크숍으로 부모교육을 실시했을 때 교사-유아, 교사-부모, 유아-부모 관계에서 나타날 수 있는 긍정적 효과를 각각 2가지씩 논하시오. [총 20점]

민 교사 : 요즘 우리 반 지수는 혼자 책 읽기 영역에 머무는 시간이 많아요. 책을 보는 것은 좋지만 지수가 친구들과 잘 어울리지 않더라고요. 오늘 지수 어머니가 지수를 데리러 오셨기에 지수가 집에서는 어떤지 좀 여쭤보려 했거든요. 그런데 지수 어머니께서 바쁘다면서 급히 가시는 거예요. 아무래도 아이의 문제를 함께 해결하기 위해서는 부모님과 직접 이야기를 나누어야 하잖아요. 물론 어떤 부모님은 일방적으로 자기 이야기만 하시니 만나기만 한다고 다 해결되는 것은 아니지만요. 무엇보다 부모와 교사 간에 양방향적 의사소통이 필요한 것 같아요.

권 교사 : 저도 비슷한 경험이 있어요. 특히 어떤 아이가 문제 행동이나 이해하기 어려운 행동을 할 때 가정에서는 어떤지 알아보는 것이 도움이 되더라고요. 그래서 그런 경우에 전 부모님과 대면 개별면담을 하기도 하고, 부모님과 전화면담도 해요.

민 교사 : 그렇군요. 그런 면에서 이번 부모교육 주제를 '의사소통'으로 정해 소집단 모임 형식의 워크숍으로 진행하면 어떨까요? 부모님들께서 직접 의사소통 기술을 익히고 실습까지 해 보면 좋을 것 같거든요. 워크숍을 진행한 후에는 부모님과 선생님이 함께 의사소통 기술을 계속 익히고 적용해 볼 수 있도록 소집단 모임을 정례화하는 방안도 생각해 보면 좋을 것 같아요.

권 교사 : 서둘러 부모교육 계획을 세워 원장님께 보여 드리고 바로 준비해야겠네요. 일정을 확인해서 부모님들께 보낼 가정통신문도 만들고 부모님들께서 참석하기 편한 일정이 언제인지도 알아봐야겠어요. 부모님들께서 의사소통 기술을 배우면 자녀의 눈높이에 맞춰 대화할 수 있어서 유아들이 정서적으로 더 안정되고, 사회적 능력도 증진될 수 있을 거예요.

민 교사 : 지난번에 원감님께서 의사소통 기술을 주제로 강연을 하셨으니 이번 워크숍도 원감님께 부탁드리면 어떨까요?

권 교사 : 네, 좋아요. 우리 선생님들도 함께 참석하면 좋을 것 같네요. 그러면 우리도 의사소통 기술이 향상되어 유아의 요구에 더 민감하게 반응할 수 있고, 유아의 특성에 맞는 교육을 더 잘 할 수 있겠지요. 그뿐만 아니라 선생님들은 부모님들과의 관계에서 자신감이 향상되고, 부모님들은 선생님들과 양방향적 의사소통이 더 원활해져 유치원 일에 적극적으로 협조해 주실 수 있을 거예요.

답안 작성 시 유의사항

- 주어진 답안지 면수(2매 이내)에 맞게 서술하시오.

- 글의 체계를 논리적으로 짜임새 있게 구성하시오.

- 글의 명료성, 타당성, 일관성을 고려하여 서술하시오.

배점

- **논술의 내용 [총 15점]**
  - 양방향적 의사소통의 필요성(1점), 대면 개별(개인)면담과 전화면담 장점(4점) [5점]
  - 부모교육으로 워크숍 형식이 적합한 이유(1점)와 이를 실시할 때 교사가 준비해야 할 사항(3점) [4점]
  - 교사-유아, 교사-부모, 유아-부모 관계에서 나타날 수 있는 긍정적 효과 [6점]

- **논술의 체계 [총 5점]**
  - 글의 논리적 체계성 [3점]
  - 맞춤법 및 어휘·문장의 적절성 [2점]

아테나 유치원 임용시험 연도별 기출문제

초안지

2021학년도 유치원 교육과정 A

01 다음은 ○○유치원 교사들이 2019 개정 유치원 교육과정과 관련하여 나눈 대화의 일부이다. 물음에 답하시오. [5점]

이 교사 : 2019 개정 유치원 교육과정은 추구하는 인간상을 새롭게 제시하고 이와 연계하여 목표를 구성하고 있어요.

유 교사 : 목표에서 유아들이 주변 세계에 대한 호기심과 탐구심을 가지고 자유롭게 놀이하면서 상상력과 기초능력을 키우도록 하고 있어요. 더불어 ㉠ 독창적인 사고로 새로운 아이디어나 해결 방법을 찾아낼 수 있는 능력도 기르도록 하고 있죠.

이 교사 : 2019 개정 유치원 교육과정의 목적에 바른 인성과 민주 시민의 기초 형성이 제시되었죠. 그래서 ㉡ 인성 덕목 중 하나인 존중과 함께, 다른 사람에게 관심을 가지고 보살펴 주면서 마음을 쓸 수 있도록 하는 내용도 지도해야 할 것 같아요.

정 교사 : 목표와 관련하여 2019 개정 유치원 교육과정의 '편성·운영'을 살펴보니 '누리과정을 바탕으로 각 기관의 실정에 적합한 계획을 수립하여 운영한다.'와 '성, 신체적 특성, 장애, 종교, 가족 및 문화적 배경 등으로 인한 차별이 없도록 편성하여 운영한다.'는 내용이 있더라고요.

유 교사 : 그 외에 우리 반의 자폐 유아인 미선이도 또래와 함께 놀이할 수 있도록 지원해 주어야 하고, 유아들이 자신의 성장에 적합한 방식 [A] 으로 놀이할 수 있도록 교육과정을 운영해야 하는데, 어떻게 해야 할지 고민돼요.

······(중략)······

박 교사 : 2019 개정 유치원 교육과정에서는 평가의 자율화를 강조하고 있는데 평가 계획과 실행이 잘 이루어져야 해요.

정 교사 : 제가 '평가' 내용을 살펴보니 평가의 목적, 대상, 방법, 그리고 ㉢ 평가 결과의 활용으로 나누어 제시하고 있더라고요.

---

1) 2019 개정 유치원 교육과정의 '목적과 목표'에 제시된 것 중 ㉠과 ㉡에 해당하는 용어를 각각 순서대로 쓰시오. [2점]

㉠ _____

㉡ _____

2) 2019 개정 유치원 교육과정의 '편성·운영' 중에서 [A]에 해당하는 내용을 쓰시오. [1점]

3) 2019 개정 유치원 교육과정의 '평가'에 제시된 ㉢의 내용 2가지를 쓰시오. [2점]

02 다음은 놀이 지원에 대한 교사의 반성적 저널이다. 물음에 답하시오. [5점]

2주 동안 유아들은 다양한 길을 만드는 놀이를 하였다. 지도를 활용하여 유치원에서 공원까지 갈 수 있는 가장 빠른 길을 찾아보자고 찬희가 요청했다. 나는 유아들의 의견을 반영해 ㉠ '가장 빨리 갈 수 있는 길'을 알아볼 수 있도록 인터넷 지도를 활용할 수 있게 도왔는데, 유용하게 사용되었던 것 같다.

[A] 유아들은 종이에 직접 지도를 그려 보기를 원하였고, 점점 더 큰 종이를 사용하게 되면서 그리기 장소가 좁다고 하였다. 그래서 복도까지 나가서 그릴 수 있도록 허용해 주었다. 지도 그리기에서 시작되어 길 만들기로 확장된 놀이에 유아들은 더욱 몰입하게 되었다. 놀이 흐름이 끊기지 않고 지속적으로 놀이가 확장될 수 있도록 지원할 필요가 있었다. 유아들이 만든 구성물을 치우지 않고 며칠 동안 그대로 두어 유아들이 계속 놀이할 수 있도록 하였다. 몇몇 유아들은 길 위에 건물까지 만들고 싶어 해서 재활용품을 내어 주고 다양한 모양의 건물을 만들도록 도왔다. 길 위에 건물까지 완성한 유아들은 자신들이 만든 길을 보고 기뻐하였다. 나도 박수를 치며 유아들의 노력을 칭찬하였다.

놀이가 진행되면서 공동의 공간 사용, 안전의 문제 등이 염려되었다. 그리고 언제, 어디까지 진행할지, 어떻게 마무리할지를 결정할 필요가 있었다. 이러한 결정을 하기 위해서는 놀이에서 의사 결정의 주체는 누가 되어야 하는지, 교사인 내가 유아들과 평등한 관계를 맺고 있는지를 되돌아보아야 했다. ㉡ 놀이의 주체인 유아들과 의논하여 결정하는 것이 중요하며 놀이를 통한 민주적 관계 형성 경험이 유아들을 행복한 미래의 삶으로 이끌어 줄 수 있는 주요한 요인이라고 생각하게 되었다.

1) [A]에서 교사가 실행한 놀이 지원 중 ① 놀이 공간과 시간 지원에 해당하는 각각의 문장과 ② 교사의 정서적 지원에 해당하는 문장을 1가지씩 찾아 쓰시오. [2점]

① _____

② _____

2) 반 매넌(V. Manen)의 이론에 근거하여, ① ㉠과 ㉡에 해당하는 반성적 사고 수준의 명칭을 각각 쓰고, ② ㉠과 ㉡ 중 반성적 사고 수준이 더 높은 것을 찾아 그 개념을 설명하시오. [3점]

① _____

② _____

03 다음은 유치원 교사들의 대화 내용이다. 물음에 답하시오. [5점]

이 교사: 2019 개정 유치원 교육과정에서는 교사가 자연스러운 상황에서 유아의 놀이 흐름을 따라가며 지원하는 게 중요해졌죠.

한 교사: 그러한 점은 루소(J. Rousseau)의 사상과 관련 있는 것 같아요. 자연적 교육 혹은 자연주의 교육 방법으로 언급되는 (㉠)은/는 지식을 외부에서 유아에게 강제적으로 주입해 주는 것보다 유아의 자유로운 활동을 존중하여 자연스러운 발달을 돕는 것을 의미해요. 이는 아동 중심 교육과 관련되기도 하죠.

이 교사: 유아가 자유롭게 놀이하면서 배우려면 직접 경험하는 것이 중요해요. 이것을 루소의 사상에 비추어 보면, 인간의 정신세계로 들어오는 모든 것은 (㉡)을/를 통하기 때문에 유아기에는 실물을 보고 만지고 느끼면서 외부 세계를 경험하는 것이 중요하죠.

한 교사: 유아가 직접적인 경험을 통해 배우는 것은 듀이(J. Dewey)의 사상과도 관련돼요. 이것은 경험의 원리로 설명할 수 있죠. 그 원리 중 하나는 ㉢ 경험이 환경과의 상호작용을 통해 형성된다는 것이고요, 또 다른 하나는 ㉣ 현재의 경험과 과거의 경험이 연결되고 그 경험이 미래의 경험으로 이어진다는 것이에요.

이 교사: 네, 저도 동의해요. 유아가 오늘 놀이에서 무엇을 경험하느냐에 따라 어제까지 알고 있던 지식이 조금씩 바뀌거나 새로워질 수 있죠. 이것을 듀이의 사상과 관련하여 해석하면, 교육은 끊임없는 경험의 재구성을 통한 (㉤)(이)라는 것을 의미하죠.

김 교사: 슈바르츠와 로비슨(S. Schwartz & H. Robison)이 말했던 대로 의도적인 경험뿐 아니라 의도하지 않은 경험도 유아의 배움에 영향을 줄 수 있어요. 예를 들면, 교사가 계획한 활동뿐 아니라 교실의 분위기, 유아·교사·교구 간의 상호작용 같은 요인들도 중요한 것 같아요. [A]

1) ㉠과 ㉡에 들어갈 말을 각각 쓰시오. [2점]

㉠ _____
㉡ _____

2) ① ㉢과 ㉣에 해당하는 원리를 각각 1가지씩 쓰고, ② ㉤에 들어갈 말을 쓰시오. [2점]

① _____
② _____

3) 슈바르츠와 로비슨(S. Schwartz & H. Robison)이 분류한 교육과정 유형 중 [A]와 관련 있는 것을 쓰시오. [1점]

04 다음은 ○○유치원의 5세반 신체활동 상황이다. 물음에 답하시오. [5점]

교 사 : 얘들아, 오늘은 색깔을 보고 어떤 생각이나 느낌이 드는지 우리 몸으로 표현해 보는 활동을 할 거야.
유아들 : (활기차게) 네.
교 사 : (파란색 판을 보여 주며) 파란색을 보니 어떤 생각이 드니?
민 준 : 하늘요.
교 사 : 하늘 하면 생각나는 느낌을 몸으로 표현할 수 있을까?
민 준 : (유연하게 천천히 걸으며) 야, 신난다.
교 사 : 민준아, 지금 어떤 느낌을 표현하고 있는 거야?
민 준 : 자유롭게 훨훨 날아가는 느낌요.
교 사 : 그렇구나. 민준이는 자유롭게 훨훨 날아가는 것을 표현하고 있구나! 그럼 혹시 다른 것을 표현하고 싶은 친구가 있니?
유 나 : 저요! (교실 주위를 스키핑으로 나선을 그리며) 선생님, 어때요?
교 사 : 유나야, 지금 무엇을 표현한 거야?
유 나 : 바람요.
교 사 : 유나가 바람을 정말 잘 표현했구나!
태 현 : (팔을 앞뒤로 흔들고 리핑을 하며) 선생님, 저는 행복한 느낌이 들어요.
교 사 : 정말 재미있는 표현들이 많구나! 이번에는 선생님이 리본을 나눠 줄게. 선생님이 보여 주는 색깔을 보고 어떤 생각이나 느낌이 드는지 자유롭게 표현해 보자.
유 나 : 선생님, 저 좀 보세요. ㉠ <u>리본을 위로 던졌다가 받아요.</u>
유아들 : (리본을 지그재그로 높이 흔들기도 하고 즐겁게 놀이하며) 정말 재미있다.
……(하략)……

1) ① 기본 동작의 유형 중 ㉠에 나타난 동작의 개념을 쓰고, ② ㉠에 나타난 동작 이외의 추진력 있는 동작의 명칭을 1가지 쓰시오. [2점]

①

②

2) 유아의 동작이 나타난 문장 중에서 ① 경로의 예가 표현된 내용을 2가지 찾아 쓰고, ② ①의 2가지에 나타난 경로 종류의 차이점을 쓰시오. [3점]

①

②

05 (가)는 ○○유치원에서 발생한 응급 상황이고, (나)는 응급 상황 대처 이후 나눈 원감과 김 교사 간 대화의 일부이다. 물음에 답하시오. [5점]

(가)

(바깥놀이 시간에 몇몇 유아들이 꽃을 관찰하고 있다.)
선 우 : (엉엉 울면서 뛰어와) 아악! 선생님, 귀에 뭔가 들어간 것 같아요. 빨리 도와주세요!
(김 교사는 선우의 귀를 살펴본 뒤, 선우를 안심시키고 서둘러 교무실로 들어간다.)
김 교사 : 원감 선생님, 선우 귀에 작은 벌레가 들어간 것 같아요.
원   감 : 상황이 긴급하니 김 선생님은 바로 응급처치를 준비해 주세요.
김 교사 : 네, 알겠습니다.
(원감은 선우 부모님께 전화를 걸면서, 동시에 선우의 건강 조사서를 확인한다.)
원   감 : 부모님과 다른 보호자 모두 전화를 안 받으시네요.
김 교사 : 그럼 어떻게 하지요?
원   감 : 걱정하지 마세요. ㉠ 이런 상황에 대비해서 학기 초에 받아 놓은 서류가 있잖아요.
김 교사 : 네, 그럼 바로 ㉡ 응급처치할게요.
……(하략)……

(나)

원   감 : 김 선생님, 오늘 많이 놀라셨지요?
김 교사 : 네, 많이 당황했어요. 그래도 선우 귀에서 벌레가 빠져나와서 다행이에요. ㉢ 선우가 뭔가 귀에 들어간 상황이 위험하다고 인지하고, 빨리 도와달라고 해서 응급처치가 신속하게 이루어진 것 같아요. 지난번에 했던 학교안전교육 7대 영역에 해당하는 안전 교육 중 응급처치 교육을 기억하고 있다가 그대로 해서 참 기특했어요.
원   감 : 그러게 말이에요. 그래서 반복적인 안전 교육이 중요하지요.
김 교사 : 응급처치교육과 마찬가지로 아동학대와 같은 경우에도 유아가 학대 상황을 인지하고 대처하는 방법을 아는 것이 중요한 것 같아요. 그래서 다음 주에는 ㉣ '아동학대 신고 및 대처 방법 알기'에 대한 안전 교육을 신경 써서 준비해 보려고 해요.

원   감 : 네, 좋은 생각이네요. 학교안전정보센터 사이트에서 교육 자료를 찾아보시면 도움이 될 것 같아요.
……(하략)……

1) ① ㉠에 해당하는 서류 1가지를 쓰고, ② ㉡에 해당하는 응급처치 방법 중 유치원에서 교사가 처치할 수 있는 방법 2가지를 쓰시오. [3점]

① _____
② _____

2) 「학교안전교육 실시 기준 등에 관한 고시」(교육부 고시 제2021-21호, 2021. 7. 14., 일부 개정) [별표 2]는 '학생 안전 교육 내용 및 방법'이다. 이에 근거하여 ① ㉢에 해당하는 '응급처치 교육'의 내용 1가지를 쓰고, ② ㉣이 해당되는 안전 교육의 명칭을 쓰시오. [2점]

① _____
② _____

06
다음은 ○○유치원의 언어 활동 상황이다. 물음에 답하시오. [5점]

(가)

(교사가 유아들에게 『ㄱ ㄴ ㄷ 공룡 여행』 동화를 들려주며 글자 찾기 놀이를 한다.)
교 사 : 기다란 공룡이 나무 옆을 지나 다람쥐와 만나 랄랄라 함께 노래를 부르며 마을을 거쳐서 바람 속을 헤치고…. 애들아, 같이 읽어 볼까요? (그림책 속 '바람'의 파란색으로 표시된 'ㅂ'을 손가락으로 짚으며) '바람'. 이런 모양이 또 어디 있나요?
지 예 : (보드판에 붙어 있는 낱말 그림 카드 중 '바다'의 파란색으로 표시된 'ㅂ'을 가리키며) 바다요.
은 호 : ('보물' 낱말 그림 카드의 'ㅂ'을 짚으며) 보물에도 있어요!
교 사 : 바다에도 있고 보물에도 있네요!
……(하략)……

(나)

(매주 한 명씩 돌아가면서 해당 유아의 이름을 이번 주의 이름으로 정하여 놀이를 한다.)
교 사 : 이번 주의 이름은 안나영이지요? 안나영의 '안'자로 시작하는 낱말은 어떤 것이 있어요?
은 영 : 안경요.
지 예 : 안마도 있어요!
교 사 : 안경도 있고 안마도 있네요! (유아들이 잘 볼 수 있도록 보드판에 천천히 크게 한 글자씩 쓰면서) '안', '경', '안', '마'. 다 같이 읽어 볼까요? (한 자 한 자 짚으며) '안', '경', '안', '마'. 그럼 안나영의 '영'으로 시작하는 낱말은 무엇이 있을까요?
은 호 : 영감, 혹부리 영감요!
……(중략)……
교 사 : 선생님이 '안'자, '나'자, '영'자 이름을 언어 영역 게시판에 붙여 놓았으니 '안'으로 시작하는 낱말이나 그림, '영'으로 시작하는 낱말이나 그림을 잡지책에서 찾아 오려서 게시판에 붙여 보세요.
유아들 : 네!

(다)

(교사가 유아들에게 『구리의 빵 만들기』 동화를 들려주며 이야기를 나누고 있다.)
교 사 : 애들아, (그림책 표지를 보여 주며) 동화책에 어떤 내용이 나올지 제목을 한번 읽어 볼까요?
미 리 : (그림을 보며) 다람쥐 빵- 먹어요?
은 호 : (글자를 보며) 구-리-네- 빵- 맛-있다?
교 사 : 잘 이야기해 주었어요. 오늘 들려줄 이야기는 다람쥐가 빵을 맛있게 먹는 이야기인가 봐요. 제목은 『구리의 빵 만들기』예요. 이번 주의 이름은 안나영이니까 나영이가 구리가 되어 보아요. 그럼 어떤 이야기일지 잘 들어 보세요.
유아들 : 네!
교 사 : 어느 맑은 날, 다람쥐 나영이는 밤과 도토리를 주우러 숲속으로 갔어요. 어! 그런데 길 한가운데 아주 커다란 알이 떨어져 있었어요.
……(중략)……
교 사 : (동화가 끝난 후) 애들아, 그다음에 무슨 일이 일어났을까요? 이야기를 함께 지어 보아요.

1) (가)와 (나)는 서로 다른 언어 단위 인식을 위한 활동이다. (가), (나)에서 강조하고 있는 언어 단위를 순서대로 쓰시오. [2점]

2) 2019 개정 유치원 교육과정 '의사소통' 영역의 내용 범주인 '읽기와 쓰기에 관심 가지기'에서 ① (나)와 가장 관련되는 내용을 1가지 쓰고, ② ①에 근거하여 교사가 (나)와 같이 지도한 이유를 한글의 특성 측면에서 1가지 쓰시오. [2점]

① _____

② _____

3) (다)의 활동에 해당하는 굿맨과 굿맨(K. Goodman & Y. Goodman)이 제시한 언어 학습 방법을 쓰고, 그 이유를 쓰시오. [1점]

07

(가)는 ○○유치원 4세반 동시 활동의 일부이고, (나)는 교사의 반성적 저널이다. 물음에 답하시오. [5점]

(가)

누가 누가 숨었나요?

나무숲엔 누가 누가 숨었나요?
아기 토끼 바위 뒤에 숨었지요.
우리집엔 누가 누가 숨었나요?
우리 아기 엄마 품에 숨었지요.

교 사 : 얘들아, 선생님이 읽어 준 동시를 들으니 어떤 느낌이 드니?
민 지 : 행복한 느낌요.
교 사 : 민지는 왜 행복한 느낌이 들었던 것 같아?
민 지 : (미소를 지으며 눈을 감고 몸을 웅크리며) 음….
교 사 : 아! 민지가 눈을 감고 몸을 웅크리면서 미소를 짓고 있네! ⎬ [A]
예 원 : 아기 같아요! 저도 아기처럼 엄마 품에 있을 때 포근하고 행복했어요!
교 사 : 예원이도 그랬구나! 그런데 얘들아, ㉠'아기 토끼'가 어디에 숨었다고 했지?
유아들 : 바위 뒤에요!
……(하략)……

(나)

어제 유아들과 동시 활동을 하였다. 이번 활동을 위해서 ㉡ 네 글자씩 띄어서 읽을 수 있고, 질문하고 답하는 구조가 반복되는 동시를 선정하였다. 유아들과 다양한 방법으로 동시를 읊어 보며 우리말에서 느낄 수 있는 감각적·미적 즐거움을 경험해 볼 수 있었다.

오늘은 동화를 읽어 주고 유아들과 함께 「땅속 보물을 찾자!」라는 제목의 이야기로 각색해 보았다.

유아들이 만든 이야기에서 주인공인 한 아이는 어느 날 보물 지도를 발견하고 보물을 찾으러 땅속 동물들이 사는 집을 방문한다. 아이는 땅속에 사는 개미네 집에 갔다가, 지렁이네 집에 갔다가, 두더지네 집에 갔는데, 그때 갑자기 뱀이 나타난다. 뱀을 보고 놀란 아이가 다시 두더지네 집, 지렁이네 집, 개미네 집, 그리고 다시 자기 집으로 돌아온다. 피곤해진 아이가 잠이 든다. ⎬ [B]

활동의 마지막에 ㉢ "땅속에 어떤 보물이 숨겨져 있었을까?"라는 질문을 하였다. 다음에는 '보물찾기'와 관련하여 ㉣ 우리나라에서 구전되어 온 옛이야기 중 유아의 수준에 맞게 각색한 동화도 찾아봐야겠다.

1) 유아의 말하기를 촉진하기 위한 교사의 언어적 상호작용 방법 중 [A]에서 교사가 사용한 방법을 쓰시오. [1점]

2) ① ㉠은 유아의 사실 이해 및 기억 회상을 의도한 발문이다. ㉠과 비교하여 ㉢의 의도를 발문의 유형적 측면을 고려하여 쓰고, ② ㉡을 통해 나타나는 시의 음악적 요소를 쓰시오. [2점]

　①　_____
　②　_____

3) ① [B]에 나타난 플롯 형식의 명칭과 그 이유를 쓰고, ② 동화의 종류 중 ㉣에 해당하는 것을 쓰시오. [2점]

　①　_____
　②　_____

08 다음은 ○○유치원 3세반 놀이 상황의 일부이다. 물음에 답하시오. [5점]

(가)

> (수민이는 집에서 가져온 색종이를 소정이에게 보여 준다.)
> 수민 : 나 어저께 이모랑 마트 가쪄. 이거 이모가 사 줬다!
> 소정 : 나도 집에 그거 있는데!
> 수민 : 이거 너 줄까?
> 소정 : (끄덕이고 손을 내밀며) 응.
> (이때 교사가 수민, 소정의 대화를 듣고 가까이 다가간다.)
> 교사 : 수민아, 어제 무엇을 했니?
> 수민 : 떤땡님! 수민이 어저께 마트에 가쪄요.
> 교사 : 그래 누구랑 갔어요?
> 수민 : 이모랑 가쪄요.
> 교사 : (천천히 명확하게 발음하며) 이모랑 가.써.요.   ┐
> 수민 : 이모랑 가.써.요.   ┤ [A]
> 교사 : ㉠ 그래! 정말 잘 말해 주었어! 수민이는 마트에 가서 무엇을 했니?
> 수민 : 마트에 가.
> 태준 : (수민이가 말을 끝내기도 전에) 선생님! 나도 ┐
> 간 적 있어요.   ┤ [B]
> 수민 : 야! 나 말 하고 있잖아.
> ……(하략)……

(나)

> (수지, 소정, 예지가 엄마 놀이를 하고 있다.)
> 수지 : 소정아, 밥 먹어야지? 동생하고 같이 밥 먹어야지!
> 소정 : 난 밥 안 먹어.
> 수지 : 안 돼! 밥 먹어야 돼.
> 소정 : (큰 소리로) 싫어! 밥 안 먹어. (예지를 가리키며) ㉡ 동생이가 먹으라고 해!
> (그 모습을 보고 선생님이 다가간다.)
> 교사 : 애들아, 뭐 하고 있니?
> 소정 : (선생님을 쳐다보며) ㉢ 소정이도 엄마하고 싶다요.
> 교사 : 소정이도 엄마가 하고 싶구나!
> 소정 : 수지 혼자만 엄마 한다요!
> ……(중략)……
> (수지와 예지는 가 버리고 소정이가 혼자 놀고 있다.)
> 소정 : (과일 조각 맞추기 퍼즐을 책상 위에 올려놓고) ┐
> 나 이거 할 거야! (사과, 포도 조각을 움직이며)   │
> 사과는 여기, 포도는 여기 다 넣어야지. (다른   ┤ [C]
> 조각의 퍼즐을 다 맞춘 후) 다 됐다!   │
> ……(하략)……

1) ① 스키너(B. Skinner)가 제시한 언어 학습 방법 중 [A]에 해당하는 것을 쓰고, ② 행동주의 이론에 근거하여 ㉠에 해당하는 언어 학습의 원리를 쓰시오. [2점]

① _____
② _____

2) ① 태준이의 듣기·말하기 태도 중 지도가 필요한 태도와 그 이유를 쓰고, ② 근거가 되는 2019 개정 유치원 교육과정 '의사소통' 영역 '듣기와 말하기' 내용 범주의 내용을 쓰시오. [1점]

① _____
② _____

3) ① (나)의 ㉡과 ㉢에서 공통으로 나타나는 유아기 초기 문법 발달의 특징을 설명하는 용어와 그 이유를 쓰고, ② [C]의 소정이에게 나타나는 유아기 언어 특징을 피아제(J. Piaget) 이론에 근거하여 설명하시오. [2점]

① _____
② _____

2021학년도 유치원 교육과정 B

01 다음은 놀이 상황에서 유아와 교사가 나눈 대화이다. 물음에 답하시오. [5점]

수민 : (휴지를 풀고 있는 진호를 보고 약간 화난 목소리로) 너 지금 뭐 해?
진호 : 휴지로 멋진 눈길을 만드는 중이야. 우리 엄마 친구가 휴지로 작품을 만드셨다고 들었어.
지영 : ㉠ 나도 TV에서 그런 전시회를 본 적 있어.
수민 : 그래도 진호 혼자 우리 휴지를 다 쓰고 있잖아.
진호 : 다 쓰고 있다고?
수민 : 다른 사람이 못 쓰도록 네가 낭비하고 있어.
진호 : 낭비? 이게 왜 낭비야?
수민 : 이렇게 막 쓰니까 낭비지.
  (교사는 진호와 수민이의 다툼이 시작되려고 하자 다가간다.)
교사 : 무슨 일이니?
수민 : 유치원 휴지를 진호가 다 써서 우리가 쓸 게 없어요.
진호 : 휴지로 멋진 눈길을 만들려고 했어요.
수민 : 그래도 유치원 휴지니까 모두 같이 써야 해요. 혼자 다 쓰면 안 돼요.
진호 : 내가 멋진 걸 만들 거니까 휴지 다 써도 돼요.
교사 : 둘이 휴지 사용에 대한 생각이 다르구나.   [A]
수민 : 네.
교사 : 휴지 사용에 대해 서로 자기 생각을 말해 보자.
진호 : 저는 하얗고 구불구불한 눈길을 만들 거니까 휴지를 꼭 써야 해요.
수민 : 함께 쓰는 휴지니까 혼자 다 쓰면 안 돼요. 만들기하면서 휴지를 마음대로 쓰면 안 돼요.
진호 : 길을 만들 때 휴지를 사용하면 왜 안 돼요? 엄마 친구가 휴지로 작품을 만든 것처럼 나도 멋진 눈길을 꼭 만들어 보고 싶어요.
……(중략)……
교사 : 진호는 어떻게 하면 좋겠니?
진호 : 저는 휴지로 눈길을 만들래요.
교사 : ㉡ 진호가 눈길을 다 만들면 어떤 일이 생길 것 같니?
진호 : 제가 다 만들면 우리 반이 눈썰매장처럼 될 거예요. 그 속에서 친구들과 신나게 놀이할 수 있을 거예요.   [B]
교사 : 그런데 진호가 길을 만드느라 휴지를 다 써 버리면 어떻게 될까?
……(하략)……

1) 브론펜브레너(U. Bronfenbrenner)의 생태학 이론에 근거하여, ① ㉠에 해당하는 체계의 명칭을 쓰고, ② 그 개념을 설명하시오. [2점]

① _____
② _____

2) ① [A]에서 나타나는 가치 분석 과정 2가지를 쓰고, ② [B]에서 ㉡과 같은 발문이 필요한 이유를 쓰시오. [3점]

① _____
② _____

02 다음은 4세반 흙 놀이 상황이다. 물음에 답하시오. [5점]

(훈이는 혼자 흙으로 개미집을 만들고 있다.)
예린 : (훈이가 만든 개미집 주변 흙을 손으로 가지고 가며) 나도 개미집 만들어야지!
훈이 : 야! 내 흙 가져가지 마. 내 개미집 부서지잖아! 저기 가면 흙 많이 있어.
예린 : 싫어. 나도 여기에 있는 흙으로 만들 거야.
훈이 : 개미집 더 크게 만들려면 흙이 더 필요한데…. (바구니를 들고 흙을 가지러 다른 곳으로 간다.)
윤기 : (개미집 주변을 지나가다가 삽을 밟아 넘어지며) 아야! 이거 누구 거야?
예린 : (윤기를 보지 않고 땅을 파면서) 몰라.
(윤기는 삽을 들고 정리함이 있는 곳으로 간다.)
……(중략)……
훈이 : (흙이 담긴 바구니를 들고) 어? 내 삽 어디 있지? (예린이 삽을 보며) 이 삽 내 거지?
예린 : 아니거든. 이거 내 거야.
훈이 : (주변을 살피며) 내 삽이랑 똑같이 생겼네. 야! 너 이거 내 거 맞잖아. 다른 사람 물건 갖고 가면 안 돼!
예린 : 아니야! 선생님한테 다 이를 거야. ㉠ (화가 나서 훈이를 밀치며 교사에게 달려간다.) [A]
……(중략)……
(예린이 주변으로 유아들이 모여든다.)
예린 : (울먹거리며) 나 훈이 삽 안 갖고 갔는데 훈이가 내가 가져갔다고 해.
윤기 : 알았다. 훈이 너, 개미집 옆에서 네 삽 찾으려 했지?
훈이 : 응.
윤기 : 그 삽을 내가 정리함에 갖다 놨어. 다 쓴 줄 알고. 바닥에 있는 거 내가 밟아서 넘어졌거든.
예린 : 훈이 너 나빠.
훈이 : (작은 목소리로) 예린아, 미안해.
윤기 : 예린아, 훈이는 내가 삽을 정리함에 놓은 걸 몰랐잖아. 그래서 네가 가지고 갔다고 생각한 거야.
……(하략)……

1) ① ⓐ에 들어갈 용어를 쓰시오. ② [A]에서 ⓐ를 이해한 유아의 이름을 쓰고, 그렇게 판단한 이유를 사례와 관련지어 쓰시오. [3점]

(ⓐ)은/는 주어진 상황에서 어떤 사건이 사실이 아님에도 불구하고 사실이라고 생각하는 것이다. 유아가 타인의 (ⓐ)을/를 이해한다는 것은 '타인의 생각이나 바람, 감정 등을 추론하고 이런 추론에 따라 타인의 행동을 예측하고 이해하는 능력'인 '마음 이론'을 형성했다는 것이다.

①
②

2) ① ㉠에 나타난 예린이의 공격성 유형 1가지를 쓰고, ② 그 유형을 사례와 관련지어 설명하시오. [2점]
①
②

03 다음은 캠핑 놀이 상황이다. 물음에 답하시오. [5점]

(교실에 있는 텐트 앞 캠핑 의자에 재윤이와 혜민이가 앉아 있다. 은서가 보이자 재윤이는 캠핑 놀이를 함께 하자고 제안한다.)

은서 : (재윤이의 캠핑 의자를 가리키며) 내가 캠핑 의자에 앉게 해 주면 캠핑 놀이 같이 할게.

재윤 : (화를 내며) 그건 싫어. 내가 먼저 앉았잖아.

은서 : 그럼 난 캠핑 놀이 안 할 거야.

재윤 : ㉠ (화를 참으며) 좋아. 그럼 네가 여기 앉아. 이제 캠핑 놀이 같이 하는 거지?

은서 : 응.

재윤 : 그런데 나는 어디 앉지?

(주위를 둘러보던 재윤이가 앉을 곳이 없자 시무룩한 표정으로 텐트 안으로 들어간다. 재윤이를 지켜보던 혜민이가 텐트 안으로 따라 들어간다.)

혜민 : 재윤아, 왜 혼자 텐트에 들어왔어? 캠핑 의자에 못 앉아서 속상해?

재윤 : 응.

혜민 : ㉡ (재윤이를 위로하기 위해 안아 주며) 괜찮아?

재윤 : (미소를 지으며) 응.

……(중략)……

(은서와 혜민이가 블록으로 만든 모닥불 주위에 앉아 있고, 재윤이가 다가온다.)

재윤 : 블록으로 모닥불 만들었네. 여기에 고기 굽자. 어, 그런데 고기 구울 불판이 없네. 어떻게 하지?

은서 : 옆 반에서 불판이랑 비슷하게 생긴 은색 바구니를 봤어.

재윤 : 나도 봤어. 구멍이 뚫린 게 불판이랑 비슷해. 가져올까? [A]

혜민 : 옆 반에서 바구니를 가져오면 안 돼. 그러면 선생님한테 혼나.

은서 : 아니야! 불판이 없으면 내가 놀이를 못 해서 안 돼. 불판이 있어야 더 재미있게 놀 수 있어.

재윤 : 그럼 어떻게 하지? 내가 선생님께 여쭤보고 올게.

1) 살로베이와 메이어(P. Salovey & J. Mayer)의 정서 지능 3요소에 근거하여, ① ㉠과 ㉡에 공통으로 나타난 구성요소를 쓰고, ② 그 하위 요소에 근거하여 ㉠과 ㉡을 각각 설명하시오. [3점]

①ㅤ
②ㅤ

2) 콜버그(L. Kohlberg)의 도덕성 발달 단계 중 전인습 수준에 근거하여, [A]에 나타난 은서와 혜민이의 도덕성 발달 특징을 사례와 관련지어 각각 설명하시오. [2점]

04 다음은 4세반 교사들이 나눈 대화이다. 물음에 답하시오. [5점]

장 교사 : 제가 민재 어머니와 통화를 한 적이 있는데요, 민재가 노래의 음정을 많이 틀린다고 걱정하셨어요. 사실 민재가 학기 초에는 자기가 내는 음이 다른 유아들의 음과 다른 것을 잘 인식하지 못하다가, 이제는 음악을 들으며 ㉠ 음정 패턴과 리듬 패턴을 어느 정도 정확하게 모방하는 수준이 되었거든요.

김 교사 : 우리 반에도 그런 유아들이 있어서 어떻게 지도할지 생각해 봤어요. 유아의 음악적 이해를 돕기 위해서는 음악적 요소와 관련된 활동을 경험해 보게 하는 게 필요한 것 같아요.

장 교사 : 선생님들은 어떻게 지도하고 계시나요?

박 교사 : 저는 악기마다 고유한 소리의 특성을 가지고 있다는 것을 알게 해 주려고 여러 악기 사진을 보여 주는 활동을 했어요.

김 교사 : 저는 음이 일정한 간격을 가지고 규칙적으로 표현되는 것을 알려 주기 위해 시계 소리나 심장 박동 소리를 들려주고 생활 속에서 이런 소리를 찾아보게 했어요.

박 교사 : 오늘 우리 반에서는 지난주에 배운 노래를 소리 크기에 변화를 주며 불러 보는 활동을 했어요. 큰 코끼리와 작은 생쥐 그림을 번갈아 보여 주면서 소리를 크고, 작게 바꾸어 불러 보게 했어요.

김 교사 : 저는 오늘 음악 감상 활동을 할 때 음의 높이를 알게 하려고 스타카토가 나올 때마다 깡충 뛰어 보게 했어요.

장 교사 : 모두 다양하게 지도하시는군요. 내일 저는 반복적인 멜로디와 리듬이 잘 나타나 있는 ㉡ 헨리 맨시니의 '아기 코끼리의 걸음마'로 감상 활동을 하고 2019 개정 유치원 교육과정의 '창의적으로 표현하기'에 기초해서 확장 활동을 해 봐야겠어요.

1) 고든(E. Gordon)의 이론에 근거하여, ㉠에 나타난 민재의 수준이 해당되는 예비 오디에이션(preparatory audiation) 단계의 명칭을 쓰시오. [1점]

2) 김 교사와 박 교사가 음악적 요소를 지도하기 위해 사용한 방법으로 적절하지 않은 것을 각각 1가지씩 찾아 쓰고, 그 이유를 쓰시오. [2점]

3) ㉡과 관련하여 장 교사가 지도할 수 있는 ① '창의적으로 표현하기'의 내용 1가지를 쓰고, ② 이에 해당하는 활동의 예시 1가지를 쓰시오. [2점]

① _____

② _____

05

다음은 5세반 교사 학습 공동체에서 나눈 교사 간 대화이다. 물음에 답하시오. [5점]

> 김 교사 : 지난주 유치원에서 키운 고구마와 호박을 직접 수확해 보는 활동을 했었죠? 이와 관련된 유아들의 놀이 경험이 어떠했는지 궁금해요.
> 이 교사 : 우리 반은 유아들이 호박에 관심을 보여서 교실에 전시해 놓았어요. 전시 공간 주변에 놀잇감을 치우고 ㉠ <u>어두운 색깔 천으로 벽면을 덮어, 전시한 호박이 두드러져 보이게 하였어요.</u>
> 박 교사 : 우리 반 유아들은 그림 그리기 활동에 몰입하고 있어요.
> 이 교사 : 어떤 그림을 주로 그리나요?
> 박 교사 : 고구마를 캤던 경험과 관련된 그림을 많이 그려요. 윤성이의 경우 ㉡ <u>고구마를 크게 그리고 사람들은 그 옆에 아주 작게 그렸어요.</u>
> 이 교사 : 우리 반 유아들 중에서도 윤성이와 같은 유아들이 있어요. 제 생각에 ㉢ <u>유아는 미술 표현 능력을 지니고 태어나고, 이러한 능력은 유아가 성장함에 따라 자연적으로 발현되는 것 같아요.</u>
> ……(중략)……
> 김 교사 : 우리 반 유아들은 주세페 아르침볼도의 '사계절' 그림을 참 좋아해요.
> 이 교사 : 아, 저 그 그림 뭔지 알아요! 사람 얼굴인데 그 안에 여러 과일과 채소가 있는 그림이죠?
> 김 교사 : 네. 제가 ㉣ <u>그림 속 사람 얼굴에서 무엇이 보이는지 말해 보자고 했더니 더 집중하더군요.</u>
> ……(하략)……

1) ㉠에 반영된 미적 원리 1가지를 쓰시오. [1점]

2) ① ㉡에 해당하는 유아의 그림 표현의 특징 1가지를 쓰고, ② ㉢에 반영된 이론을 쓰시오. [2점]
   ① _____
   ② _____

3) 펠드만(E. Feldman)의 미술 감상 4단계의 순서에 따라 감상 지도를 할 때, ① ㉣에 해당하는 단계 명칭을 쓰고, ② ㉣의 다음 단계에서 지도해야 할 내용 1가지를 쓰시오. [2점]
   ① _____
   ② _____

06

(가)는 4세반 도미노 놀이 상황이고, (나)는 교사의 기록이다. 물음에 답하시오. [5점]

(가)

교사 : (나무 막대가 있는 바구니를 보여 주며) 새로운 놀잇감을 가져왔어. (나무 막대를 세우며) 이 놀이는 이렇게 세워서 다 쓰러뜨리는 놀이란다. 선생님이 한번 해 볼게.
(맨앞의 나무 막대를 손가락으로 밀친다.)
성준 : (다 쓰러지지 않은 나무 막대를 보며) 선생님, 다 쓰러뜨려 봐요. [A]
교사 : 그래. 다 쓰러뜨리려면 나무 막대를 놓을 때 간격을 잘 생각해야 해. (다시 나무 막대를 세우고 밀친다.) 와, 다 쓰러졌네! (쓰러진 것을 바구니에 정리하며) 자, 이제 놀이해 보자.
……(중략)……
은지, 호진 : (함께 나무 막대 5개를 세워 다 쓰러뜨리자) 와! 재미있다.
은지 : 이번엔 너랑 나랑 따로 세워 보자.
호진 : 그래. (나무 막대를 다시 세워 쓰러뜨린다.) 야호!
은지 : 난 길게 만들래. 호진아, 좀 도와줘.
호진 : 그래. (은지를 도와 나무 막대를 세우며) 나도 더 길게 세워야지. (나무 막대 7개를 세워 쓰러뜨리려 했지만 다 쓰러지지 않자 시무룩한 표정으로) 어떻게 해야 하는 거야? 에이, 모르겠다. 재미없어. [B]
(호진이는 다른 놀이를 하러 간다.)
은지 : 난 더 놀 거야. (여러 번 반복하지만 다 쓰러지지 않자 시무룩한 표정으로) 손가락으로 밀면 나무 막대가 쓰러진단 말이야. 그런데 왜 다 쓰러지지 않지? ㉠ (쓰러진 나무 막대와 쓰러지지 않은 나무 막대를 보다가) 아하! 나무 막대를 가깝게! 부딪치게, 부딪치게…. 하나, 둘, 셋! (모두 쓰러지는 것을 보며) 성공!
교사 : 어떻게 나무 막대를 다 쓰러뜨릴 수 있었니?
은지 : ㉡ (앞의 나무 막대를 가리키며) 이게 뒤에 있는 나무 막대랑 부딪치게 놓아야 해요.
……(하략)……

(나)

이름 : 호진

- ○월 ○일 : 혼자 도미노 길을 만들어 쓰러뜨리기에 실패하자 놀이를 중단하고 다른 놀이를 하러 감.
- ○월 △일 : 딱지치기를 하면서 딱지가 잘 뒤집히지 않자 놀이를 중단하고, 팽이 돌리기를 하고 있는 수지에게 가서 함께 놀자고 함.
- ○월 □일 : 혼자 모래로 터널을 만들다가 무너지자 놀이를 중단함.

⇒ 호진이에게 부족한 과학적 태도 향상을 위한 지원 방법 모색할 것.

1) 구성주의 관점에서 볼 때, [A]에 나타난 과학 활동 자료 제시 방법이 적절하지 <u>않은</u> 이유 1가지를 쓰시오. [1점]

2) 피아제(J. Piaget)의 지식 유형에 근거하여, (가)의 ㉠과 ㉡에서 ① 은지가 구성한 지식이 무엇인지 쓰고, ② 그 지식의 개념을 사례와 관련지어 설명하시오. [2점]

①
②

3) [B]와 (나)에 근거하여, ① 호진이에게 <u>부족한</u> 과학적 태도 1가지를 쓰고, ② 그렇게 판단한 이유를 사례와 관련지어 쓰시오. [2점]

①
②

07

다음은 바깥놀이터에서의 놀이 상황이다. 물음에 답하시오. [5점]

[A]
다 빈: (출발선에서 날린 다빈이의 종이비행기가 지수의 종이비행기를 지나 깃발 바로 옆에 떨어지자) 와! 내가 일등이다!
지 수: 어, 뭐야! 그럼 이제 다빈이가 첫 번째야? 아까는 내가 일등이었는데. 아깝다! 이제 누가 할 거야?
서 영: 나, 나도 멀리 보내야지. (출발선에서 날린 서영이의 종이비행기가 다빈이의 종이비행기를 지나 바닥에 떨어지자) 하하! 내가 제일 멀리 갔으니까, 일등!
다 빈: 와, 서영이 비행기는 엄청 잘 날았어!
지 수: (바닥에 떨어진 종이비행기들을 집어 들며) 서영이가 일등, 다빈이가 이등, 내가 삼등이네.
서 영: 우리 또 하자!
유아들: 그래!

교 사: (정리 시간을 알리며) 얘들아, 이제 모이자.
서 영: 선생님, 우리 종이비행기 날리기 조금밖에 못했어요.
다 빈: 종이비행기 한 번 더 날리고 싶은데….
교 사: 너희들 더 놀이하고 싶구나. 오늘이 금요일이니까, 세 밤 자고 월요일에 만나서 많이 하자.

[B]
지 수: ㉠ (친구들을 보며) 우리 세 밤 자고 유치원에서 종이비행기 날리기 열 번 하자.
유아들: 그래, 열 번, 백 번 하자. 하하.
교 사: (시계를 가리키며) 긴 바늘이 8에 있으니까 40분이야. 11시 40분이 되었네.

유아들: 이제 우리 뭐해요?
교 사: 아침에 함께 불렀던 노래, 다시 불러 보자.

[C]
모 두: 유치원에 와서♪ 다음! 이야기 나누기를 하고♪ 다음! 간식을 먹고♪ 다음! 자유 놀이를 하고♪ 다음! 바깥 놀이를 하고♪ 다음!
유아들: 점심시간!

1) [A]에서 ① 유아가 사용한 순서 짓기의 유형을 쓰고, ② 그 개념을 사례와 관련지어 설명하시오. [2점]

①_____

②_____

2) ㉠에 나타난 합리적 수 세기의 원리를 쓰시오. [1점]

3) 찰스워스(R. Charlesworth)의 관점에 근거하여, ① [B]에 포함되어 있는 시간 개념 중 1가지를 쓰고, ② [C]에 포함되어 있는 시간 개념의 가치를 쓰시오. [2점]

①_____

②_____

08 다음은 혼합연령반 교사가 작성한 일지의 일부이다. 물음에 답하시오. [5점]

(가)

일시 : 2021년 10월 ○○일

바깥놀이 시간에 유아들과 자연물을 가지고 패턴 활동과 분류 활동을 하였다. 패턴 활동에서는 패턴 생성 방식에 따라 다음 유형을 포함해 다양한 유형이 나타났다.

㉠
빨간 나뭇잎, 노란 나뭇잎/
빨간 나뭇잎, 노란 나뭇잎, 노란 나뭇잎/
빨간 나뭇잎, 노란 나뭇잎, 노란 나뭇잎, 노란 나뭇잎

다양한 패턴 활동을 하기 위하여 ㉡ 대칭 패턴을 동작으로 표상해 보도록 하였고, 유아들이 매우 즐거워하였다.

분류 활동에서는 다음 3가지 유형이 나타났다.

빨갛고 큰 나뭇잎들 / 노랗고 작은 나뭇잎들 ㉢
나뭇잎 1개 나뭇가지 1개 ㉣
빨간 나뭇잎들 / 노란 나뭇잎들

바깥놀이에서 유아들은 2019 개정 유치원 교육과정 '자연탐구' 영역의 '생활 속에서 탐구하기'와 관련된 수학 요소에 흥미를 보였다. 내일은 분류 경험을 확장하기 위한 활동을 준비해야겠다.

(나)

일시 : 2021년 10월 △△일

오늘은 어제의 분류 경험을 확장하기 위해 다음의 그래프 활동을 하였다.

'어떤 나뭇잎이 가장 많을까?'
나뭇잎 카드를 색깔에 따라 구분하여 해당 칸에 올려놓아요.

🍂		
🍂	🍂	
🍂	🍂	
🍂	🍂	
🍂	🍂	
🍂	🍂	
빨강	노랑	…

1) (가)의 ① ㉠의 패턴 유형을 쓰고, ② ㉡의 활동 예시 1가지를 쓰시오. [2점]

① _____

② _____

2) (가)의 ㉢, ㉣에 나타난 분류 유형과 특징을 각각 쓰시오. [2점]

㉢ _____

㉣ _____

3) (나)에서 교사가 활용한 그래프 유형을 쓰시오. [1점]

2022학년도 유치원 교직논술

문제

다음은 유치원 교사들이 만들어가는 교육과정에 대해 학습공동체에서 나눈 대화이다. 1) 최 교사의 대화에 근거하여 만들어가는 교육과정의 개념을 논하고, 이것이 유아에게 미치는 긍정적 효과 2가지를 논하시오. 2) 임 교사가 유아 놀이를 지원하기 위해 실행할 수 있는 방안을 시간, 공간, 자료, 활동유형 측면에서 각각 1가지씩 논하시오. 3) 박 교사가 사용한 교수 행동 전략 2가지를 제시하고, 그 장점을 각각 1가지씩 논하시오. 4) 김 교사의 대화에 나타난 교사 학습공동체의 특징 2가지와 이를 통해 교사 개인과 기관 차원에서 나타날 수 있는 기대 효과를 각각 1가지씩 논하시오. [총 20점]

김 교사 : 유아·놀이 중심 교육과정을 운영해 온 지 벌써 2년째네요. 그런데도 만들어가는 교육과정을 실행하는 것은 여전히 어렵게 느껴져요.

최 교사 : 네, 저도 그래요. 만들어가는 교육과정은 교사와 유아가 함께 구성해 가는 것이 중요한 것 같아요. 지난주에 아이들이 버스를 만들고 싶어 해서 큰 상자를 찾아 주었더니, 버스를 만드는 것에 흥미와 관심을 가지고 적극 참여하더라고요. 아이들의 놀이를 관찰하고 기록하면서 필요한 것들을 지원해 주었더니, 이제는 아이들의 놀이가 버스 여행 놀이로 발전해 가고 있더라고요.

임 교사 : 저는 아이들과 경사로 놀이를 했는데요. 아이들이 경사로를 만들기에 교실은 좁다고 하면서도 이 놀이를 더 하고 싶어 했어요. 또 장난감 자동차보다 더 빠른 것으로 굴려 보고 싶어 하기도 하고요. 아이들이 경사로 놀이를 하는 중에 경사로의 기울기에 따라 속도가 어떻게 변하는지도 궁금해했어요. 박 선생님은 이번 주에 어떠셨어요?

박 교사 : 저는 아이들과 함께 숲에 갔다가 도토리가 굴러가는 것을 보았어요. 아이들이 도토리가 구르는 모습을 재미있어 해서 도토리처럼 구르는 신체 놀이를 하게 되었어요. 그런데 민이가 도토리처럼 구르는 것이 안 돼서 속상해하길래, "선생님이 구르기 하는 것을 보여 줄게."라고 말하고 제가 직접 구르기 하는 것을 보여 줬더니, 민이가 구르기를 쉽게 따라 했어요. 또 "선생님, 저도 도토리처럼 구를 수 있어요."라며 구르기를 보여 주던 지혜에게는 "몸을 움츠려서 구르기를 하니까 정말 도토리가 굴러가는 것 같아."라고 말해 주었더니, 지혜가 신나서 신체 표현을 하더라고요.

김 교사 : 네, 그러셨군요. 유아의 놀이를 상황에 맞게 지원한다는 것이 쉽지 않지요. 이렇게 선생님들의 경험 사례를 듣고, 고민도 솔직하게 나누며, 서로 격려하면서 많이 배운 것 같아요. 또 어려움을 해결하는 방안도 서로 도와가며 찾다 보니까, 교사로서 한층 성장해 가는 것 같고, 서로 도와주는 유치원 분위기로 발전해 가는 것 같아 뿌듯해요.

답안 작성 시 유의사항

- 주어진 답안지 면수(2매 이내)에 맞게 서술하시오.

- 글의 체계를 논리적으로 짜임새 있게 구성하시오.

- 글의 명료성, 타당성, 일관성을 고려하여 서술하시오.

배점

- **논술의 내용 [총 15점]**
  - 만들어가는 교육과정의 개념 1가지(1점)와 만들어가는 교육과정이 유아에게 미치는 긍정적 효과 2가지(2점) [3점]
  - 시간, 공간, 자료, 활동유형 각각의 측면에서 유아 놀이 지원 방안 1가지씩 4가지 [4점]
  - 교수 행동 전략 2가지(2점)와 각각의 장점 1가지씩 2가지(2점) [4점]
  - 학습공동체의 특징 2가지(2점)와 교사 개인, 기관 차원에서 나타날 수 있는 기대 효과 각각 1가지씩 2가지(2점) [4점]

- **논술의 체계 [총 5점]**
  - 글의 논리적 체계성 [3점]
  - 맞춤법 및 어휘·문장의 적절성 [2점]

초안지

2022학년도 유치원 교육과정 A

01 (가)는 ○○유치원 교사들 간 대화의 일부이고, (나)는 3세반 김 교사가 작성한 일지의 일부이다. 물음에 답하시오. [5점]

(가)

박 교사 : 이번 2019 개정 유치원 교육과정은 교육과정 대강화 경향을 반영하여 교사의 (㉠)을/를 강조하였죠. 교육과정 대강화는 국가 수준 교육과정의 기준을 상세하게 제시하는 대신 최소한의 기준을 제시하는 것을 의미하는데, 이는 교사의 (㉠)을/를 최대한 존중하기 위한 것이죠.

김 교사 : 맞아요. 2019 개정 유치원 교육과정은 국가 수준의 공통 교육과정이잖아요. 이는 유아 차원에서 3~5세 모든 유아가 편견이나 차별 없이 양질의 교육적 경험을 할 수 있다는 것을 의미하죠. 그리고 이번 교육과정은 유아 중심의 배움을 실현하는 데 교사의 교육적 판단이 중요한 역할을 해요. ⎤ [A]

이 교사 : 이번 교육과정에서는 교육 내용을 간략화하였고, 국가 수준의 공통성과 지역, 기관 수준의 다양성을 동시에 추구해요. ⎤ [B]

박 교사 : 이번 교육과정으로 교사는 과다한 내용을 모두 가르쳐야 한다는 생각에서 벗어날 수 있게 되면서 유아·놀이 중심 교육과정을 보다 더 용이하게 실천할 수 있게 되었죠. ⎦

이 교사 : 혹시라도 '미리 계획한 계획안에 기반한 실행과 평가'에 주력하였다면 이제는 '지속적인 (㉡)을/를 수립하는 것'에 힘을 쏟을 필요가 있죠.

김 교사 : 저는 요즘 유아·놀이 중심 교육과정을 적절하게 운영하고 있는지에 대해 평가하고자 일과 운영 후 일지를 작성하고 있어요. 지난번에 우리 반 유아들이 바깥놀이에서 손으로 모래 구덩이를 파기 시작했는데 손으로 하기에는 너무 힘이 든다며 제게 삽을 달라고 하더라고요. 그래서 이번에 놀이를 할 때는 유아들에게 삽을 주었더니 손으로 하는 것보다는 삽이 더 편하다고 말했어요. 저는 이 점에 주목하여 ㉢ 유아 주도적인 놀이와 배움이 이루어지고 있는지를 중심으로 운영 평가를 하고, ㉣ 유아의 변화를 이해할 수 있도록 유아 평가를 했어요.

……(하략)……

(나)

3세 가온누리반 일지

일자 : 2022년 ○월 ○일

[실행]
- 유아들이 시작한 모래 구덩이 파기 놀이를 지원하기 위해 유아용 삽을 제공함
- 유아들은 삽이 더 편하다고 말함

[유아 관찰]
⟨민성⟩
- 처음에는 모래 구덩이를 뛰어넘지 못함
- 뛰어넘기를 반복하더니 모래 구덩이를 능숙하게 뛰어넘음

운영 평가	• (ⓐ)
유아 평가	• 민성이는 (ⓑ)

1) 2019 개정 유치원 교육과정에서 ㉠에 공통으로 들어갈 말이 강조되는 이유를 [A]에서 찾아 쓰시오. [1점]

2) ① 2019 개정 유치원 교육과정의 성격에 근거하여 [B]에서 잘못된 부분을 찾아 바르게 고쳐 쓰고, ② 2019 개정 유치원 교육과정에 근거하여 ㉡에 해당하는 말을 쓰시오. [2점]
   ① _____
   ② _____

3) ① ㉢에 근거하여 ⓐ에 들어갈 내용을 쓰고, ② ㉣에 근거하여 ⓑ에 들어갈 내용을 쓰시오. [2점]
   ① _____
   ② _____

02 다음은 5세반 교사들 간 대화의 일부이다. 물음에 답하시오. [5점]

장 교사 : 요즘 우리 반에서는 끝말잇기 놀이가 한창인데 이를 통해 유아들이 낱말에 관심을 갖는 것 같아요.
최 교사 : 그래요? 우리 반 유아들은 수수께끼 놀이를 즐겨 해요. 정답을 맞추려고 엄청 집중을 하더라고요.
강 교사 : 우리 반 유아들은 단풍잎에 관심을 가지고 단풍잎을 만져 보고, 모양과 색깔을 살펴보면서 식물에 대해 알아보고 싶어 해요. ... [A]

장 교사 : 유아들이 여러 가지 놀이를 통해 배우는 모습을 보니 ㉠ 페스탈로치(J. H. Pestalozzi)가 제시한 직관의 원리가 생각나네요. 그는 ㉡ 조화의 원리도 중요하게 생각했죠.

최 교사 : 저는 몬테소리(M. Montessori)가 ㉢ 유아들은 교구를 가지고 작업하다가 실수를 하더라도 스스로 수정하며 배운다고 한 것이 생각났어요. 유아는 스스로 작업에 흥미를 가지고 집중하여 반복하면서 지식을 획득하죠. 이를 통해 유아는 만족감을 느끼고 균형된 발달을 이루어 정상화에 이르게 돼요.

유 교사 : 그뿐만 아니라 몬테소리는 유아들의 능력이 효과적으로 획득되는 민감기에 대해서도 언급했죠. 이 시기에 유아는 스스로 지식을 형성하므로 준비된 환경을 마련해 줄 필요가 없다고 봤어요. 그리고 식물이 물을 빨아들이듯 주변 세계로부터 정보를 흡수하거나 받아들이는 유아의 정신적 능력을 흡수정신이라고 했고요. ... [B]

강 교사 : 저는 요즘 슈타이너(R. Steiner)에 대해 관심이 많아요. 슈타이너는 놀이를 유아의 진지한 작업으로 보았는데, 발도르프 유치원은 이런 그의 사상을 기반으로 해요. 그 유치원은 질서를 중요한 교육 원리로 보았는데, 질서에는 ㉣ 공간의 질서, 시간의 질서, 영혼의 질서가 있죠. 이를 통해 유아는 심리적 안정감을 느낄 수 있다고 보았어요.
……(하략)……

1) ① ㉠의 교육원리가 나타난 부분을 [A]에서 1가지 찾아 쓰고, ② ㉡의 교육원리를 설명하시오. [2점]

①

②

2) ① ㉢에 해당하는 용어를 쓰고, ② [B]에서 잘못된 부분을 찾아 그 이유를 설명하시오. [2점]

①

②

3) ㉣과 관련하여 놀이를 마친 후 교사가 유아에게 지도할 내용을 쓰시오. [1점]

03

(가)는 교사들 간 아동학대 신고와 관련하여 나눈 대화의 일부이고, (나)는 아동학대 신고절차의 일부이다. 물음에 답하시오. [5점]

(가)

민 교사 : 요즘 언론에 아동학대에 대한 이야기가 자주 나오네요. 교사인 우리도 아동학대와 관련하여 알아 두어야 할 것이 많은 것 같아요.

채 교사 : 네. 그렇죠. 국가에서는 2019년에 아동학대 예방과 피해아동을 돕기 위하여 아동학대와 관련된 전반적인 업무를 수행하는 (㉠)을/를 설립하였죠. 이 기관은 아동 정책에 대한 종합적인 수행과 아동 복지 관련 사업의 효과적인 추진을 위하여 필요한 정책의 수립을 지원하고 사업 평가 등의 업무를 수행해요.

민 교사 : 교사인 우리는 아동학대 신고의무자로서 알아 두어야 할 것이 있죠. 유아가 결석하면 교사가 이를 인지하고 있어야 한다는 것이 중요해요. 유아가 (㉡)일 이상 유치원을 무단으로 결석하여 유아의 안전과 소재가 파악되지 않을 경우에는 112에 신고해야 하죠.

채 교사 : 전 지난번 아동학대 신고의무자 교육에서 알게 되었어요. 아동학대를 발견한 경우에는 즉시 신고해야 하는데, 신고의무자로서 학대 사실을 알고도 신고의무를 이행하지 않으면 문제가 될 수 있다고 해요.

민 교사 : 그렇군요. 그런데 주변에 아동학대로 의심되는 경우가 있어 112에 신고하려고 해도 혹시나 자신에게 불이익이 있을까 봐 부담스러워해요.

채 교사 : 그래서 (㉢) 조치가 있나 봐요. 그리고 교사는 아동학대 신고의무자로서 아동학대 신고절차도 알고 있어야 하죠.

……(하략)……

(나)

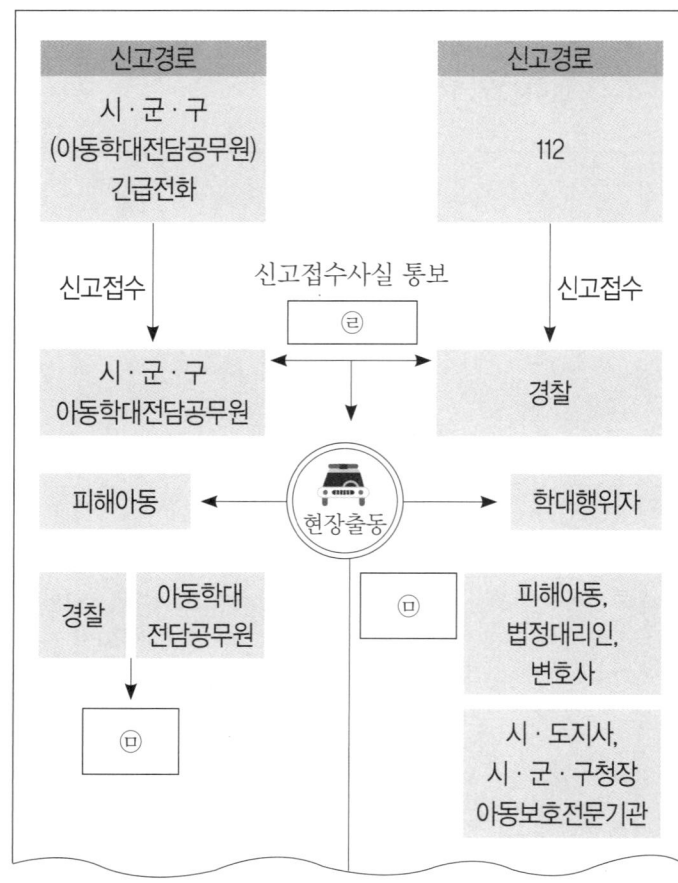

1) ㉠, ㉡, ㉢에 들어갈 말을 순서대로 쓰시오. [3점]

㉠ _____

㉡ _____

㉢ _____

2) ㉣과 ㉤에 들어갈 말을 순서대로 쓰시오. [2점]

㉣ _____

㉤ _____

04 (가)는 5세반 교사 간 대화이고, (나)는 하 교사가 준비한 신체활동 내용이다. 물음에 답하시오. [5점]

(가)

하 교사 : 체력증진 활동이나 다양한 기본 움직임 기술은 유아들이 스스로 터득하기 어렵잖아요. 오늘은 이런 요소들을 포함한 신체활동을 계획해 봤어요.
윤 교사 : 네. 어떤 활동을 계획하셨나요?
하 교사 : 꼬리 떼기, 구르기, 함께 공 나르기, 고리 던지기 활동을 준비했어요.
윤 교사 : 신체활동을 계획하는 데 어떤 요소들이 포함되어 있는지 알면 도움이 되죠.
하 교사 : 네. 이번 신체활동에는 (㉠), 근력/근지구력, 체구성, 유연성 요소를 포함하는 건강 관련 체력 요소와 협응성, 평형성, 속도, 순발력, 민첩성 요소를 포함하는 운동 수행 관련 체력 요소를 포함시켰어요. 그리고 기본 움직임 기술 요소인 (㉡), 이동성, 조작성도 포함시켰고요.
윤 교사 : 신체활동을 할 때 학습의 계열성을 적용한다면 보다 효율적으로 지도할 수 있겠네요.
하 교사 : 네. 그래서 부분의 연습, 장비 변형, 활동 공간 변형, 운동 수행 조건 변화, 운동 수행 인원 조정, 과제 간 결합 등 다양한 방법으로 활동을 재구성해서 시도해 보려고요. ┐[A]
윤 교사 : 좋은 생각이에요.
하 교사 : 강당에서 꼬리 달린 조끼, 매트, 쟁반, 공, 고리걸이, 고리를 준비하여 유아들과 함께 활동을 해 봐야겠어요.

(나)

구분	활동 방법	활동 재구성 방법	교사 지원
꼬리 떼기	자신의 꼬리는 떼이지 않도록 피해 다니면서 친구들의 꼬리를 떼기	활동 공간 변형	(㉢)
구르기	매트 위에서 앞구르기	장비 변형	구르기를 어려워하는 유아를 위해 매트를 말아 매트에 경사가 생기도록 함
함께 공 나르기	쟁반 위에 공을 얹고 4명이 쟁반을 잡고 공을 떨어뜨리지 않도록 하면서 반환점 돌아오기	운동 수행 인원 조정	(㉣)
고리 던지기	출발선에 서서 2.5m 앞에 있는 고리걸이에 고리를 던져 넣기	(㉤)	고리 던지기를 어려워하는(잘하는) 유아를 위해 출발선을 고리걸이와 가깝게 (멀게) 조정함

1) ㉠과 ㉡에 해당하는 요소를 쓰시오. [2점]

구분	건강 관련 체력 요소	운동 수행 관련 체력 요소	기본 움직임 기술 요소
꼬리 떼기	(㉠)	속도	이동성
구르기	–	평형성	(㉡)

㉠ _____

㉡ _____

2) ① ㉢과 ㉣에 해당하는 교사 지원의 예를 1가지씩 쓰고, ② ㉤에 해당하는 활동 재구성 방법을 (가)의 [A]에서 찾아 쓰시오. [3점]

① ㉢ _____

㉣ _____

② ㉤ _____

2022학년도 유치원 교육과정 A

05 다음은 박 교사와 학부모 간 자녀의 스마트폰 과의존 문제와 관련하여 나눈 대화이다. 물음에 답하시오. [5점]

학부모 : 준재가 예전에는 블록 쌓기나 그림 그리기를 좋아했는데, 요즘은 스마트폰만 갖고 놀려고 해요. 그래서 제가 다른 놀잇감을 가지고 함께 놀자고 해도 계속 스마트폰만 해요.
박 교사 : 우리 반의 몇몇 부모님도 자녀의 스마트폰 사용에 대해 걱정하셔서 우리 반 아이들의 스마트폰 사용에 대해 알아봤어요.
학부모 : 그러셨군요. 준재는 어떤 결과가 나왔나요?
박 교사 : 네. 스마트폰 사용과 관련한 현저성과 조절 실패 점수가 꽤 높게 나왔어요. ┐
학부모 : 현저성과 조절 실패가 뭐죠? │
박 교사 : 현저성은 스마트폰을 두드러지게 이용하는 경향이고, 조절 실패는 스마트폰 사용을 조절하지 못하는 것이에요. [A]
학부모 : 그렇군요. 준재와 스마트폰을 1시간만 사용하기로 약속했는데, 준재가 그 시간을 늘 어겨요. 그러다 보니 유치원 버스를 놓치는 날도 많아요. ┘
박 교사 : 무엇보다 준재가 스마트폰을 적절하게 사용하도록 하는 것이 필요한 것 같네요.
학부모 : 어떻게 하면 될까요?
박 교사 : 준재가 공놀이를 좋아하니 부모님께서 준재와 함께 공놀이를 하시면 좋을 것 같아요. ┐
학부모 : 그렇겠네요. │ [B]
박 교사 : 뿐만 아니라 부모님 스마트폰에 자녀의 스마트폰 사용 시간을 설정해 놓으면 알려 주는 앱도 있으니 이용해 보시면 좋을 것 같아요. ┘
학부모 : 네. 이번에 사용해 봐야겠어요.
박 교사 : 우리 반의 몇몇 부모님께서 자녀의 스마트폰 사용과 관련한 문제에 대해 걱정을 많이 하세요. 그래서 이번 달에 ㉠ <u>관심 있는 몇 분의 부모님들이 저와 함께 1시간 정도 자녀의 스마트폰 사용과 관련한 문제에 대해 의견을 교환하면서 해결 방법을 모색해 보려고 해요.</u> 준재 부모님도 꼭 참석하시면 좋겠어요.

1) [A]에서 준재의 현저성과 조절 실패를 줄이기 위해 부모가 시도한 행동을 찾아 각각 쓰시오. [2점]

2) [B]에서 준재의 현저성과 조절 실패의 문제를 해결하기 위해 박 교사가 제안한 방법을 찾아 각각 쓰시오. [2점]

3) ㉠에 해당하는 부모교육 방법을 쓰시오. [1점]

06 (가)는 언어 발달에 관한 교사들 간 대화이고, (나)는 5세반 권 교사와 유아들 간 대화이다. 물음에 답하시오. [5점]

(가)

박 교사 : 아이들은 언어 능력을 타고나는 것 같아요. 유민이가 학기 초에는 '선생님이가 그랬다요.'와 같은 문법적인 실수를 자주 했었는데 요즘은 정확한 문장을 사용해요. 아이들은 언어 습득 장치(LAD)가 있어서 언어를 이해하고 산출하는 능력이 있다고 하잖아요. 곧 있으면 복잡한 문장도 사용할 것 같아요. —[A]

이 교사 : 저는 요즘 우리 반 아이들에게 체계적이고 단계적으로 문자를 지도하고 있어요. 낱말로 낱자 조합하는 활동을 하면서 제가 직접 아이들에게 글자를 바르게 쓰는 모습을 보여 주고 따라 써 보게 해요. 아이들이 바르게 쓰면 칭찬 스티커를 붙여 주기도 하고요. 그런데 은하는 자꾸 자·모음을 한두 개씩 빠트리고 쓰네요. —[B]

김 교사 : 피아제(J. Piaget)에 의하면 아이들은 인지 발달이 이루어져야 언어 발달이 이루어지죠. 아이들은 발달에 적합한 언어적 지원을 해 주면 경험을 통해 지식을 구성하여 더 원활한 언어 발달이 이루어지지요. 그래서 저는 우리 반 아이들에게 친숙한 동화책을 주어 문자에 관심을 갖게 했어요. —[C]

(나)

권 교사 : ㉠ '처벅'의 '처'에 /ㄹ/를('ㄹ'을) 더하면 무슨 소리가 날까요?

초 원 : 모…르겠어요.

권 교사 : 그럼 ㉡ '덤벙텀벙'에서 받침을 모두 빼면 어떻게 될까요?

지 예 : 더…버…터…버…요?

권 교사 : 그래요. 더버터버지요?
 (초원이와 지예가 물 속에서 걷는 시늉을 하며 "더버터버… 더버터버?"라고 말한다.)

권 교사 : "어라! 동굴이잖아. 아! 아니지! 동굴 속으로 들어가면 되잖아!" (다음 장을 넘기며) 다 같이 읽어 보자.

유아들 : (점점 큰 목소리로) 살금! 살금! 살금!

권 교사 : ㉢ (보드판에 붙어 있는 낱말 카드 중 '살'자 카드 옆에 '금'자 카드를 옮겨 놓으며) 읽어 볼까요?

유아들 : '살', '금'!

권 교사 : "으악! 곰이잖아!" 애들아, (그림책 속 '곰'을 손가락으로 짚으며) ㉣ /ㄱ/('ㄱ') 더하기 /ㅗ/('ㅗ') 더하기 /ㅁ/('ㅁ') 소리를 합하면 무슨 소리가 날까요?

지 예 : 곰!

권 교사 : 맞아요. 곰이지요. 그럼 이번에는 ㉤ '횡 휘잉'에서 /ㅎ/를('ㅎ'을) 빼고 /ㅅ/를('ㅅ'을) 넣으면 어떻게 될까요?

1) ① [A]에 드러난 유아의 언어 발달을 위한 교사의 역할을 쓰고, ② [B]와 [C]에 근거하여 언어지도 방법을 각각 쓰시오. [3점]

① _____

② [B] _____

[C] _____

2) ① 다음에 해당하는 예를 ㉠~㉣ 중 1가지를 찾아 나머지 활동과의 차이점을 음운 인식 측면에서 쓰고, ② ㉤과 관련된 음운 조작 유형을 쓰시오. [2점]

> 권 교사는 민준이가 『사과와 나비』 그림책 제목을 보더니 "'사각사각'할 때 '사'다!"라고 큰 소리로 글자를 읽는 것을 보고 관련된 언어 활동을 계획하였다.

① _____

② _____

07 (가)는 5세반 언어 활동의 일부이고, (나)는 교사들 간 대화의 일부이다. 물음에 답하시오. [5점]

(가)

(『시큰둥한 곰돌이』 그림책을 읽어 준다.)
임 교사 : '시큰둥한'이라는 말이 어떤 뜻일까?
지 수 : 기분이 별로 안 좋은 거예요.
임 교사 : '시큰둥한'이라는 말과 비슷한 말은 무엇일까? [A]
혜 수 : (고개를 갸우뚱거리며) 속상한?
임 교사 : '시큰둥한'이라는 말은 마음에 들지 않거나 못마땅하다는 뜻이야.
혜 수 : 아, 그렇구나.
임 교사 : 너희도 곰돌이처럼 시큰둥한 적이 있었니?
정 민 : 나는요, 생일 선물로 게임기를 받고 싶었는데 엄마가 옷을 사줬어요.
임 교사 : 시큰둥한 기분이 들 때 어떻게 했니?
정 민 : 기분이 안 좋아서 아무것도 하기 싫었어요. [B]
임 교사 : 그랬구나. 만일 너희가 곰돌이였다면 어떻게 했을까?
지 수 : 내가 곰돌이였다면 시큰둥한 기분을 엄마, 아빠한테 말했을 것 같아요.
……(하략)……

(나)

이 교사 : 선생님, 정민이가 쓴 편지 좀 보세요. 끼적이기 같지만 글자처럼 보이는 부분도 있지요. 이런 ㉠창안적 쓰기는 관례적 쓰기와 동일한 기능을 해요. 그런 점에서 아이들의 자발적인 쓰기를 촉진할 필요가 있어요.
한 교사 : 저는 아이들의 쓰기를 총체적 접근법에 기초해서 지도하고 있어요.
우선 쓰기 자료를 풍부하게 제공하고 있고요. 자·모음 결합원리도 직접적으로 지도해요. 일상생활에서 아이들에게 의미 있는 주제로 쓰기 활동도 하고요. 쓰기가 다양한 영역 속에서 통합되도록 하고 있지요. [C]
이 교사 : 쓰기는 자신의 생각과 경험을 표현하는 것이므로 평소 아이들이 말과 글의 관계에 관심을 갖도록 지도하는 것이 중요한 것 같아요. [D]
한 교사 : 그래서 저는 아이들에게 그림책을 많이 읽어 주려고 노력하고 있어요.
……(하략)……

1) [A]에 나타난 교사의 어휘 지도법을 쓰시오. [1점]

2) ① ⓐ에 공통으로 들어갈 말을 쓰고, ② '꾸며낸 이야기를 말하는 내러티브'와 관련된 교사의 말을 [B]에서 찾아 쓰시오. [2점]

내러티브(narrative)는 과거, 현재, 미래의 실제 혹은 가상의 사건에 대한 유아의 구어적 혹은 문어적 설명이다. 내러티브는 '개인의 경험을 이야기하는 내러티브'와 '꾸며낸 이야기를 말하는 내러티브'로 분류할 수 있다. 개인적 경험이나 꾸며낸 이야기를 말하는 것은 '지금-여기서' 벌어지는 상황이 아니라는 점에서 (ⓐ)(이)라고 할 수 있다. 즉, (ⓐ) 말하기는 유아가 청자와 공유하지 않은 내용을 표현하기 때문에 일관되게 말하는 것이 중요하다. 이를 통해 유아는 논리적으로 말할 수 있는 능력이 발달한다.

① _____
② _____

3) ① [C]에서 잘못된 부분을 찾아 그 이유를 쓰고, ② [D]를 근거로 ㉠의 이유를 설명하시오. [2점]

① _____
② _____

08 (가)는 동화 줄거리의 일부이고, (나)는 4세반 교사가 계획한 말놀이이다. 물음에 답하시오. [5점]

(가)

알베르토는 노래를 좋아하는 다람쥐이다. 다른 다람쥐들은 겨울에 먹을 도토리를 모으기 위해 열심히 일했다. 그러나 알베르토는 일하지 않고 노래만 불렀다. 아지랑이가 ㉠모락모락 피어오르는 봄이면 알베르토는 햇살을 모으기 위해 노래를 불렀다. ……(중략)…… 다람쥐들은 알베르토의 노래를 들으며 긴긴 겨울을 행복하게 보냈다.

(나)

교사는 유아들과 동화를 읽고 난 후 다음과 같은 말놀이를 계획하였다. 교사가 계획한 말놀이 방법은 다음과 같다.

〈말놀이 예〉

교사의 말	유아의 동작
다람쥐가	머리
뛰었다	박수
다람쥐가	머리
노래한다	박수
다람쥐가 뛰었다	머리 ➡ 박수
다람쥐가 노래한다	머리 ➡ 박수

○ 말놀이 규칙
규칙 1. 동물이 나오면 머리를 만진다.
규칙 2. ㉡ _____
규칙 3. ㉢ _____

1) 노래만 을 두 개의 형태소로 구분하고, 자립성 측면에서 이 둘의 차이를 설명하시오. [1점]

2) ① ㉠에 사용된 음성상징어의 유형을 쓰고, ② 다음의 (   ) 안에 들어갈 말을 쓰시오. [2점]

알베르토는 사람이 아니지만 사람처럼 말하고 행동한다. 이와 같이 사람이 아닌 것을 사람에 비겨 마치 사람이 말하고 행동하는 것처럼 표현하는 수사법을 (   )(이)라 한다.

① _____
② _____

3) 〈말놀이 예〉를 참고하여 ㉡과 ㉢을 쓰시오. [2점]

㉡ _____
㉢ _____

2022학년도 유치원 교육과정 B

01 다음은 교사가 문제해결학습 과정을 적용한 상황이다. 물음에 답하시오. [5점]

유 미 : (그림책을 본 후) 북극곰 집이 사라지고 있대.
혜 성 : 맞아. 나도 TV에서 봤어.
은 서 : 북극의 얼음이 녹아서 그래.
정 후 : ㉠ 북극곰을 내가 지켜 주고 싶어.
건 우 : 여기 숲에 사는 호랑이랑 나무늘보도 그렇다고 나왔어.
서 연 : 이 책에는 두루미도 강이 더러워져 살 수 없다고 나오는데….
교 사 : 살 곳이 없어진 동물이 많구나.
건 우 : 맞아요. 정말 많아요.
정 후 : (㉡ 지도 위에 ㉢ 동물 모형을 놓으며) 여기 북극곰이 살아.   ┐
유 미 : (㉣ 동물 사진을 들고) 난 ㉤ 지구본에 붙여 볼래.   [A]
은 서 : 난 북극곰을 그릴래.   ┘
……(중략)……
(유아들이 며칠 동안 여러 가지 자료를 찾아본 후 이야기를 나누고 있다.)
혜 성 : 선생님, 동물들의 집이 왜 많이 없어지는지 알아요.
유 미 : 지구가 뜨거워져서 그래요.
교 사 : 그래? 그럼 어떻게 하면 좋을까?
혜 성 : 종이를 아껴 써요. 애들이 큰 종이를 조금만 쓰고 버렸어요.
유 미 : 우리 엄마가 물을 아껴 써야 한다고 그러셨어.
정 후 : 에어컨을 안 틀면 어때? 더우면 얼음 먹으면 되잖아.
은 서 : 자동차도 조금만 타요.

교 사 : 지금 이야기한 것 중에서 우리가 무엇을 할 수 있을까?   ┐
정 후 : 에어컨을 틀지 않아요.
서 연 : 그건 더워서 싫어. 나는 못 해.
은 서 : 자동차 타지 마요. 자전거 타면 돼요.
건 우 : 안 돼. 유치원에 어떻게 와?
유 미 : 손 씻을 때 물을 아껴 쓸 수 있을 거 같아요.
건 우 : 맞아요. 나는 집에서 양치할 때 물컵 써요.
혜 성 : 종이를 조금만 써요.   [B]
정 후 : 종이 아껴 쓰는 것은 우리가 할 수 있어요.
은 서 : 맞아. 종이는 필요한 만큼 잘라 쓰면 돼.
서 연 : 그건 할 수 있겠다.
건 우 : 나도 할 수 있어.
유 미 : 우리 해 봐요.
교 사 : 모두 같은 생각이니?
유아들 : 네.
유 미 : ㉥ 오늘부터 종이 아껴 쓰기 해요.   ┘

1) ① ㉠에 해당하는 환경 교육의 내용 1가지를 쓰고, ② [A] 상황에서 유아들이 놀이 자료로 ㉡~㉤을 사용하는 것의 장점 1가지를 쓰시오. [2점]

① _____
② _____

2) 문제해결학습 과정 중 ① [B]에 해당하는 단계의 명칭을 쓰고, ② 그 단계에서 ㉥이 적절한 이유를 [B] 상황에 비추어 설명하시오. [2점]

① _____
② _____

3) 문제해결학습 과정 중 [B]의 다음 단계에 적합한 교사 발문 1가지를 쓰시오. [1점]

02
(가)는 5세반 놀이 상황이고, (나)는 교사가 유아를 평정한 자료의 일부이다. 물음에 답하시오. [5점]

(가)

(동우와 지현이가 판을 놓고 윷놀이를 하고 있다.)
동우 : (윷을 던지고) 어, 걸이다. 세 칸.
지현 : (윷을 던지고) 윷이다. 한 번 더!
동우 : 맞아. 너 한 번 더 해.   [A]
지현 : (윷을 한 번 더 던지고) 이번에는 도야, 한 칸.
······(중략)······
(서연이와 민호가 한 팀으로 윷놀이에 참여한다.)
지현 : 윷이 판 밖으로 나갔네. 그럼 이제 우리 차례야.
서연 : 아니야. 밖으로 나가도 돼.
민호 : 맞아. 나가도 돼.
동우 : 안 돼. 윷이 나가면 말을 옮기지 못해.
서연 : (큰 소리로) 그런 게 어딨어? 나 안 해.
(서연이가 울먹거리며 윷을 던지고 자리를 떠난다.   [B]
지현이가 서연이에게 다가가 안으며 토닥거린다.)
······(중략)······
(지현, 민호, 동우가 윷놀이를 다시 시작한다.)
동우 : 서연이가 없는데 이제 어떻게 하지?
민호 : 셋이서 하자. 윷이 판 밖으로 나가도 되고….
동우 : 원래 안 되는데…. 그렇게 해 보자.
지현 : 나도 좋아.   [C]
민호 : 그리고 다른 사람 말 잡는 것도 하지 말자.
지현 : 그래.
동우 : 그럼. 그러자. 나부터 할게.
(동우가 던진 윷이 판 밖으로 나간다.)
지현 : (윷을 주우러 가는 동우를 보며) 내가 네 말 옮겨 줄까?
동우 : 고마워. 두 칸 옮겨 줘.

(나)
〈사회적 기술 평정 척도〉

유아명	번호	내용	전혀 그렇지 않다	그렇지 않다	그렇다	매우 그렇다
서연	1	친구들과 함께 놀이한다.			✓	
	2	정리정돈을 잘한다.	✓			
	3	친구들과 장난감을 같이 가지고 논다.			✓	
	4	자신의 의견이 거절되면 화를 낸다.				✓
	10	친구의 놀이를 방해한다.			✓	

1) 스밀란스키(S. Smilansky)의 인지적 놀이 수준에 근거하여, ① [A]와 [C]에 해당하는 놀이 유형을 쓰고, ② 그 유형으로 놀이하는 과정에서 나타난 [A]와 [C]의 차이점을 쓰시오. [2점]

① _____

② _____

2) [B] 상황과 (나)의 자료에 나타난 ① 서연이의 부족한 사회적 기술을 쓰고, ② 그 사회적 기술을 증진시키기 위한 교사 발문 1가지를 2019 개정 유치원 교육과정 '나를 알고 존중하기'의 내용을 반영하여 쓰시오. [2점]

① _____

② _____

3) 가드너(H. Gardner)의 다중지능이론에 근거하여, (가)의 [B]에서 지현이의 행동에 나타난 강점 지능 1가지를 쓰고 사례에 비추어 특징을 설명하시오. [1점]

03

(가)는 유아들의 놀이 상황이고, (나)는 놀이가 끝난 후 교사가 작성한 메모이다. 물음에 답하시오. [5점]

(가)

(유아들이 가족사진을 보고 있다.)
준수 : 아기 때 사진을 보니 진짜 작다.
도은 : (대호의 사진을 가리키며) 이건 누구야?
대호 : 나야. 나 진짜 작지?
미영 : 지금 나 키 많이 컸어.
준수 : (도은이를 보며) 너도 컸어.
도은 : ㉠ 우리 모두 달라졌어.
미영 : 진짜 많이 달라졌네.　　　　　　　[A]
　　　……(중략)……
(유아들이 가족사진을 보며 점토로 얼굴을 만들고 있는데, 도은이는 점토를 들고만 있다.)
준수 : (도은이를 보며) 왜 안 해?
대호 : 도은아, 마음대로 만들면 돼.
미영 : 나는 엄마 만들어야지. 얼굴은 동그랗게 하고 눈도 붙여야지.
(도은이가 미영이의 만드는 모습을 물끄러미 쳐다본다.)　　　　　　　　　　　　　　　　　[B]
도은 : (작은 목소리로) 그럼 나도 엄마 만들어야지.
(도은이가 점토로 엄마 얼굴을 만든다.)
미영 : 아빠도 만들어야지.
도은 : 나도 아빠 만들래.
(도은이가 점토로 아빠 얼굴을 만든다.)
도은 : ㉡ (자신이 만든 점토를 보면서 뿌듯한 표정으로) 와, 멋지다.
　　　……(중략)……
미영 : 점토 때문에 교실이 너무 지저분해졌어.
준수 : 나중에 정리하면 되지.
미영 : 아니야, 놀이하고 바로 치워야 돼.
대호 : 맞아.
준수 : 그럼 자기 것 자기가 정리하면 되겠네.
미영 : 그러면 바닥은 어떻게 해?
대호 : 그러니까 다 같이 정리하자.
도은 : 싫어. 다 놀고 나중에 정리할 거야.
(준수와 도은이가 다른 쪽으로 이동한다.)
대호 : 어떻게 하지?
미영 : 또 우리 둘이 정리하는 거야? 아이 속상해.
　　　……(하략)……

(나)

- 놀이 후 정리정돈하지 않는 유아들 때문에 속상해하는 대호와 미영
- 정리정돈하지 않는 유아들이 대호와 미영이의 마음을 이해하려면?
- 토의 활동으로는 쉽지 않을 것 같은데…. 다른 유아들이 그런 상황을 경험하는 것이 필요해.
- (㉢) 활동을 하면 실제 상황을 재연하니까 더 효과적일 거야.

1) (가)의 ㉠에 해당하는 역사 교육의 개념을 쓰고 그 개념을 [A]에 비추어 설명하시오. [1점]

2) (가)의 ① [B]에서 모델로서 또래의 기능이 어떻게 나타나는지 쓰고, ② 반두라(A. Bandura)의 사회학습이론에 근거하여, ㉡이 어떤 강화인지 쓰고 사례에 비추어 설명하시오. [2점]

　①　_____

　②　_____

3) (나)의 ① ㉢에 적합한 활동 유형 1가지를 쓰고, ② 그 활동 유형의 장점 1가지를 2019 개정 유치원 교육과정 '더불어 생활하기'의 내용을 반영하여 쓰시오. [2점]

　①　_____

　②　_____

04
다음은 유아의 놀이 상황을 반영한 계획안의 일부이다. 물음에 답하시오. [5점]

활동명	야, 비가 온다
활동 방법 [A]	• 지난 시간에 배운 '빗방울' 노래를 손 기호와 함께 계이름으로 부른다. • ㉠ 다양한 악기로 빗소리와 비슷한 소리를 탐색한다. • ㉡ 유아들이 악기를 선택한다. • 다양한 악기로 즉흥연주를 한다. • 유아들이 악기로 빗소리를 다양하게 표현한다. • 유아들의 즉흥연주를 녹음해서 감상한다. ……(하략)……
활동의 유의점 [B]	• 악기를 나눠 주기 전에 악기 사용에 대한 규칙을 정하도록 한다. • 유아들이 악기를 다룰 때 서로 부딪히지 않도록 충분한 공간을 유지하도록 한다. • 악기의 종류별로 탐색의 시간을 충분히 가지도록 한다. • 조화로운 즉흥연주가 되도록 기억한 것을 반복하여 연습하도록 한다. • 다른 유아들이 만드는 소리를 주의 깊게 듣도록 한다.

1) [A]에서 오르프(C. Orff)가 제시한 음악 교수 방법에 해당하지 <u>않는</u> 것 1가지를 찾아 쓰고 그 이유를 쓰시오. [1점]

2) ① [A]의 ㉠에 나타난 음악 요소를 쓰고, ② 그 음악 요소를 반영한 미술 활동 예시 1가지를 쓰시오. [2점]

① _____
② _____

3) ① [A]의 ㉡에 적절한 가락악기와 리듬악기를 순서대로 1가지씩 쓰고, ② [B]에서 적절하지 <u>않은</u> 것 1가지를 찾아 그 이유를 쓰시오. [2점]

① _____
② _____

05
다음은 미술 활동에 관한 교사들의 대화이다. 물음에 답하시오. [5점]

(가)

김 교사 : 오늘 서후가 그린 그림으로 감상 활동을 했거든요. ㉠ 그림 가운데에 나무가 있었는데, 그 나무를 중심으로 양쪽에 꽃과 구름을 그렸어요. 크기는 달랐지만, 배치가 비슷해서 안정되어 보였어요. 미적 원리가 드러나기도 하고, 또 친구가 그린 그림이어서 그런지 유아들이 적극적으로 감상을 하더라고요.

곽 교사 : 저도 해 봐야겠네요.

최 교사 : 저는 요즘 서준이가 그린 그림을 보면서 조금 걱정이 되었어요. 서준이가 ㉡ 엄마와 동생은 밝은 색으로 칠했는데, 아빠는 어두운 색으로 거칠게 칠했어요. 서준이와 이야기했는데, 아빠가 서준이랑 안 놀아 줘서 속상하다고 말하더라고요. 유아들은 자신의 마음이나 기분을 그림에 표현하는 것 같아요. 서준이의 다른 그림도 살펴봐야겠어요.

안 교사 : 그럴 필요가 있겠네요. 저도 우리 반 유아들 그림을 다시 한 번 봐야겠어요.

곽 교사 : 제가 본 우리 반 유아들 그림에는 재미있는 표현이 있었어요. 지민이가 자전거 탄 경험을 그렸는데, ㉢ 동그란 트랙 가운데에 자전거 탄 사람을 그리고 트랙의 둘레를 따라 가며 여러 그루의 나무를 바깥쪽을 향해 그렸더라고요.

······(중략)······

안 교사 : 저는 요즘 미술 활동을 계획할 때 고민이 많아요. 김 선생님은 어떠세요?

김 교사 : 저도 마찬가지예요.

곽 교사 : 저는 지난번 교사 연수에서 관심 있게 들었던 ㉣ 커뮤니티 중심 미술 교육 접근법을 적용해 보려고 해요.

1) ① ㉠에 나타난 미적 원리를 탐색하기에 적절한 교사 발문 1가지를 쓰고, ② ㉡에 나타난 미술 표현을 설명하는 발달 이론을 쓰시오. [2점]

① _____

② _____

2) ① ㉢에 해당하는 유아 미술 표현 방식을 쓰고, ② 그 표현 방식이 유아기에 나타나는 이유를 설명하시오. [2점]

① _____

② _____

3) 미적 요소인 질감을 반영한 미술 표현 활동 예시 1가지를 ㉣의 접근법을 적용하여 쓰시오. [1점]

06

(가)는 유아들의 놀이 상황이고, (나)는 놀이 상황을 관찰한 후 기록한 교사의 메모이다. 물음에 답하시오. [5점]

(가)

은우 : (수조와 그 옆 바구니에 담긴 물체를 보며) 와, 이거 뭐야?
준호 : 바구니에 뭐가 많아.
재린 : 뭐 있는지 나도 볼래.
은우 : (솔방울과 나뭇잎을 보며) 어, 이거 산책 나갔을 때 주운 거네.
재린 : ㉠ (조개껍데기 냄새를 맡으며) 바다 냄새다.
다인 : ㉡ (바구니 쪽으로 다가가 쇠구슬을 만지작거리며) 딱딱해.
준호 : 여기 그릇 같은 거랑 국자도 있네.
은우 : (모루를 만지며) 이건 뭐지?
재린 : 우리 만들기 할 때 썼잖아.
준호 : (야구공, 탁구공, 스티로폼 공을 가리키며) 여기 동그란 공이 많아.
다인 : 우리 뭐 넣어 볼까? 나 탁구공 넣어 볼래.
은우 : 둥둥 떠.
재린 : (말굽자석을 넣으며) 이것도 넣어 봐.
다인 : 어, 가라앉네.
준호 : 그건 크니까 가라앉아.
재린 : 그래? 다른 것도 넣어 보자. 뭐 넣어 볼까?
은우 : (클립을 만지며) 이건 작네.   [A]
준호 : 그건 작으니까 뜰 거야.
  (재린이가 클립을 물에 넣는다.)
재린 : 어, 가라앉네!
  ……(하략)……

(나)

✓ 교실에 물에 뜨고 가라앉는 것을 자유롭게 탐색할 수 있도록 여러 물체와 수조를 지원했음.
✓ ㉢ 유아들에게 직접적인 탐구 경험을 지속해서 제공할 것.
✓ ㉣ 형태와 크기가 동일한 물체를 이용한 실험으로 확장 필요. 추가로 지원할 자료 정할 것.
✓ ㉤ 유아가 관심 있는 분류 기준과 활동 자료를 포함하여 확장 활동을 하면 좋겠음.

1) ① (가)의 ㉠과 ㉡에 나타난 유아의 과학과정기술을 쓰고, ② (나)의 ㉢이 적절한 이유를 유아의 전조작기 사고 특성에 비추어 설명하시오. [2점]

①
②

2) ① (가)의 [A]에 나타난 유아의 오개념이 무엇인지 쓰고, ② 그 오개념을 수정하기 위해 ㉣과 같은 실험을 할 때, 고려해야 하는 조작변인 1가지를 쓰시오. [2점]

①
②

3) (나)의 ㉤에 적절한 활동 예시 1가지를 2019 개정 유치원 교육과정의 '일상에서 모은 자료를 기준에 따라 분류한다.'를 고려하여 쓰시오. [1점]

07

(가)는 혼합연령반의 산책 상황이고, (나)는 교사 저널의 일부이다. 물음에 답하시오. [5점]

(가)

(교사와 유아들이 유치원 주변을 산책하며 이야기를 나눈다.)
혜선 : (전자 제품 가게 앞을 지나다가) 여기 텔레비전 엄청 큰 거 있다.
지우 : 진짜 크다.
혜선 : 어, 이거 네모 모양이야.
현수 : 그러네.
연진 : ㉠ 문처럼 생겼으니까 네모다.
현수 : 냉장고도 네모야.
지우 : 어, 선풍기는 동그랗다.
교사 : 그래, 이런 모양을 원이라고 부른단다.
혜선 : ㉡ 모양의 이름이 원이라고요?
현수 : 아, 원이라고 하는구나.
……(중략)……
정현 : 여기 장난감 가게 옆에 아이스크림 가게 있다.
희영 : 진짜? 아이스크림 먹고 싶다.
다영 : 나도.
수진 : 내 옆에는 없는데….
다영 : 장난감 가게 옆에 있어.
수진 : 아니야, 내 옆에는 아이스크림 가게 없어.
……(하략)……

(나)

오늘 산책하며 유아들의 수학적 사고를 엿볼 수 있었다. 유아들은 도형에 관심을 보였고, 공간에 대한 이해에서 차이가 나타났다. 유아가 주도적으로 놀이하고 그 속에서 배움이 이루어져야 하지만, 교사의 적극적인 지원도 필요한 것 같다.

실외에서 동그라미와 네모를 찾았으니 교실에서는 동그라미와 네모뿐 아니라 세모도 찾아보도록 해야겠다. 그리고 빨대나 이쑤시개로 모양 만들기도 해야겠다. [A]
……(하략)……

1) ① 클레멘츠와 사라마(D. Clements & J. Sarama)의 이론에 근거하여, (가)의 ㉠에 나타난 연진이의 도형 이해 수준을 높이기 위한 지도 내용 1가지를 쓰고, ② 수진이와 다영이의 공간 이해 수준의 차이를 설명하시오. [2점]

① _____
② _____

2) 피아제(J. Piaget)의 이론에 근거하여, (가)의 ㉡에 해당하는 지식 유형을 쓰고 그 지식을 설명하시오. [1점]

3) ① (나)의 [A]에 해당하는 수학적 과정기술을 쓰고, ② 그 수학적 과정기술의 개념을 설명하시오. [2점]

① _____
② _____

08 (가)는 유치원에서 가정으로 보내는 '바다반 놀이 이야기' 자료의 일부이고, (나)는 유아가 가져온 자료의 일부이다. 물음에 답하시오. [5점]

(가)

이번 주에는 유아들이 종이컵과 벽돌블록을 이용하여 성 쌓기 놀이를 하였습니다. 유아들은 어느 성이 더 긴지에 관심을 보였습니다.

[A] 다음 주에는 성의 모양을 따라 가며 길이를 재어 보는 놀이를 할 것으로 예상됩니다.

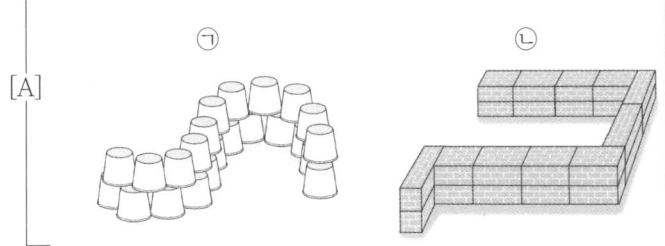

가정에서도 다양한 방법으로 여러 가지 물건의 길이를 재어 보시기 바랍니다.

……(하략)……

(나)

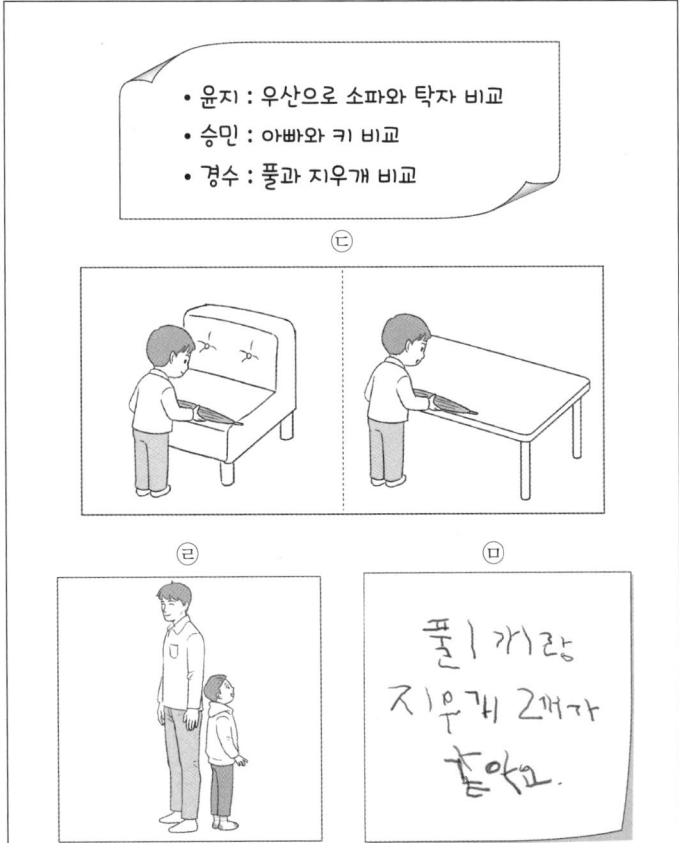

1) ① (가)의 [A]에서 ㉠과 ㉡의 길이를 측정할 수 있는 자료의 특성을 쓰고, ② 유아가 길이를 측정할 때, 필요한 측정기술 2가지를 쓰시오. [3점]

① _____

② _____

2) (나)의 ㉢과 ㉣에 해당하는 비교 유형의 특징을 각각 설명하시오. [1점]

3) 브루너(J. Bruner)의 표상 양식에 근거하여, (나)의 ㉣과 ㉤의 특징을 각각 설명하시오. [1점]

배지윤의 **아테나**
유아교육과정
연도별 변형 기출문제집

편저자 배지윤
펴낸이 김장일
펴낸곳 우리교과서

초판 1쇄 발행 2022년 9월 1일

편 집 이효정   김누리
디자인 스노우페퍼

우리교과서

문의 02-866-7535
팩스 02-6305-7036
신고번호 제396-2014-000186호

정가 45,000원

ISBN 979-11-87642-36-7 (13370)

이 책에 실린 모든 내용의 무단 전재와 복제를 금합니다.
잘못된 책은 구입하신 곳에서 교환해 드립니다.